Le présent ouvrage a été publié
avec le soutien de
l'Académie Nicaraguayenne de la Langue

ANL

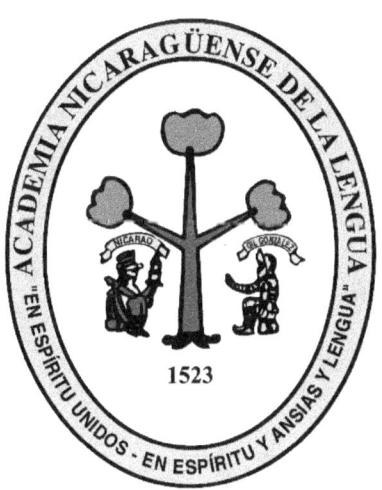

"*En espiritu unido, en espiritu y ansias y lengua.*"

La Collection "*Travaux Panofskiens*" est dédiée à l'étude des oeuvres d'art de la période moderne (XIIème-XVIIIème siècles) et de la période contemporaine (XIXème-XXIème siècles), à partir de plusieurs concepts des études de l'École de Warburg, notamment représentés dans les travaux de son principal représentant Erwin Panofsky. Ces concepts sont les suivants:

La transmission des symboles culturels entre les époques, et la permanence de leur représentation;

L'étude des oeuvres d'art comme matériel pour comprendre leur époque et l'histoire des mentalités qui y est liée, c'est-à-dire, inversement, les idées, les pratiques et les moeurs, que révèlent les oeuvres d'art;

En ce sens, l'interaction entre les cosmos de cultures profane et religieuse, d'une part, et populaire, cultivée et savante, d'autre part.

Le principal apport de la présente Collection, ou son principal projet en tous cas, est d'aborder, non seulement les oeuvres de l'époque moderne, champ d'étude particulier de l'École de Warburg et de Panofsky, mais d'amplifier cedit champ à celui de la contemporanéité, en particulier des avant-gardes, afin, non seulement d'appliquer la méthode panofskienne à l'art contemporain, mais encore pour en expérimenter la pertinence dans le cadre visuel de la non figuration et de l'abstraction (soit-elle, celle-ci, thématique ou formelle).

Dr. N.-B. Barbe

NORBERT-BERTRAND BARBE
MEMBRE HONORAIRE DE L'ACADÉMIE
NICARAGUAYENNE DE LA LANGUE

LA CRÉATION D'ADAM:
PIC DE LA MIRANDOLE, LE STATUT DE L'HOMME FACE À DIEU, ET LE NÉOPLATONISME DE MICHEL-ANGE DANS SES FRESQUES POUR LA CHAPELLE SIXTINE

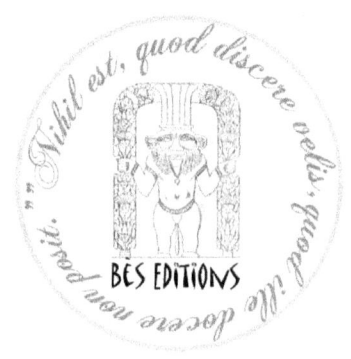

ISBN: 978-2-35424-205-3

Collection "*Travaux Panofskiens*"

© 2019, Bès Editions

Toute reproduction intégrale ou partielle du présent ouvrage, faite par quelque procédé que ce soit, sans le consentement de l'auteur ou de ses ayants cause, est illicite et constitue une contrefaçon sanctionnée par les articles L.335-2 et suivants du Code de la propriété intellectuelle.

SOMMAIRE DU VOLUME

I. ÉTUDE **ICONOGRAPHIQUE**: STRUCTURE TYPOLOGIQUE DU PROGRAMME ICONOGRAPHIQUE DES FRESQUES DE MICHEL-ANGE POUR LA CHAPELLE SIXTINE   1
I.a. Partant de Salomon Reinach   2
I.b. Le problème de l'ensemble   12
I.c. Les figures d'Adam et d'Ève au centre   37
I.d. Adam au centre   59

II. ÉTUDE **ICONOLOGIQUE**: *LA CRÉATION D'ADAM* COMME EXPRESSION SYMPTOMATIQUE DE L'HISTOIRE DES MENTALITÉS   75
II.a. *De la dignité de l'homme*   75
II.b. "*Magnum miraculum*" et "*prima intentio*" (entre théologie et logique)   95

III. COMMENTAIRES FINAUX   111
III.a. Appendice: Les fresques latérales   111
III.b. Conclusion   113

IV. **NOTES**   115

LA CRÉATION D'ADAM: PIC DE LA MIRANDOLE, LE STATUT DE L'HOMME FACE À DIEU, ET LE NÉOPLATONISME DE MICHEL-ANGE DANS SES FRESQUES POUR LA CHAPELLE SIXTINE

I. ÉTUDE ICONOGRAPHIQUE: STRUCTURE TYPOLOGIQUE DU PROGRAMME ICONOGRAPHIQUE DES FRESQUES DE MICHEL-ANGE POUR LA CHAPELLE SIXTINE

"À travailler tordu j'ai attrapé un goitre
Comme l'eau en procure aux chats de Lombardie
(À moins que ce ne soit de quelque autre pays)
Et j'ai le ventre, à force, collé au menton.

Ma barbe pointe vers le ciel, je sens ma nuque
Sur mon dos, j'ai une poitrine de harpie,
Et la peinture qui dégouline sans cesse
Sur mon visage en fait un riche pavement.

Mes lombes sont allées se fourrer dans ma panse,
Faisant par contrepoids de mon cul une croupe
Chevaline et je déambule à l'aveuglette.

J'ai par devant l'écorce qui va s'allongeant
Alors que par derrière elle se ratatine
Et je suis recourbé comme un arc de Syrie.

Enfin les jugements que porte mon esprit
Me viennent fallacieux et gauchis: quand on use
D'une sarbacane tordue, on tire mal.

Cette charogne de peinture,
Défends-la, Giovanni, et défends mon honneur:
Suis-je en bonne posture ici et suis-je peintre?."

(Michel-Ange, "*Sonnet caudé sur le plafond de la Sixtine*")

I.a. Partant de Salomon Reinach

En su conferencia, donnée au Musée Guimet de Paris le 17 de mars 1908, et intitulée: "*L'idée du péché originel*"[2], Salomon Reinach exprime:

"Il n'est pas encore prouvé, mais il est extrêmement vraisemblable que la Babylonie, la Syrie, la Phénicie connurent très anciennement un groupe de contes populaires relatifs à la création du monde, à la désobéissance du premier homme et au déluge. Pour la création et le déluge, la certitude est absolue, depuis qu'on a déchiffré des récits de ces événements sur des tablettes cunéiformes; le texte assyrien du récit de la chute manque encore, mais il est probable qu'on ne tardera pas à la découvrir. Toutefois, dans l'état actuel de nos connaissances, le texte biblique du troisième chapitre de la Genèse est le seul dont nous puissions faire état. Ce document, par les éléments qu'il met en oeuvre, remonte à une haute antiquité. Il y est question d'un dieu qui se promène pour prendre le frais, de deux arbres magiques, d'un serpent qui parle; ce sont là comme des fossiles qui attestent le caractère primitif du terrain où ils se sont pétrifiés. Mais, avant de l'étudier en détail, il faut présenter une observation essentielle. Tout le monde sait ou devrait savoir aujourd'hui que les chapitres de la Genèse où il est question de l'humanité avant le déluge se composent de deux textes non pas fondus, mais comme entrelacés, caractérisés par l'emploi de deux vocables différents pour désigner l'Éternel. On a pu isoler chacun de ces textes et obtenir ainsi deux récits qui se suivent sans lacune et qui ne sont pas d'accord. Suivant le premier, dit élohiste, parce que Dieu y est appelé du nom pluriel Elohim, l'Éternel crée l'homme et la femme, comme les autres animaux mâles et femelles, et leur enjoint de croître et de multiplier; aucune mention de la création séparée d'Eve, du jardin d'Éden, de la désobéissance du premier couple, de son châtiment. Tous ces détails sont propres au second récit, dit Jéhoviste, parce que Dieu y est appelé Jéhovah ou Jahvéh. Ce récit nous intéresse seul ici, mais on voit qu'il représente une tradition particulière et non une tradition générale du peuple hébreu.
Jahvéh a placé l'homme dans un beau jardin bien planté et lui a permis de manger de tous les fruits, sauf de celui de l'arbre de la science, «car au jour que tu en mangeras, lui dit-il, tu mourras». Puis il a donné à l'homme une compagne et celle-ci est entrée en conversation avec le serpent «rusé par-dessus tous les animaux des champs». Le serpent lui conseille de manger du fruit de l'arbre interdit; elle en prend et en donne à l'homme. Sur quoi les yeux de tous les deux s'ouvrirent et, connaissant qu'ils étaient nus, ils se firent des ceintures de feuilles de figuier. Jahvéh admonesta les coupables et leur distribua des peines qui, dans la pensée du rédacteur, valent évidemment pour leur descendance comme pour eux; le serpent, lui aussi, est condamné à marcher sur le ventre et à manger de la poussière. Enfin, il fait à l'homme et à la femme des tuniques de peaux et les expulse du jardin.

Critiquer, au point de vue de la vraisemblance, un récit comme celui-là, serait faire oeuvre de mauvaise critique; il est peut-être plus contraire encore à la méthode scientifique d'y vouloir découvrir des allégories, comme s'il y avait jamais d'allégories dans les contes en dehors de celles que nous y introduisons. Mais il est utile de montrer que le court récit jéhoviste de la chute contient des contradictions et des incohérences si graves qu'on ne saurait le considérer comme d'une seule venue. C'est là une vérité évidente, mais dont beaucoup d'exégètes de la Bible, faute d'y avoir suffisamment réfléchi, ne paraissent pas s'être encore avisés.

Dieu a dit à l'homme: «Ne mange pas de tel fruit ou tu mourras». Cela signifie, et cela peut seulement signifier, «tu mourras sur le champ», punition fréquente, dans toutes les littératures, de la violation d'une interdiction religieuse, d'un tabou. Il devait donc y avoir une forme de légende où le premier homme était frappé de mort pour avoir désobéi. Dans la rédaction composite que nous possédons, non seulement l'homme ne meurt pas, mais il vit ensuite 10 ans suivant le texte jéhoviste, 930 ans suivant le texte élohiste (qui ignore complètement l'histoire de la chute). En outre, lorsque l'Éternel distribue des peines aux coupables, il ne dit nullement à Adam et à Eve qu'ils mourront un jour pour avoir péché, mais que l'homme travaillera, que la femme enfantera dans la douleur, etc. Enfin, si Dieu expulse le premier couple du jardin d'Éden, ce n'est nullement, comme on le répète sans cesse, en punition de la faute commise. Le texte est là, clair comme le jour: «Et Jahvéh Elohim dit: Voilà, l'homme est devenu comme l'un de nous (c'est-à-dire comme l'un des dieux, trace évidente de polythéisme) pour la connaissance du bien et du mal; mais maintenant (prenons garde) qu'il n'étende la main pour prendre de l'arbre de vie, mange et vive éternellement». Donc, Jahvéh chasse Adam de crainte qu'il ne devienne son égal, et pas du tout pour le châtier d'avoir contrevenu à une défense. Ne demandons pas pourquoi Adam, avant d'être expulsé du jardin, n'avait pas encore mangé du fruit de l'arbre de vie qui, suivant le texte jéhoviste, était bien en vue au milieu même de l'Eden. Il suffit de constater l'incohérence d'un récit qui débute par une menace de mort immédiate, non suivie d'effet, continue par le prononcé de peines parmi lesquelles la nécessité de mourir n'est pas énoncée comme telle et se termine par l'expression d'une crainte de concurrence qui implique l'idée de rivalité, non celle de subordination. Après tant de siècles d'exégèse impuissante, tant d'efforts héroïques pour expliquer ce qui est inexplicable, on peut conclure par où l'on aurait dû commencer et reconnaître que le récit jéhoviste nous est parvenu altéré, qu'il se compose d'éléments en partie contradictoires et que tout ce que puisse tenter une critique honnête, c'est de dégager ces éléments. Si le rédacteur de la Genèse telle que nous l'avons a cru pouvoir amalgamer dans un récit unique le texte élohiste et le texte jéhoviste, qui se contredisent et sont inconciliables, n'est-il pas vraisemblable, a priori, qu'il a opéré sur des textes déjà composites, produits de plusieurs synthèses analogues et antérieures? À mon avis le texte jéhoviste contient les débris de plusieurs légendes, d'abord celle d'un tabou alimentaire que le premier homme a enfreint, ce qui a causé sa mort, puis des légendes que les mythologues appellent étiologiques, parce qu'elles ont pour but de répondre naïvement à des «pourquoi?», d'expliquer les causes (...) des phénomènes qui ont paru singuliers aux hommes. En l'espèce, les pourquoi auxquels répondaient ces contes sont les suivants: Pourquoi l'homme, à la différence des animaux des champs, doit-il travailler et peiner? Pourquoi les hommes se couvrent-ils, alors que les animaux vont tout nus? Pourquoi les champs produisent-ils des herbes et des ronces? Pourquoi le serpent rampe-t-il au lieu de marcher? Pourquoi la femme enfante-t-elle dans la douleur? Pourquoi est-elle sujette à des misères périodiques? À cette dernière question répondent, comme je l'ai montré il y a quelques années, les paroles autrement inintelligibles de Dieu au serpent: «J'établirai une inimitié entre toi et la femme, entre ta race et sa race: celle-ci t'écrasera la tête et tu lui blesseras le talon». La tête et le talon sont des additions d'un rédacteur qui ne comprenait plus; le mot de l'énigme nous est fourni par une croyance encore répandue, des campagnes de l'Europe aux îles de l'Océanie, que la blessure périodique de la femme résulte de la morsure insidieuse d'un serpent.

Il est donc évident qu'on dépasse la portée du texte lorsqu'on affirme que, d'après la Genèse, la faute d'Adam aurait introduit la mort dans le monde, comme lorsqu'on dit que Dieu avait créé l'homme pour ne pas mourir. Ces idées pouvaient être facilement extraites du troisième chapitre de la Genèse, mais on n'a pu les en tirer qu'en le lisant dans un esprit très différent de celui du rédacteur, en oubliant, notamment, ou en laissant dans l'ombre la menace de mort immédiate et le sentiment de jalousie si naïvement prêté à l'Éternel.

Nous ignorons et nous ignorerons sans doute toujours quand l'histoire de la chute a été mise par écrit; mais toute l'Écriture Sainte est là pour prouver qu'elle n'a guère été prise au sérieux, du moins jusqu'au IIe siècle avant J. C. Ni les chroniqueurs bibliques, ni les Prophètes, ni les Psalmistes n'y font la moindre allusion. Les quelques lignes où l'on a cru en trouver la trace disent tout autre chose et ne méritent même pas d'être discutées. Chez les auteurs des Psaumes où l'idée du péché est si fortement sentie et exprimée, on s'attendrait à trouver non pas une, mais cent allusions au péché originel, à la faute de L'ancêtre de tous les hommes; or, on ne voit rien de la sorte et, en général, les noms d'Adam et d'Ève ne sont jamais prononcés dans les anciens livres bibliques qui font suite à la Genèse. Conclure de là que le récit jahvéiste est une composition tardive serait, je crois, se tromper lourdement, car les caractères en sont incontestablement très archaïques. Comparé aux Prophéties et aux Psaumes, ce récit n'est pas de la littérature postérieure, mais inférieure. On Le connaissait à l'état de conte populaire, d'explication plus on moins édifiante de certaines difficultés; on ne lui attribuait pas d'autorité religieuse. C'est assez dire qu'à l'époque des prophètes et des auteurs des Psaumes, les cinq livres dits de Moïse ne devaient pas exister dans l'état où la tradition nous les a transmis et avec le caractère sacré qu'ils ont revêtu.

Il n'en fut plus de même quand l'ensemble des écrits bibliques, rédigés à l'aide de documents anciens et de valeur inégale, commencèrent à être étudiés et expliqués

dans les écoles juives. On se trouva en présence, peut-être dès le IVe siècle avant notre ère, d'un récit de la création, amalgame de deux versions contradictoires et qu'il fallait accepter comme la parole même de Dieu. Plus de vingt siècles devaient s'écouler avant qu'un médecin français, Astruc, reconnût dans la Genèse la dualité des sources qui n'est plus aujourd'hui contestée par aucun savant. Jusque-là, on concilia, on expliqua tant bien que mal, on usa de l'allégorie, de mille ingénieux subterfuges; on fit, en somme, de la théologie scolastique, parce que l'exégèse historique et scientifique n'était pas née. Cependant le monde avait marché, les idées s'étaient transformées et avaient mûri; on ne pouvait plus accepter des contes enfantins sans essayer d'y découvrir un sens profond. Comme les classes populaires de la Grèce, peut-être même par l'effet de leur contact, les Juifs, sujets des Perses et des Macédoniens, étaient arrivés à l'idée mystique d'un péché originel, d'une faute primitive qui pesait sur l'humanité, qui avait déchaîné sur elle le malheur et la mort. C'est dans ce sens que l'on commença à interpréter le texte jéhoviste, que personne ne pouvait ou n'osait encore distinguer du texte élohiste parallèle. Jésus fils de Sira, vers 180 avant J.-C., écrit: «C'est avec la femme qu'a commencé le péché et c'est à cause d'elle que nous mourons». Voilà, dans un livre relativement moderne de la Bible, la première allusion au récit jéhoviste de la Genèse. Puis, c'est le tour d'un juif alexandrin, l'auteur de la Sapience: «Dieu, dit-il, n'a pas créé la mort et il ne prend pas plaisir au trépas des vivants. Il avait créé l'homme pour l'immortalité, l'ayant fait à son image (notez que ce trait est seulement dans le texte élohiste et qu'il ne peut, par suite, être invoqué aujourd'hui quand on veut tirer du récit jéhoviste de la chute l'idée de l'immortalité primitive accordée à l'homme). Mais par l'envie du Diable la mort est entrée dans le monde, etc.». L'auteur de ces lignes remarquables écrit «le Diable» et non «le serpent», bien qu'aucun texte de la Bible ne l'autorise à cette substitution et bien qu'il soit évident, dans la Genèse, que le serpent est un serpent, pas autre chose; mais un savant juif d'Alexandrie ne voulait plus voir dans le serpent d'Éden que l'Esprit du mal, analogue au mauvais principe, à l'Ahriman de la religion des Perses. Au Ier siècle avant l'ère chrétienne, le livre d'Enoch, faisant allusion au même conte, remplace le serpent par l'ange Gabriel; c'est lui qui aurait séduit notre mère Ève. Ces textes, dont on pourrait rapprocher, comme l'a fait M. Israël Lévi dans un travail récent, d'autres passages d'écrivains juifs un peu antérieurs à l'ère chrétienne, tels que le IVe livre d'Esdras, ne laissent aucun doute sur le grand travail d'exégèse qui se poursuivait dans les écoles juives à l'époque alexandrine. Le récit de la chute était considéré dès lors comme faisant partie de l'enseignement divin sur les débuts de l'humanité, mais on ne le prenait plus à la lettre et l'on tendait à lui attribuer une portée philosophique, à y reconnaître l'explication, voilée sous l'allégorie, des origines de la souffrance et de la mort.
On s'étonne que l'histoire de la chute de l'homme soit profondément ignorée de nos Évangiles, que pas une parole prêtée à Jésus ne mentionne Adam et Eve, ni leur désobéissance au Seigneur, ni leur châtiment. C'est tout au plus si un verset obscur

de l'Évangile de saint Jean parait faire allusion au serpent de la Genèse. Les occasions ne manquaient cependant pas à Jésus, pas plus qu'aux Prophètes et aux Psalmistes, de déplorer chez les Juifs la persistance de l'esprit du mal, de l'orgueil et de l'indocilité d'Adam. Si les Évangélistes n'ont rien attribué de tel à Jésus, c'est peut-être que le récit de la chute, détourné de son sens littéral dans les écoles juives, n'offrait pas matière à des allusions qui eussent été comprises de tous, comme, par exemple, l'histoire non moins surprenante de Jonas, que Jésus a formellement alléguée et qu'il a autorisée de son témoignage.

Chose singulière, pourtant, et que personne n'a expliquée! Alors que l'édifice du christianisme, debout depuis bientôt vingt siècles, est fondé sur l'idée de la chute d'Adam et de la rédemption de l'humanité pécheresse par le Christ, il n'y a pas, dans l'enseignement du Sauveur, une seule mention de la chute d'Adam!

Pour trouver un texte qui mette la chute du premier homme en corrélation avec l'oeuvre de Jésus, il faut aller jusqu'à l'Epître aux Romains, qui est attribuée à saint Paul, ou jusqu'à la première Epître aux Corinthiens. Quoi qu'on pense de l'attribution de ces morceaux à l'Apôtre des gentils, il est certain que ce sont des documents fort anciens, antérieurs à la rédaction de nos Évangiles et qui supposent une connaissance de l'Écriture telle que la fréquentation des écoles juives pouvait seule la donner. Or, lorsque saint Paul parle de la chute d'Adam et de ses conséquences, il s'exprime comme les docteurs juifs du Ier siècle avant notre ère; il a fait sienne l'exégèse des rabbins. «Par un seul homme le péché est entré dans le monde, et par le péché la mort» (Rom., V, 12). «Comme tous meurent en Adam, c'est en Christ que tous revivront» (I Cor., XV, 22). Je ne m'arrêterai pas à la question de savoir ce que Paul a entendu par ces mots «mourir en Adam», si la postérité d'Adam a été infectée, suivant lui, à sa source même, ou si les hommes ont péché après Adam par la tendance qu'ils eurent à l'imiter. Il faudrait citer du grec et faire de la théologie; je ne prétends faire ici que de l'histoire.

La doctrine du péché originel, liée à celle de la rédemption, parut d'autant plus recevable aux païens que les couches inférieures de la société antique étaient, comme nous l'avons vu, déjà pénétrées de l'idée de la chute liée à celle du salut éternel que procure l'initiation. Pour quiconque étudie impartialement la doctrine du péché originel, comme celle de la communion, également répandue dans les classes populaires du monde hellénique, il devient évident que le christianisme y trouva des esprits d'autant plus prêts à l'accepter qu'il leur enseignait ce qu'ils croyaient déjà savoir.

Pendant les premiers siècles de l'Église, les lettrés chrétiens, c'est-à-dire les Pères, s'abstinrent d'insister sur le mode de transmission du péché originel et de dégager de cette doctrine toutes ses conséquences, tant au point de vue de la liberté humaine qu'à celui de la justice et de la bonté de Dieu. Mais, à partir du IVe siècle, ces questions déchaînèrent la guerre dans l'Église. Je ne puis vous raconter ici la lutte de saint Augustin contre Pélage, ni entrer dans le détail des hérésies dont l'une, peut-être antérieure au christianisme, n'a cessé de reparaître jusqu'à nos jours: à

savoir que le fruit défendu par Dieu à Adam était l'intimité conjugale et que l'homme a péché par la concupiscence de la chair. La conséquence logique de cette doctrine, c'est qu'il faut renoncer à toute oeuvre de chair, s'abstenir du mariage et même de manger la chair des animaux. La preuve que cette hérésie est fort ancienne, c'est qu'elle est déjà condamnée par l'auteur de la première Epître à Timothée (I, 3): «Dans les derniers temps plusieurs abandonneront la foi, en prêtant l'oreille à de esprits séducteurs... qui proscrivent le mariage et commandent l'abstinence à l'égard d'aliments que Dieu a créés.» Il ne peut s'agir ici que d'une doctrine hellénique, infiltrée de l'hellénisme dans le judaïsme, et j'ai déjà eu l'occasion de vous dire que je soupçonnais quelque chose d'analogue chez certaines sectes se rattachant à l'orphisme. Ces conclusions ne ressortent nullement du texte de la Genèse où, à la vérité, Adam est représenté comme végétarien, mais où la première intimité d'Adam et d'Ève n'est mentionnée qu'après leur expulsion du jardin. Reste le passage où Adam et Ève, après le péché, s'aperçoivent qu'ils sont nus et cueillent des feuilles de figuier pour se couvrir. Saint Augustin, qui mit un génie supérieur au service de la théologie catholique à ses débuts, y a vu la preuve que la première désobéissance avait eu pour conséquence la disposition au péché et, tout d'abord, la concupiscence de la chair. L'homme n'a pas péché par l'effet de cette concupiscence, mais cette concupiscence a été l'effet de son péché. «O Dieu, s'écrie Bossuet, qui par un juste jugement avez livré la nature humaine coupable à ce principe d'incontinence, vous y avez préparé un remède dans l'amour conjugal; mais ce remède fait voir encore la grandeur du mal, puisqu'il se mêle tant d'excès dans l'usage de ce remède sacré» [34]. L'enseignement de l'Église romaine sur le péché originel dérive de saint Augustin; il a été fixé par les canons très précis du Concile de Trente, qui eurent pour objet de mettre fin à des controverses sans cesse renaissantes, encore exaspérées par les docteurs de la Réforme. Le Concile enseigne qu'Adam, par son péché, a perdu la justice et la sainteté dans lesquelles Dieu l'avait établi, qu'il est devenu sujet à la mort, esclave du démon, qu'il a transmis à tous ses descendants, non-seulement la mort et les souffrances physiques, mais le péché, et que le péché ne peut être effacé que par les mérites de Jésus-Christ. Quant à la nature de la transgression d'Adam, le Concile a cru inutile de la marquer plus clairement, puisqu'elle est relatée avec détail dans le texte biblique: Adam a désobéi à Dieu, cela suffit. Mais, par son silence même, le Concile a condamné toutes les hypothèses vaines et «libertines» qui cherchent dans le fruit défendu autre chose qu'un fruit; l'exégèse catholique et l'étude purement scientifique du texte sont absolument d'accord là-dessus.
Une explication très intéressante et très neuve du passage biblique sur les feuilles de figuier a récemment été proposée par un savant écossais, M. Paton. Au mois de Thargélion (mai), deux victimes expiatoires étaient conduites hors d'Athènes, portant des colliers de figues sèches. Plus anciennement, ces deux victimes étaient un homme et une femme, que l'on conduisait hors de la ville, tout nus, sauf une ceinture de figues. Une fois sorties d'Athènes, les victimes étaient frappées sept fois, avec des

branches de figuier, sur le milieu du corps; c'était une opération magique dont le but était de promouvoir, par sympathie, la fécondité des figuiers. Avec le temps, cette cérémonie magique devint un rite expiatoire; au lieu d'être conduites dans les champs, les victimes furent chassées et les coups qu'elles recevaient passèrent pour un châtiment. Mais, à l'origine, le rite paraît avoir été purement agricole, une des innombrables applications du principe de la magie sympathique. Ce principe ne se rencontre pas moins chez es Sémites que chez les Grecs. L'histoire d'Adam et d'Ève, chassés du paradis après avoir revêtu des tabliers de figuier, serait, suivant M. Paton, la trace d'une cérémonie figuière, analogue à celle que les textes nous révèlent à Athènes et qu'auraient pratiquée, sans mieux la comprendre que les Athéniens, les plus anciens Hébreux. Si M. Paton a raison, il y a là un mythe étiologique de plus à démêler dans la narration très composite qui constitue le troisième chapitre de la Genèse."

Les gras sont nôtres. Nous soulignons ainsi les éléments qui nous semblent importants, attestés par le grand historien de l'art Salomon Reinach, au début du XXème siècle.

Il est au nombre de deux:

1/ La doctrine, depuis saint Paul, fait répondre le péché, né en Adam, à la salvation, produit du Christ. Ce qui ressort de l'égalité apparente entre le pécheur Adam et Dieu créateur dans la *Genèse*.

2/ Les feuilles de figue avec lesquelles, conformément à la lettre d'Isidore de Péluse[3] sur le type à attribuer à l'arbre du Péché, Adam et Ève se couvrent dans la chapelle Sixtine (réalisée par Michel-Ange en deux périodes: de 1508 au 2 novembre 1512 pour le plafond, sous le Pape Jules II, et entre 1535 et 1541, pour le *Jugement Dernier*, sous le Pape Paul III Farnèse - ce qui, en témoignage de son âge adulte, permet de comprendre l'autoportrait sous la forme d'une peau tenue par saint Barthélemy -), feuilles de figues qui ont eu de nombreuses interprétations, parfois alchimistes, parfois lingüistiques (la confusion entre "*fico*" et "*fica*" pour désigner le sexe féminin), sont une représentation littérale de la *Genèse*[4]. On notera la similitude entre la figue, d'aspect notablement sexuel[5], prise par Ève dans le *Péché originel* de la Sixtine (dans un geste commun avec le serpent, également femelle, qui fait formellement écho à celui de la *Création d'Adam*) et les phallus, notamment associés aux nonnes et à l'arbre, des marges du *Roman de la Rose* (Bibliothèque nationale de France, Français 25526, XIVème siècle, fol. 160r.[6]).

Le second point nous introduit à la compréhension d'une partie du programme de la Chapelle Sixtine de Michel-Ange.
C'est dans une fidélité littérale, et donc dans une source littéraire sacrée, que Michel-Ange présente son interprétation du Péché originel, et donc de tout ce qui concerne Adam.

De là, nous pouvons nous interroger sur la symbolique:
1/ De la célèbre *Création d'Adam*, où c'est par le toucher que Dieu le Père semble générer Adam, depuis une une identité symétrique de position des deux figures dans leurs corps.
2/ De la curieuse posture du Christ dans le *Jugement Dernier*, puisque ce geste, plutôt que d'être celui habituel du Christ juge, divisant l'humanité, reprend en réalité celui d'Adam dans les représentations de l'*Expulsion du Paradis*, où Adam, traditionnellement, et donc, de fait, dans la chapelle Sixtine, se protège du sabre de l'ange qui le chasse, lui et Ève, du Paradis terrestre après le Péché.

On peut rapprocher le geste du Christ du *Jugement Dernier* de la Sixtine de celui de l'*ostentatio vulnerum*, tel qu'on le trouve notamment dans la sculpture de l'Augustiner Museum (Rattenberg, Autriche, 1500)[7], ainsi que de ceux, similaires, du Christ dans sa mandorle[8] et de Saint Gabriel[9] dans le *Jugement Dernier* du Camposanto de Pise par Bonamico Buffalmacco (1336-1341[10]). Comme, à l'inverse, le personnage se cachant un oeil et les jambes prises par des démons[11], à côté des Péchés (on voit, notamment, la bourse de l'Avarice pendre sous le groupe de personnage entrelacés à sa droite[12]), préfigure *Le Penseur* (1880[13]-1882[14]), précisément prévu pour la *Porte des Enfers*, d'Auguste Rodin. De même, originellement intitulé *Le Poète* et représentant Dante[15], *Le Penseur* nous renvoie à la double représentation de Saint Bartholomé qui se dédouble entre le Saint, portrait de l'Arétin, et la peau, portrait de Michel-Ange[16], selon un principe de rétribution similaire à celui fait à Biagio da Cesena représenté en Minos dans la partie des *Enfers,* selon Giorgio Vasari[17]. On relèvera la double similitude entre le geste du Christ et celui de la Vierge, à ses côté, dans les *Jugements Derniers* du Camposanto de Pise[18] et dans la Sixtine.

Les gestes de *La Création d'Adam* et du Christ du *Jugement Dernier* dans la Sixtine ont une prémisse intéressante, dans l'ensemble iconographique de la Chapelle, dans le cas du *Jugement Dernier* dans la position de Dieu qui, le Premier Jour: *Création de Lumière*, sépare les nuages, fresque faite par Michel-Ange en un seul jour, et qui serait un autoportrait, de même que la tête d'Holopherne portée sur un plateau. Ainsi, plus précis encore, le geste du Christ dans le *Jugement Dernier* réapparaît dans la fresque de la *Division de la Terre et des Eaux*, où Dieu est vu de face, alors que dans la *Création de la Lumière*, il était vu par derrière (relation que nous trouvons dans le panneau intermédiaire entre le premier de la *Création de la Lumière* et le troisième de la *Séparation de la Terre et des Eaux*, où, dans la *Création de la Terre*, Dieu est vu de dos, avec le postérieur nu, alors qu'il est vu de face dans la *Création du Soleil et de la Lune*, entraînant ainsi dans la séquence une idée, très moderne, de mouvement similaire à celui des bandes dessinées postérieures). Quant au geste de la *Création d'Adam*, dans la *Création des Astres et des Plantes*, plus concrètement dans la partie de la *Création du Soleil et de la Lune*, où Dieu pointe du doigt l'étoile solaire tout comme il désignera Adam au moment de sa propre *Création*. Le second geste exprime donc clairement un processus impératif, par la force contenue dans la main créatrice de Dieu (dans la *Création du Soleil et de la Lune*, ce sont les deux mains qui pointent, la gauche, le satellite, la droite, l'étoile), tandis que le premier représente l'ordre, la séparation. Il est donc logique de trouver le premier dans le *Jugement Dernier*, où le Christ sépare les âmes des condamnés de celles des élus, et le second dans la *Création d'Adam*, ressemblant la *Création* du macrocosme à celle du microcosme humain qui est sa mesure unifiante, selon l'idéologie chrétienne et les thèses néoplatoniciennes. Nous reviendrons plus amplement sur ce sujet à la fin de la présente étude.

Ce n'est donc pas un hasard si nous avons une séquence gestuelle claire, dans la même organisation des premiers épisodes des histoires centrales de la voûte, entre, selon la progression de la Sixtine:
1. *Création de la Lumière*: Dieu, de dos, préfigure le geste du Christ dans le *Jugement Dernier*.
2. *Création des Astres et des Plantes*: Dieu préfigure (ici avec les deux mains) son propre geste dans la *Création d'Adam*.

3. *Séparation de la Terre des Eaux*. Dieu, de face, préfigure le geste du Christ dans le *Jugement Dernier*.
4. *Création d'Adam*: le geste de Dieu répondu par le même geste, symétrique, d'Adam.

Le fait que nous trouvons plusieurs autoportraits dans la chapelle Sixtine, en particulier ceux liés aux procès de la *Création* (artiste-Dieu), de fidélité (Holopherne) et d'identité (Dieu-Adam/Christ-Barthélemy dans l'autoportrait de la figure écorchée du *Jugement Dernier*), non seulement nous conduisent à voir, sous-jacents au programme iconographique, l'intention de la Renaissance, dont Michel-Ange est, avec Leonardo, le père, d'assimiler et d'élever le travail de l'artiste plasticien à celui de maître intellectuel individuel, et non plus seulement à celui du travail manuel de l'artisan anonyme dans l'atelier, mais aussi un projet beaucoup plus large et complexe, de nature théologique et néoplatonique, comme nous le verrons à continuation.

I.b. Le problème de l'ensemble

L'organisation de la chapelle Sixtine répond à la théologie augustinienne, telle que décrite par le Saint en question 66 de *De diversis questionibus,* et à la représentation médiévale consécutive des états de l'humanité, qui sont divisés en quatre: avant la Loi ou "*ante legem*", un moment où l'humanité est soumise au péché et obéit à sa concupiscence, de sorte qu'elle est punie par le déluge; sous la Loi ou "*sub lege*", c'est-à-dire après Moïse, lorsque l'humanité prend conscience de son état de péché; l'état de grâce ou "*sub gracia*", après le sacrifice de Jésus sur la croix, l'humanité pouvant, à partir de ce moment, participer, par le combat moral individuel, à son propre salut; dans la paix ou "*in pace*", à la fin des temps, qui est le Jugement Dernier, quand, avec la résurrection de la chair, le corps glorieux obéira à l'esprit, dans la béatitude de la contemplation de Dieu.

Pour le Moyen Âge (ce que représentera Lucas Cranach l'Ancien dans les deux versions de *La Loi et la Grâce* de 1529), ces quatre moments correspondent à trois modalités de la Révélation: le sens allégorique, qui correspond à l'*Ancien Testament*, état "*sub lege*", sous la loi de Moïse, où la salvation s'exprime à travers le prophète; La moralité, qui revient au *Nouveau Testament*, où le Christ éclaire les préceptes sans allégorie, la parabole n'étant pas une allégorie, mais une fable avec un contenu moral facilement compréhensible; le sens anagogique qui annonce dans les temps présents la grâce et la Jérusalem céleste du Jugement dernier.

La centralité, dans la Chapelle Sixtine, de Noé est indubitablement due à la typologie entre les trois moments des deux lois: le Saint-Esprit "*bat*(tant) *des ailes*" (comme un oiseau [ou, plus précisément, une colombe]), donc, sur "*L'action créative de l'Esprit Saint*"[19]) sur le néant au moment de la Création de la *Genèse*, 1, 2, la colombe envoyée par Noé (*Gen.*, 7) à la recherche de la terre sèche pour la Nouvelle Alliance, et le Saint-Esprit de la Pentecôte descendant sur les apôtres, popularisé par l'iconographie chrétienne. Le Christ reçoit le baptême, et le Saint-Esprit descend aussi sous la forme d'une colombe (*Luc*, 3, 22).

La séquence de la nef centrale de la Chapelle Sixtine présente la Création de la *Création de la Lumière* à l'*Ivresse de Noé*, ce qui, dans cette séquence de neuf peintures, présente quatre créations, alternées avec la *Séparation des Terres et des Eaux*, le *Péché originel et l'expulsion du Paradis terrestre*, le *Sacrifice de Noé*, le *Déluge* et l'*Ivresse de Noé*.

Par l'alternance entre les épisodes, la *Création de la Lumière*, la *Séparation de la Terre et des Eaux* et la Création de la *Création d'Ève* s'interconnectent, alors que la *Création des Astres et des Plantes* et la *Création d'Adam* ont comme contrepartie le *Péché originel et l'expulsion du Paradis terrestre* et le *Déluge*, ce qui laisse entendre, conformément à Saint Augustin (*Cité de Dieu*, XIV, 11, 2), que la culpabilité du péché retombe en particulier sur Adam pour "*faire mal*":

"*Sicut enim Aaron erranti populo ad idolum fabricandum non consensit inductus, sed cessit obstrictus nec Salomonem credibile est errore putasse idolis esse serviendum, sed blanditiis femineis ad illa sacrilegia fuisse compulsum: ita credendum est illum virum suae feminae, uni unum, hominem homini, coniugem coniugi, ad Dei legem transgrediendam non tamquam verum loquenti credidisse seductum, sed sociali necessitudine paruisse. Non enim frustra dixit Apostolus: Et Adam non est seductus, mulier autem seducta est, nisi quia illa quod ei serpens locutus est, tamquam verum esset, accepit, ille autem ab unico noluit consortio dirimi nec in communione peccati; nec ideo minus reus, si sciens prudensque peccavit. Unde et Apostolus non ait: Non peccavit; sed: Non est seductus; nam utique ipsum ostendit, ubi dicit: Per unum hominem peccatum intravit in mundum, et paulo post apertius: In similitudine, inquit, praevaricationis Adae. Hos autem seductos intellegi voluit, qui id, quod faciunt, non putant esse peccatum; ille autem scivit. Alioquin quomodo verum erit: Adam non est seductus? Sed inexpertus divinae severitatis in eo falli potuit, ut veniale crederet esse commissum. Ac per hoc in eo quidem, quo mulier seducta est, non est ille seductus, sed eum fefellit, quomodo fuerat iudicandum quod erat dicturus: Mulier, quam dedisti mecum, ipsa mihi dedit, et manducavi. Quid ergo pluribus? Etsi credendo non sunt ambo decepti, peccando tamen ambo sunt capti et diaboli laqueis implicati."*

À Ève, comme à la femme de Noé et aux épouses des fils de celui-ci (*Gen.*, 7, 7), incombe, dès lors, le processus d'engendrement et de perpétuation.

Pour Michel-Ange, modifier, dans la Chapelle Sixtine, la séquence entre le *Sacrifice de Noé* et le *Déluge*, le *Sacrifice* étant postérieur, lui sert à superposer, en sens typologique, les séquences: *Ivresse de Noé*, *Déluge* et *Sacrifice*, d'une part, et symboliquement: l'*Incarnation*, le baptême et le Sacrifice du Verbe Incarné, de l'autre.

Par ailleurs, la séquence de la voûte de la Chapelle Sixtine doit puissamment attirer notre attention: de fait, c'est depuis le *Jugement Dernier* et le prophète Jonas qu'évoluent les fresques de la *Création de la Lumière* à l'*Ivresse de Noé*, en passant, successivement, en suivant l'ordre, par: la *Création des Astres et des Plantes*, la *Séparation des Terres et des Eaux*, la *Création d'Adam*, la *Création d'Ève*, le *Péché originel et l'expulsion du Paradis terrestre*, *Sacrifice de Noé*, le *Déluge*. Suit l'*Ivresse de Noé*, le portrait du prophète Zacharie comme countrepartie du portrait initial de Jonas.

La théologie chrétienne a donné plus d'emphase à l'analyse de la deuxième partie du livre de Zacharie (dont le nom signifie: "*Jehova s'est souvenu*"[20]), contemporain d'Aggée et deuxième à écrire après l'Exil, où le prophète présente la venue du Messie, en décrivant d'abord le rejet que le Messie subit de la part de son propre peuple terrestre, Israël, et le repentir postérieur dudit peuple et sa reconnaissance résultante du Messie, qui apparaîtra pour établir son règne de paix. En ce que l'on peut apprécier certaine similitude avec la prophétie de Daniel. Ainsi, aussi bien pour être l'un des premiers prophètes après l'Exil (ce qui le rattache à la figure de Noé, deuxième Adam; en outre, son nom est aussi celui du père de Jean le Baptiste[21], à son tour préfiguration du Christ), comme pour la préfiguration, centrale dans son livre, de la venue du Messie, avec certaine similitude entre les visions de la première partie du livre et celles de l'*Apocalypse*, la présence de Zacharie paraît logique pour fermer le cycle de fresques de la voûte.

De la même manière, il semble logique que le prophète Jonas (dont le nom, en revenant à son caractère d'annonce, signifie: "*colombe*"[22]), qui tout d'abord refuse le mandat de Dieu, ouvre le cycle de la *Genèse* que nous présente la voûte, telle apparaît en relation avec Adam. En outre, Jonas a aussi été identifié au Christ par son séjour de trois jours dans le ventre de la baleine. Dans cette perspective, les éléments importants de symbolique du *Livre de Jonas* sont:

1. Qu'il offre une preuve de la grâce et de la miséricorde illimitée de Dieu, non seulement envers le peuple d'Israël, mais aussi envers la ville païenne de Ninive, ce qui nous apprend, nous renvoyant aux possibilités du libre arbitre de et après Adam, que Dieu dans sa miséricorde a voulu donner au peuple de Ninive l'opportunité de se repentir pour pouvoir vivre. En cela il résultait difficile aux Juifs de comprendre pourquoi

Dieu avait donné une opportunité aux habitants de la ville païenne, quand Israël seul était le peuple élu de Dieu (*Matthieu*, 12, 41; 16, 4; *Luc,* 11, 29-32; *Actes*, 10, 11).

2. La contrepartie de l'antérieur est la leçon morale de la relation de l'homme avec Dieu, ce qui nous introduit, au moyen du portrait du prophète, dans la Chapelle Sixtine, à la représentation d'Adam. Donc, le *Livre de Jonas* nous apprend sur le coeur humain: aussi bien les païens que les croyants s'opposent souvent aux desseins divins, et, en pensant égoïstement à soi, pèchent par orgueil, et oublient les autres hommes. Et, si le coeur de l'homme accepte quelquefois la vérité de Dieu, c'est seulement pour s'exalter lui-même. Ce sont les leçons que le prophète apprend dans le livre[23], mais aussi celles qu'il nous laisse, en nous permettant de comprendre, à l'intérieur du programme iconographique de la Chapelle Sixtine, sa présence initiale. De plus, il fait un jeu, par son séjour de trois jours dans le ventre de la baleine, tant à la venue du Christ ressuscité, c'est-à-dire dans les derniers temps (du Jugement Dernier), comme à l'expérience de Noé en tant que nouvel Adam (mais aussi, comme Jonas, la colombe de Dieu, avertit le peuple païen, la colombe est celle qu'il indiquera à Noé la réapparition de la terre, après le Déluge).

3. De là que le *Livre de Jonas* représente symboliquement l'histoire d'Israël, et, par conséquent, plus généralement,

du peuple de Christ, vers le *Jugement Dernier,* qui ouvre le cycle de fresques de la Chapelle Sixtine. Bien que le peuple d'Israël, similairement au prophète Jonas, a échoué comme témoin de Dieu et, pour cela, devra être beaucoup de temps dans la mer des nations et dans la dispersion, malgré cela Israël est protégé d'une manière miraculeuse, également comme le prophète Jonas[24], et pourra ainsi donner témoignage de Dieu aux nations futures. Ce jour-là, qui pour nous s'identifie dans le programme de la Chapelle Sixtine avec le moment du *Jugement Dernier,* l'évangile du Royaume sera annoncé sur toute la terre par les Juifs convertis. De la même manière que Zacharie est le prophète de la venue du Messie, Jonas est celui de la réunification du royaume d'Israël. *Rois II,* 14, 25, nous dit que Jonas était fils d'Amitthaï et provenait de Gath Hépher, Galilée, au nord de Nazareth, qu'il était un serf de Dieu, et qu'il a prophétisé la restauration des limites d'Israël depuis Hama, en Syrie, jusqu'à la Mer Morte, ce qui, effectivement, s'est accompli durant le deuxième règne de Jéroboam (793-753). Fait qui, par ailleurs, permet aux historiens de le placer dans cette période.

4. Ainsi de même, Jonas est le prototype du Christ. Dans *Matthieu,* 12, 39-40, Jésus, préfigurant sa propre Résurrection, dit aux scribes et aux Pharisiens qu'aucun signal ne leur sera donné, sauf celui de Jonas: "*Car, de même que Jonas fut trois jours et trois nuits dans le*

ventre d'un grand poisson, de même le Fils de l'homme sera trois jours et trois nuits dans le sein de la terre"[25].

Nous voyons ainsi que, peu à peu, les images de la Chapelle Sixtine commencent à s'organiser, conformément un ordre typologique logique, tout comme dans les médaillons les sibylles s'associent aux prophètes de l'*Ancien Testament*.

Mais, en même temps, nous commençons à comprendre que, non seulement il existe un processus évolutif de lecture des fresques, mais que celui-ci doit aussi être lu de manière symétrique. Ainsi, l'inversion entre le *Sacrifice de Noé* et le *Déluge* implique une lecture dans deux sens, non seulement linéaire, de la première *Création*, jusqu'à la nouvelle après le *Déluge* et par l'*Ivresse de Noé*. De la même façon, une lecture dans deux sens implique la proximité entre le *Jugement Dernier*, ultime évènement du parcours de l'humanité dans la *Bible*, et la *Création de la Lumière*, premier épisode biblique.

Les figures des deux prophètes: Jonas et Zacharie, qui, respectivement, ouvre et ferme le cycle de fresques, sont interconnectées, comme nous l'avons dit, l'un parce qu'il évoque la venue du Messie, le second parce qu'en même temps, il représente l'unification du peuple de Dieu et est prototype du Christ ressuscité.

Au Christ ressuscité, victorieux de l'Enfer, et juge du dernier Jugement de l'humanité, correspond Jonas, évocateur des possibilités de rédemption de celle-ci dans son ensemble, devant Dieu. Par conséquent, la figure de Jonas fait lien entre le *Jugement Dernier* et le *Péché originel et l'expulsion du Paradis terrestre*.

Zacharie, qui souligne dans son livre l'arrivée attendue du Messie, encadre la procréation du Noé ivre comme seconde genèse (étant dans ce cas Noé doublement un salvateur et créateur de l'humanité, dans un rôle très similaire à la relation duelle Dieu-Adam, une centrale dans le programme iconographique de Miguel-Ange, de fait, prévenu par Dieu, il réussit à protéger les espèces de l'extinction, et, après avoir révélé sa nudité à ses enfants, recommence à peupler la terre de sa propre descendance, qui créera la Tour du Babel, en provoquant ainsi, malgré le pacte avec Dieu et sa promesse qu'il n'y aurait pas d'autre déluge, *Gen.*, 9, 8-17, la colère de celui-ci et le châtiment que subiront Loth et son une épouse, pour ce que ses filles à son tour l'enivreront, en se sacrifiant en pensant qu'ils ne restaient pas plus humains dans la terre - ce qui réaffirme le caractère typologique, à l'intérieur de la même *Bible*, des deux ivresses à caractère rituel -), en même temps qu'il permet de voir l'*Ivresse de Noé* dans une séquence, dans la chapelle, comme contrepoint du *Jugement Dernier*.

À présent, les images des médaillons et des pendentifs viennent à réaffirmer et à compléter le symbolisme de la séquence centrale.

Le *Serpent de Bronze*, en référence aux *Nombres*, 21, 4-9:

" *21.4 Ils partirent de la montagne de Hor par le chemin de la mer Rouge, pour contourner le pays d'Édom. Le peuple s'impatienta en route,*
21.5 et parla contre Dieu et contre Moïse: Pourquoi nous avez-vous fait monter hors d'Égypte, pour que nous mourions dans le désert? car il n'y a point de pain, et il n'y a point d'eau, et notre âme est dégoûtée de cette misérable nourriture.
21.6 Alors l'Éternel envoya contre le peuple des serpents brûlants; ils mordirent le peuple, et il mourut beaucoup de gens en Israël.
21.7 Le peuple vint à Moïse, et dit: Nous avons péché, car nous avons parlé contre l'Éternel et contre toi. Prie l'Éternel, afin qu'il éloigne de nous ces serpents. Moïse pria pour le peuple.

21.8 L'Éternel dit à Moïse: Fais-toi un serpent brûlant, et place-le sur une perche; quiconque aura été mordu, et le regardera, conservera la vie.
21.9 Moïse fit un serpent d'airain, et le plaça sur une perche; et quiconque avait été mordu par un serpent, et regardait le serpent d'airain, conservait la vie."-

Représente une prémisse du sacrifice de Christ dans la Croix, l'image du Dieu salvateur, comme le serpent sur l'hampe.

Dans le pendentif symétrique apparaît le *Châtiment d'Aman*, inspiré des chapitres 1 à 8 du *Livre d'Esther*. C'est grâce à Mardochée, son père adoptif, qu'Esther sauve le roi Assuérus de la conspiration de deux eunuques pour le tuer (*Esther*, 2). Juste après, le roi ennoblit son ministre Aman, qui, en échange d'un cadeau d'impôts, demande au roi l'extermination des Juifs, parce qu'il lui déplaît que Mardochée ne lui rende pas d'hommage (cap. 3). Mardochée met Esther au courant des plans d'Aman (cap. 4), pour ce que qu'Esther, préparant, après trois jours de jeûne, un banquet pour son époux le roi (cap. 5), demande la tête d'Aman, qui, quant à lui, se préparait à demander celle de Mardochée (cap. 7). Mais, après s'être rendu compte du rôle de celui-ci dans sa salvation du complot des eunuques et de sa parenté avec la reine (cap. 6), il décide de tuer Aman pour sa sédition (cap. 8). Miguel-Ange reproduit les trois moments du conflit entre Mardochée et Aman: à droite, le roi Assuérus ordonne que Mardochée se présente à lui pour lui offrir une récompense; à gauche, le conseil célébré par le roi pour punir Aman, et au centre le châtiment d'Aman, cloué à une croix, bien que dans la *Bible* il est pendu avec la même corde qu'il tenait prête pour le moment où, espérait-il, le roi lui octroyerait pouvoir de mort sur le désobéissant Mardochée, qui, non seulement ne lui rendait pas hommage (cap. 3), mais de plus réussit à obtenir ceux du propre roi, et à obliger Aman à se charger de les lui rendre (cap. 6).

Cependant, il y a deux versions du *Livre d'Esther*: l'une juive, l'autre grecque, celle-ci plus étendue, qui se compose d'une introduction, avec le fameux songe de Mardochée[27], et un épilogue avec l'interprétation du songe. Il n'y a pas de consensus quant à savoir laquelle de ces des deux versions est la la plus ancienne, bien que les historiens catholiques et orthodoxes coïncident dans l'opinion que ce serait la grecque, et que la juive en serait une version coupée.

L'épilogue, qui ferme dans la version grecque le cap. 10 du *Livre d'Esther*, est l'interprétation que fait le propre Mardochée de son rêve initial.

Le songe (cap. 1.) est le suivant:

"CHAPITRE XI.
Qui était Mardochée et sa vision.
1. La quatrième année du règne de Ptolémée et de Cléopâtre, Dosithée, qui se disait prêtre et de la race de Lévi, et Ptolémée son fils, apportèrent cette épître de phurim, qu'ils disaient avoir été traduite dans Jérusalem par Lysimaque, fils de Ptolémée.
2. La seconde année du règne du très-grand Artaxerxès, le premier jour du mois de nisan, Mardochée, fils de Jaïr, fils de Séméi, fils de Cis, de la tribu de Benjamin, eut une vision en songe.
3. Il était Juif, et il demeurait dans la ville de Suse. C'était un homme puissant, et des premiers de la cour du roi.
4. Il était du nombre des captifs que Nabuchodonosor, roi de Babylone, avait transférés de Jérusalem avec Jéchonias, roi de Juda.
5. Voici la vision qu'il eut en songe. Il lui semblait qu'il entendait des voix, un tumulte, un tonnerre, et que la terre tremblait, et était agitée d'un grand trouble;
6. Et en même temps il vit paraître deux grands dragons, prêts à combattre l'un contre l'autre.
7. Toutes les nations s'émurent aux cris qu'ils jetèrent, et elles se disposèrent à combattre contre la nation des justes.
8. Ce jour fut un jour de ténèbres, de périls, d'affliction, de serrement de cœur, et d'une grande épouvante sur la terre.

9. La nation des justes fut saisie de trouble, appréhendant les maux qu'on lui avait préparés, et se disposant à la mort.
10. Ils crièrent à Dieu; et, au bruit de leurs cris et de leurs plaintes, une petite fontaine devint un grand fleuve, et répandit une grande abondance d'eaux.
11. La lumière parut, et le soleil se leva; les humbles furent élevés de la bassesse, et ils dévorèrent ceux qui étaient dans l'éclat.
12. Mardochée ayant eu cette vision en songe, et s'étant levé de son lit, pensait en lui-même à ce que Dieu voulait faire: il grava cette vision dans son cœur, ayant grande envie de savoir ce que ce songe lui pouvait marquer.

CHAPITRE XII.
Conspiration découverte par Mardochée.

1. Mardochée demeurait alors à la cour du roi Assuérus, avec Bagatha et Thara, eunuques du roi, qui étaient les gardes de la porte du palais.
2. Et ayant approfondi leurs pensées, et reconnu par une exacte recherche tous leurs desseins, il découvrit qu'ils avaient entrepris sur la vie du roi Artaxerxès, et il en donna avis au roi.
3. Le roi commanda qu'on leur donnât la question à tous deux; et ayant confessé leur crime, il les fit mener au supplice.
4. Le roi fit écrire en des mémoires ce qui s'était passé, et Mardochée le mit aussi par écrit pour en conserver le souvenir.
5. Le roi lui commanda de demeurer dans son palais, et il lui fit des présents pour l'avis qu'il lui avait donné.
6. Mais Aman, fils d'Amadath Bugée, avait été élevé par le roi en grande gloire, et il voulut perdre Mardochée et son peuple, à cause de ces deux eunuques du roi qui avaient été tués."

Son interpretation (cap. 10):

"4. Alors Mardochée dit: C'est Dieu qui a fait toutes ces choses.
5. Et je me souviens d'une vision que j'avais eue en songe, qui marquait tout ce qui est arrivé, et qui a été accomplie jusqu'à la moindre circonstance.
6. Je vis une petite fontaine qui s'accrut et devint un fleuve; elle se changea ensuite en une lumière et en un soleil, et elle se répandit en une grande abondance d'eaux: c'est Esther, que le roi épousa, et il voulut qu'elle fût reine.
7. Les deux dragons que je vis, c'est moi-même et Aman.
8. Les peuples qui s'assemblèrent, sont ceux qui ont voulu exterminer le nom des Juifs.
9. Mon peuple est Israël, qui cria au Seigneur, et le Seigneur sauva son peuple, il nous délivra de tous nos maux, il fit des miracles et de grands prodiges parmi les nations;

10. Et il ordonna qu'il y eût deux sorts, l'un du peuple de Dieu, et l'autre de toutes les nations.
11. Et ce double sort vint paraître devant Dieu au jour marqué dès ce temps-là à toutes les nations.
12. Le Seigneur se ressouvint de son peuple, et il eut compassion de son héritage.
13. Ces jours s'observeront au mois d'adar, le quatorzième et le quinzième jour du même mois: tout le peuple s'assemblera pour cela avec grand soin et avec grande joie, et cette fête sera célébrée par le peuple d'Israël dans la suite de tous les âges.

CHAPITRE XI.
Qui était Mardochée et sa vision.
1. La quatrième année du règne de Ptolémée et de Cléopâtre, Dosithée, qui se disait prêtre et de la race de Lévi, et Ptolémée son fils, apportèrent cette épître de phurim, qu'ils disaient avoir été traduite dans Jérusalem par Lysimaque, fils de Ptolémée."

L'interprétation de Mardochée apparaît, dans le cap. 10, comme la justification des bienfaits du roi pour les Juifs:

" CHAPITRE X.
Élévation et songe de Mardochée.
1. Or, le roi Assuérus rendit tributaires toute la terre et toutes les îles de la mer;
2. Et on trouve écrit dans le livre des Perses et des Mèdes, quelle a été sa puissance et son empire, et ce haut point de grandeur auquel il avait élevé Mardochée,
3. Et de quelle sorte Mardochée, Juif de nation, devint la seconde personne dans l'empire du roi Assuérus ; comme il fut grand parmi les Juifs, et aimé généralement de tous ses frères, ne cherchant qu'à faire du bien à sa nation, et ne parlant que pour procurer la paix et la prospérité de son peuple."

Ainsi, du côté du *Jugement Dernier*, le *Châtiment d'Aman*, réorienté vers une lecture christique, puisqu'Aman finit crucifié, et *Le Serpent de Bronze* évoquent:

1. Typologiquement à la *Crucifixion* comme rédemption de l'humanité;
2. Le Jugement Dernier (avec le desobéissance des Juifs à Moïse et leur châtiment et possibilité de salvation au désert pour ceux qui regardent le serpent de cuivre; avec le songe de Mardochée et ses similitudes avec la propre *Apocalypse*) comme moment de salvation.

En revenant aux pendentifs du côté opposé, nous trouvons deux ensembles: *David et Goliath*, évidemment, qui est le pendant du *Châtiment d'Aman*. Aman est le premier ministre du roi, représentant de la force et du pouvoir, tandis que Mardochée est un esclave, sans pouvoir, mais dont l'attitude et courage réussissent à vaincre celui qui voulait en finir avec le peuple juif.

Le pendant du *Serpent de Bronze* est *Judith et Holopherne*. Comme David et Mardochée, Judith est du côté des faibles. C'est une veuve juive, qui arrive, par astuce, et au moyen de fausses promesses, à couper la tête du chef de l'armée assyrienne Holopherne. Ce grand exploit donne du courage, et un avantage, aux Juifs qui, finalement, réussissent, après beaucoup de défaites antérieures à l'intervention de Judith, à prendre par leur attaque le campement assyrien. Le songe, bien qu'ici Judith l'utilise pour tromper son ennemi, et le banquet sont des motifs communs aux livres d'*Esther* et de *Judith*, comme le rôle primordial qui y est donné à une femme qui réussit à sauver son peuple, le peuple juif, de l'extermination.

À l'époque de Michel-Ange le thème de *Judith et Holopherne* était très à la mode, et a continué de l'être jusqu'au XIXème siècle. Nous pouvons citer, entre les artistes remarquables qui l'ont abordé, à: Donatello, Botticelli, Andrea Mantegna, Giorgione, Lucas Cranach l'Ancien, Le Caravage, Le Titien, Antonio de Pereda, Goya, Horace Vernet, Klimt, Artemisia Gentileschi, Jan Sanders van Hemessen ou Hermann-Paul. Il faudra, en ce sens, sans doute rapprocher l'origine de l'intérêt pour ce thème, et sa récurrence chez Artemisia Gentileschi, comme symbole double de Femme

Forte et de Vertu, de la démultiplication, à la même époque, de la figure de Minerve comme déesse guerrière, de la Vertu, dans l'iconographie des gouvernantes et mécènes, notamment d'Isabelle d'Este (comme nous nous y attardons dans notre ouvrage, également publié dans la présente Collection, sur Mantegna, et auquel nous renvoyons le lecteur sur ce point).

Alors que *Le Serpent de Bronze* est l'infidélité qui provoque l'échec temporaire des Juifs devant leur propre Dieu, dans *Judith et Holopherne*, au contraire, c'est le don de soi et foi des Juifs, malgré la force des armées de Nabuchodonosor, qui provoque leur victoire finale.

Pendant qu'à Jonas, le prophète récalcitrant, sont associés *Le Serpent de Bronze* et le *Châtiment d'Aman*, deux images de l'infidélité, du peuple juif d'une part, et du premier ministre de l'autre, qui ignore le statut de la propre reine, à Zacharie, le prophète que préfigure la venue du Messie, sont associés deux actes de foi, qui ont fait que le faible arrive à vaincre le fort: David et Judith.

En ce qui concerne les médaillons:
La Création de la Lumière est entourée par *Élie enlevé au Ciel* (*II Rois*, 2, 1-18) et du *Sacrifice d'Abraham* (*Genèse*, 22, 9). C'est-à-dire qui, premier ensemble à partir du *Jugement Dernier*, encadrent la création:

1. La figure d'Abraham, considéré comme le père des croyants, aussi bien par le sacrifice d'Isaac qu'à travers le propre Isaac, fils de l'épouse stérile d'Abraham, Sarah, et duquel procède Jacob, dont les douze fils ont fondé les Douze Tribus d'Israël.

2. Élie, qui a été considéré comme la préfiguration de Saint Jean Baptiste (*Matthieu*, 11, 7-15; *Malachie*, 3, 23), à tel point que le propre Jean s'habillait comme Élie (*II Rois*, 1, 8 et 2, 1-13). Dans le passage connu comme la *Transfiguration* des *Évangiles synoptiques*, sont montrés Élie et Moïse parlant avec Jésus (*Marc*, 9, 4). L'évangile apocryphe de l'*Apocalypse d'Élie* le montre aux côtés d'Énoch combattant contre le fils de l'iniquité qui les tue, après quoi ils ressuscitent, comme les deux témoins de l'*Apocalypse* 11 dans leur affrontement avec la Bête.

Ainsi, la *Création de la Lumière* est encadrée, depuis le *Jugement Dernier*, comme un phénomène prophétique relatif à un commencement: la parenté d'Abraham en tant que père fondateur de la nation juive, et une fin: la prémisse d'Élie enlevé comme évocation de la venue future du Messie.

À son tour, le *Sacrifice de Noé* est encadré par la *Destruction de Baal* (*II Rois*, 10, 25), conformément à la prophétie d'Élie (*II Rois*, 10, 17), et la *Mort d'Urie* (*II Samuel*, 11, 24), provoquée par l'amour du roi David pour l'épouse d'Urie le Hittite: Bethsabée. En principe, ce seraient trois péchés qui devraient apparaître ici: respectivement celui du propre peuple d'Israël se livrant au culte de Baal, celui de Cham, fils de Noé, qui connaît la nudité de son père (*Gen.*, 9, 22), une fois semée la première vigne (*Gen.*, 9, 20-21) après le déluge, également provoqué par l'infidélité des hommes, et celui de David, qui commet l'adultère et le meurtre contre Urie, dont le nom signifie la "*Flamme de l'Éternel*" ou "*l'Éternel est ma Lumière*"[32], le Hittite converti. Le péché de David sera puni par le Dieu conformément à la recommandation même que le roi donne au prophète Nathan quand celui-ci lui propose une métaphore de son propre péché. Cependant, à l'instar du péché de Noé qui permet à l'humanité de réapparaître, celui de David offre aux Juifs un État fort, immense et consolidé. Il est intéressant qu'en s'éloignant du *Jugement Dernier*, de Dieu, soient représentés les péchés, alors que les pendentifs opposés au *Jugement Dernier*, contrairement à celles qui l'entourent, évoquent les vertus du peuple d'Israël. David, tout comme Noé, apparaît deux fois: comme héros contre Goliath, dans le pendentif, et comme roi adultère par la représentation de la *Mort d'Urie*.

Cependant, les deux péchés, de David et du peuple d'Israël, encadrent le sacrifice (*Gen.*, 8, 20), holocauste que Noé offre à Dieu ("*Noé bâtit un autel à l'Éternel; il prit de toutes les bêtes pures et de tous les oiseaux purs, et il offrit des holocaustes sur l'autel.*"[33]).

À la mort d'Urie par la luxure de David répond la mort de Joram (*II Rois*, 9, 21), dans le verger de Naboth, aux mains de Jehu (onzième roi d'Israël et fondateur de la dynastie de plus grande durée), oint par Élisée (prophète successeur d'Élie et témoin de son elèvement au Ciel) qui correspond à l'accomplissement de la prophétie et la libération du peuple d'Israël des faux dieux.

L'épisode de *Bidqar jetant le corps de Joram* encadre l'*Ivresse de Noé*. L'autre médaillon qui l'encadre est l'*Assassinat d'Abner* (*II Samuel*, 3, 27), troisième apparition de David dans la chapelle.

L'Assassinat d'Abner à la porte d'Hébron, après sa trahison à David, provoque néanmoins une grande douleur à David, qui proteste:

"*3.28 David l'apprit ensuite, et il dit: Je suis à jamais innocent, devant l'Éternel, du sang d'Abner, fils de Ner, et mon royaume l'est aussi.
3.29 Que ce sang retombe sur Joab et sur toute la maison de son père! Qu'il y ait toujours quelqu'un dans la maison de Joab, qui soit atteint d'un flux ou de la lèpre, ou qui s'appuie sur un bâton, ou qui tombe par l'épée, ou qui manque de pain!
3.30 Ainsi Joab et Abischaï, son frère, tuèrent Abner, parce qu'il avait donné la mort à Asaël, leur frère, à Gabaon, dans la bataille.
3.31 David dit à Joab et à tout le peuple qui était avec lui: Déchirez vos vêtements, ceignez-vous de sacs, et pleurez devant Abner! Et le roi David marcha derrière le cercueil.
3.32 On enterra Abner à Hébron. Le roi éleva la voix et pleura sur le sépulcre d'Abner, et tout le peuple pleura.
3.33 Le roi fit une complainte sur Abner, et dit: Abner devait-il mourir comme meurt un criminel?
3.34 Tu n'avais ni les mains liées, ni les pieds dans les chaînes! Tu es tombé comme on tombe devant des méchants.
3.35 Et tout le peuple pleura de nouveau sur Abner."*

Cependant, par la qualité d'Hébron comme ville de refuge dans l'histoire d'Israël, les mots de David (3, 33-34) laissent entrevoir, comparées aux *Nombres*, 35:

"*35.26 Si le meurtrier sort du territoire de la ville de refuge où il s'est enfui,
35.27 et si le vengeur du sang le rencontre hors du territoire de la ville de refuge et qu'il tue le meurtrier, il ne sera point coupable de meurtre.*"

Et malgré le long ressentiment de David pour le geste de Joab (*I Rois*, 2, 5-6), une interprétation possible de sa mort comme celle de celui qui, tout près de la salvation (la ville d'Hébron, similaire aux villes que Dieu offre aux Juifs dans les *Nombres*, 35), ne donne pas le pas nécessaire à l'intérieur de celle-ci qui peut être le propre Jésus.

Nous aurions dans ce cas une lecture complémentaire des deux médaillons qui encadrent l'*Ivresse de Noé*, par rapport à ceux qui encadrent le *Sacrifice de Noé*. Le meurtre injustifié d'Urie, volonté du roi David, a sa contrepartie dans le meurtre justifié d'Abner, malgré le même David.

Les morts de Joram et d'Abner permettent au peuple juif d'accéder au pouvoir total sur leur territoire, et au retrait des cultes interdits.

Ainsi pouvons-nous assumer que les médaillons, au contraire de la séquence des épisodes des neuf histoires de la *Genèse* au centre de la voûte, suivent l'ordre initial qu'ils devraient assumer, conformément à la *Bible*, la microséquence du *Sacrifice* et de l'*Ivresse de Noé*.

Apparemment, les médaillons qui encadrent la *Création d'Ève* reproduisent une séquence, pas non plus littérale par rapport à la *Bible*, qui est celle de la fin des cultes interdits en Israël grâce à Jéhu. Ainsi l'*Extermination de la tribu d'Achab* (*II Rois*, 10, 17), du médaillon 5, est antérieure, dans la *Bible*, à *Bidqar jetant le corps de Joram*, du médaillon 9, et postérieure à la *Destruction de Baal*, du médaillon 7.

Cette séquence est cependant au centre conceptuel de la série de médaillons, puisque celle-ci commence avec *Élie enlevé au Ciel*, médaillon 1.

Il résulte que les deux rois des médaillons sont David, qui fournit stabilité et pouvoir politique à Israël, et Jéhu, qui lui donne une unification religieuse, ainsi que dynastique.

De fait, l'autre médaillon qui encadre la *Création d'Ève* est celui de *David devant Nathan* (*II Samuel*, 12, 17). Ainsi, de la même manière que Jéhu a quatre apparitions, ainsi en va-t-il de David, les deux étant aussi mis en parallèle par les références à leur royaume.

L'épisode de David et de Nathan n'a pas non plus, dans le contexte, un sens directement chronologique, puisqu'en apparaissant comme médaillon 6, il est, dans la *Bible*, évidemment, postérieur à l'épisode de la *Mort d'Urie*, ici au médaillon 8, et antérieur à celui du *Meurtre d'Abner*, du médaillon 10.

Par ailleurs, le châtiment sur la descendance de David se trouve, logiquement, mise en correspondance avec l'évocation de la figure d'Ève, bien que celle-ci avant aucun péché.

C'est le même sens de châtiment du péché collectif d'une lignée qui pousse Jéhu, vers les parents, les princes et le peuple en général qui rendent un culte à Baal, comme le met en évidence cette longue citation:

"10.5 Et le chef de la maison, le chef de la ville, les anciens, et les gouverneurs des enfants, envoyèrent dire à Jéhu: Nous sommes tes serviteurs, et nous ferons tout ce que tu nous diras; nous n'établirons personne roi, fais ce qui te semble bon.
10.6 Jéhu leur écrivit une seconde lettre où il était dit: Si vous êtes à moi et si vous obéissez à ma voix, prenez les têtes de ces hommes, fils de votre maître, et venez auprès de moi demain à cette heure, à Jizreel. Or les soixante-dix fils du roi étaient chez les grands de la ville, qui les élevaient.
10.7 Quand la lettre leur fut parvenue, ils prirent les fils du roi, et ils égorgèrent ces soixante-dix hommes; puis ils mirent leurs têtes dans des corbeilles, et les envoyèrent à Jéhu, à Jizreel.
10.8 Le messager vint l'en informer, en disant: Ils ont apporté les têtes des fils du roi. Et il dit: Mettez-les en deux tas à l'entrée de la porte, jusqu'au matin.
10.9 Le matin, il sortit; et se présentant à tout le peuple, il dit: Vous êtes justes! voici, moi, j'ai conspiré contre mon maître et je l'ai tué; mais qui a frappé tous ceux-ci?
10.10 Sachez donc qu'il ne tombera rien à terre de la parole de l'Éternel, de la parole que l'Éternel a prononcée contre la maison d'Achab; l'Éternel accomplit ce qu'il a déclaré par son serviteur Élie.
10.11 Et Jéhu frappa tous ceux qui restaient de la maison d'Achab à Jizreel, tous ses grands, ses familiers et ses ministres, sans en laisser échapper un seul.
10.12 Puis il se leva, et partit pour aller à Samarie. Arrivé à une maison de réunion des bergers, sur le chemin,
10.13 Jéhu trouva les frères d'Achazia, roi de Juda, et il dit: Qui êtes-vous? Ils répondirent: Nous sommes les frères d'Achazia, et nous descendons pour saluer les fils du roi et les fils de la reine.

10.14 Jéhu dit: Saisissez-les vivants. Et ils les saisirent vivants, et les égorgèrent au nombre de quarante-deux, à la citerne de la maison de réunion; Jéhu n'en laissa échapper aucun.
10.15 Étant parti de là, il rencontra Jonadab, fils de Récab, qui venait au-devant de lui. Il le salua, et lui dit: Ton coeur est-il sincère, comme mon coeur l'est envers le tien? Et Jonadab répondit: Il l'est. S'il l'est, répliqua Jéhu, donne-moi ta main. Jonadab lui donna la main. Et Jéhu le fit monter auprès de lui dans son char,
10.16 et dit: Viens avec moi, et tu verras mon zèle pour l'Éternel. Il l'emmena ainsi dans son char.
10.17 Lorsque Jéhu fut arrivé à Samarie, il frappa tous ceux qui restaient d'Achab à Samarie, et il les détruisit entièrement, selon la parole que l'Éternel avait dite à Élie.
10.18 Puis il assembla tout le peuple, et leur dit: Achab a peu servi Baal, Jéhu le servira beaucoup.
10.19 Maintenant convoquez auprès de moi tous les prophètes de Baal, tous ses serviteurs et tous ses prêtres, sans qu'il en manque un seul, car je veux offrir un grand sacrifice à Baal: quiconque manquera ne vivra pas. Jéhu agissait avec ruse, pour faire périr les serviteurs de Baal.
10.20 Il dit: Publiez une fête en l'honneur de Baal. Et ils la publièrent.
10.21 Il envoya des messagers dans tout Israël; et tous les serviteurs de Baal arrivèrent, il n'y en eut pas un qui ne vînt; ils entrèrent dans la maison de Baal, et la maison de Baal fut remplie d'un bout à l'autre.
10.22 Jéhu dit à celui qui avait la garde du vestiaire: Sors des vêtements pour tous les serviteurs de Baal. Et cet homme sortit des vêtements pour eux.
10.23 Alors Jéhu vint à la maison de Baal avec Jonadab, fils de Récab, et il dit aux serviteurs de Baal: Cherchez et regardez, afin qu'il n'y ait pas ici des serviteurs de l'Éternel, mais qu'il y ait seulement des serviteurs de Baal.
10.24 Et ils entrèrent pour offrir des sacrifices et des holocaustes. Jéhu avait placé dehors quatre-vingts hommes, en leur disant: Celui qui laissera échapper quelqu'un des hommes que je remets entre vos mains, sa vie répondra de la sienne.
10.25 Lorsqu'on eut achevé d'offrir les holocaustes, Jéhu dit aux coureurs et aux officiers: Entrez, frappez-les, que pas un ne sorte. Et ils les frappèrent du tranchant de l'épée. Les coureurs et les officiers les jetèrent là, et ils allèrent jusqu'à la ville de la maison de Baal.
10.26 Ils tirèrent dehors les statues de la maison de Baal, et les brûlèrent.
10.27 Ils renversèrent la statue de Baal, ils renversèrent aussi la maison de Baal, et ils en firent un cloaque, qui a subsisté jusqu'à ce jour.
10.28 Jéhu extermina Baal du milieu d'Israël;."

Nous commençons donc à apercevoir le signifié général, orienté presque únivocamente, de la chapelle, autour de la venue du Messie, et ses antécédents.

Le préfigure Zacharie, et Jonas le contredit. Le réaffirment le serpent de bronze et l'interprétation iconographique du châtiment d'Aman. Messianiques aussi les victoires de David enfant et de Judith sur les géants de la guerre.

La pensée de l'ensemble s'unifie encore plus dans les médaillons, autour d'une typologie relative à la succession, l'hérédité, et le pérennité du peuple de Dieu. Que ce soit au moyen du sacrifice et la plénitude de la dépendance au mot divin (Abraham, Jéhu), ou dans l'éloignement à celle-ci (David, Abner).

Dans la chapelle aussi, le politique (unification étatique et politique, autant que religieuse), autour des figures de deux grands rois, présente les préoccupations et les idéologies papales de l'époque.

Le sens généalogique, soit-dit en passant d'inspiration médiévale (voir les rosaces des églises gothiques, ou l'oeuvre de Bosch), de l'apparition de Christ, est manifeste encore plus dans les lunettes, au-dessous des Prophètes et des Sibylles, et les écoinçon latéraux, où, dans les deux ensembles, sont représentés les ancêtres du Christ selon *Matthieu*, 1, 1-16.

Dans les huit triangles[37]:
* Josias
* Zorobabel
* Ezéchiel
* Azarias
* Roboam et Abia
* Salomon

* Jessé, David et Salomon
* Bethsabée mère de Salomon

Y dans les lunettes[38]:
* Eléazar et Matthan
* Jacob et Joseph
* Azor et Sadoc
* Achim et Eliud
* Josias, Jeconias et Salathiel
* Zorobabel, Abiud et Eliakim
* Ezéchias, Manassé et Amon
* Azarias, Joatham et Achaz
* Salmon, Boaz et Obed
* Naasson
* Aminadab
* Pharès, Hesron et Aram
* Abraham, Isaac, Jacob et Juda

En finissant avec l'interprétation des médaillons, le groupe qui encadre à *La Séparation de la Terre et des Eaux* est complexe d'analyser, puisque le médaillon 3 est vide.

Le médaillon 4 représente, pour sa part, la *Mort d'Absalom* (*II Samuel*, 18). C'est, de nouveau, David qui, par importance, réussit donc à être représenté dans cinq médaillons, contre quatre pour Jéhu, puisque nous le retrouvons ici référencé par indirectement l'évocation de son fils Absalom. Le plus grand des frères de David, Amnon, qui tombe amoureux de sa demi-soeur Tamar, soeur d'Absalom, décide de la violer, ce pourquoi Absalom, connu pour sa belle chevelure, le tue et fuit, mais Joab, celui-là même qui tuera Abner, intercède pour lui devant David, qui l'accepte à nouveau près du trône. Pero Absalom désire la succession, qui semble devoir aller à Salomon, raison pour laquelle, cette fois, il ourdit une trame contre la vie de son père, comme Tirso de Molina le rapporte brillamment dans son drame *La venganza de Tamar* (1634). Ainsi Absalom se fait couronner roi en l'absence de David, et ils s'affrontent sur les bords du Jourdain. Mais dans sa fuite, la chevelure d'Absalom s'emmêle dans un arbre, et Joab le tue, provoquant là aussi la peine de David, qui pleure malgré tout son fils mort.

Cet épisode représente, à l'intérieur de la généalogie de David, et par conséquent du Christ, le pas nécessaire pour l'accession au trône de Salomon, le roi emblématique, troisième et dernier roi d'Israël et constructeur du Temple. On attribue à Salomon le *Cantique des Cantiques* et le livre des *Proverbes*.

C'est ainsi donc qu'il s'intègre parfaitement pour entourer *La Séparation des Terres et des Eaux*, nécessaire celle-ci à la création postérieure de l'humanité, comme le reproduit clairement la chapelle.

Finalement, nous devons considérer comment, d'un côté, Joseph, père du Christ, Jacob, nommé Israël par Dieu lui-même après sa lutte contre l'ange (*Gen.*, 32, 23-30) et pour cela père des israélites, et de l'autre Aaron, premier Prêtre Suprême du peuple juif, apparaissent dans les lunettes qui s'affrontent symétriquement dans la chapelle avec le *Jugement Dernier*.

À l'intérieur de l'opposition entre la trahison de David et la triade le Dieu-Christ-Joseph, alors qu'Abraham est la fondation pour toutes les familles de la terre, David préfigure la Crucifixion et la venue et Gloire du Christ (*Actes*, 25-35).

Les figures d'Abraham et de David s'opposent, en particulier dans *Romains*, 4, 5; 4, 1-7 et 13-22, en particulier en 13-17. Le Christ comme libérateur du Péché originel est le centre de *Rom.*, 4, 5, 12-17 (voir aussi *Actes*, 3, 25:

" *Vous êtes les fils des prophètes et de l'alliance que Dieu a traitée avec nos pères, en disant à Abraham: Toutes les familles de la terre seront bénies en ta postérité.*",

Nous renvoyant à la figure de Pierre comme fondateur de l'Église, lequel proclame cette généalogie théologique, évoquant aussi également à l'illustration de sa *Libération*, à la ressemblance du Christ, dans les *Stanzas* de Raphaël), en particulier 14 et 16 (ce qui a un écho dans l'étude du *Jugement Dernier* de Michel-Ange de 1993 par Omar Calabrese[40]).

Il est ainsi étonnant de voir comment l'image du Christ, dans ses valeurs politiques, typologiques et messianiques, se présente à nous dans toute la chapelle comme un chemin pour l'humanité qui se dirige vers sa figure, à un travers le peuple choisi.

Ainsi, le programme iconographique de la Chapelle Sixtine, qui se conforme, comme nous l'avons vu, autour des figures de David, de Jéhu et de Noé, se développe sur les axes suivants:

1. La figure centrale, en cela qu'elle divise en deux parties la nef centrale, de la *Création d'Ève*, ce qui s'accentue par l'inversion dans les espaces triangulaires entre la position du prophète (à gauche) et de la sibylle (à droite) qui encadrent la scène, de manière inverse par rapport à la séquence sibylle-prophète (cette seconde séquence, avec la sibylle, de la foi païenne, à gauche, surpassée, en

sens de lecture logique, par le prophète, de la foi révélée, à droite) qui encadrent les autres.
2. Depuis cette centralisation de l'ensemble iconographique, nous percevons alors plusieurs objets de focalisation qui s'entrecroisent et se répondent.
3. Deux points focaux fondamentaux, qui sont le *Jugement Dernier* et Zacharie, celui-ci, de l'autre côté de la voûte, qui prophétisa les deux venues du Messie.
4. D'un autre côté, la lecture, dans le sens inverse de ce qui en est donné ici, fait communiquer le *Jugement Dernier* avec la présence de Jacob, père des Juifs, et de Joseph, père de Christ, dans le côté opposé du voûte.
5. Des deux côtés du *Jugement Dernier*, les pendentifs du *Châtiment d'Aman* et *Le Serpent de Bronze*, qui entourent le portrait de Jonas, et introduisent les scènes de la *Création*, deux pendentifs dont les scènes renvoient, comme celle du *Jugement Dernier*, au Christ et à sa mort salvatrice.
6. Jonas, dont l'épisode avec la baleine, nous reporte au Déluge et à Noé.
7. La division de l'ensemble agit comme un rappel et une représentation typologique des deux côtés de la division opérée autour de la figure d'Ève: la partie de la voûte dans laquelle se trouvent les figures de Jonas et la Création dans ses différentes étapes symbolisent des sections du commencement des temps; pendant que la partie du Déluge et de Zacharie illustrent des fins.
8. Alors que Jonas nous renvoie à la partie du *Déluge* qui luie est été opposée dans la chapelle, Zacharie évoque le *Jugement Dernier*, à l'autre extrémité de la Sixtine.

9. Évidemment, le Jugement Dernier apparaît comme le dernier commencement pour l'humanité, pour ce que les scènes de Création sont jointes dans la partie de la voûte.

I.c. Les figures d'Adam et d'Ève au centre

L'esprit qui régit la chapelle est celle de son époque[41], qui apparaît donc comme une mentalité typologique, tandis que la contemporaine est plus chronologique, bien qu'encore la pensée symboliste, surréaliste et des années hippies, se présente encore comme dépendante du typologique dans ses formes d'expression.

À la *Création de la Lumière*, d'où part toute la Création, répond, à l'autre extrémité, l'*Ivresse de Noé*, d'où part toute l'humanité d'aujourd'hui et le nouveau monde d'après le *Déluge*.

À son tour, le *Déluge* correspond à la *Création des Astres et les Plantes* (préfiguration, nous l'avons vu, de la gestualité de Dieu et d'Adam dans la *Création* de ce dernier), instauration et destruction de la première *Création*.

Le *Sacrifice de Noé* est, donc, le versant de la *Séparation des Terres et des Eaux*, dont la gestualité, comme nous l'avons dit, préfigure celle du Christ dans le *Jugement Dernier*.

Finalement, aux deux côtés de la *Création d'Ève* qu'ils entourent, on trouve: la *Création d'Adam* et le *Péché originel et l'expulsion du Paradis terrestre*. Ainsi, comme apparaît l'inversion entre le *Sacrifice* et l'*Ivresse de Noé* révélatrice de son sens typologique formel (symétrie de l'ensemble) et théologique (l'Incarnation, le baptême et le Sacrifice du Verbe incarné), la centralisation de la voûte de la chapelle autour de la figure d'Ève fait ressortir, en réalité, celle-là d'Adam.

En premier lieu, comme nous l'avons vu dès Saint Augustin, à propos de la question du libre arbitre et de la responsabilité dans le Péché.

L'organisation architecturale de la Sixtine renforce cette réalité symbolique, puisque, concrètement, la *Création d'Adam*, se trouvant au milieu de la Chapelle, sépare, depuis la voûte, les espaces, au sol, des fidèles et du clergé.

Nous pouvons alléguer que le statut social central de la figure d'Ève à la Chapelle Sixtine (1471-1484), avec les fresques de Michel-Ange (1508-1512), culminée avec le *Jugement Dernier* (1535-1541), précède de peu à un contexte, qui est celui-là des plus grandes prohibitions de la Contre-Réforme, réactions catholique aux Réformes schismatiques[42], luthérienne et calviniste. La Contre-Réforme catholique, qui se ferme avec le Concile de Trente (1545-1563), en donnera une autre, protestante, celle des luthériens contre les calvinistes, qui débouchera sur les persécusions du XVIIème siècle au Danemark, en Suède, en Allemagne, et en Angleterre des premiers Stuart. En Amérique elle se concrétise avec la persécution des sorcières de Salem.

On peut nommer comme conséquence de ces réactions les bûchers de l'Inquisition ou "*limpieza de sangre*" en Espagne, en France le massacre de la Saint-Barthélémy en 1572, la révocation de l'Édit de Nantes en 1685, et au Sud les dragonnades du royaume de Louis XIV; en Angleterre, la persécution des protestatants pendant quatre ans sous le règne de la fille d'Henri VIII et de Catherine d'Aragon: Marie Tudor, la Catholique, aussi connue comme la Sanglante; en Belgique et aux Pays-Bas, ce furent, entre 1567 et 1572, la répression de l'espagnol Duc d'Albe; finalement, en Bohême, l'exécution à Prague de nobles protestatants après la défaite de la Montagne Blanche en 1620.

En second lieu, de la même manière que l'inversion dans le succession des épisodes du *Sacrifice* et de l'*Ivresse de Noé*, il nous semble que, paradoxalement, le centralidad d'Ève révèle le rôle implicitement central d'Adam.

De fait, non seulement elle nous renvoie à la problématique de la foi des pendentifs, mais, comme Judith, symbole de foi, et les épouses de Noé et ses enfants, c'est une femme qui va définir le péché de toute l'humanité.

Non seulement Noé est celui qui, avec ses enfants, repeuplera la terre (*Gen.*, 10, 1-32):

"*10.1 Voici la postérité des fils de Noé, Sem, Cham et Japhet. Il leur naquit des fils après le déluge.*
10.2 Les fils de Japhet furent: Gomer, Magog, Madaï, Javan, Tubal, Méschec et Tiras.
10.3 Les fils de Gomer: Aschkenaz, Riphat et Togarma.
10.4 Les fils de Javan: Élischa, Tarsis, Kittim et Dodanim.
10.5 C'est par eux qu'ont été peuplées les îles des nations selon leurs terres, selon la langue de chacun, selon leurs familles, selon leurs nations.
10.6 Les fils de Cham furent: Cusch, Mitsraïm, Puth et Canaan.
10.7 Les fils de Cusch: Saba, Havila, Sabta, Raema et Sabteca. Les fils de Raema: Séba et Dedan.
10.8 Cusch engendra aussi Nimrod; c'est lui qui commença à être puissant sur la terre.
10.9 Il fut un vaillant chasseur devant l'Éternel; c'est pourquoi l'on dit: Comme Nimrod, vaillant chasseur devant l'Éternel.
10.10 Il régna d'abord sur Babel, Érec, Accad et Calné, au pays de Schinear.
10.11 De ce pays-là sortit Assur; il bâtit Ninive, Rehoboth Hir, Calach,
10.12 et Résen entre Ninive et Calach; c'est la grande ville.
10.13 Mitsraïm engendra les Ludim, les Anamim, les Lehabim, les Naphtuhim,
10.14 les Patrusim, les Casluhim, d'où sont sortis les Philistins, et les Caphtorim.
10.15 Canaan engendra Sidon, son premier-né, et Heth;
10.16 et les Jébusiens, les Amoréens, les Guirgasiens,
10.17 les Héviens, les Arkiens, les Siniens,

10.18 les Arvadiens, les Tsemariens, les Hamathiens. Ensuite, les familles des Cananéens se dispersèrent.
10.19 Les limites des Cananéens allèrent depuis Sidon, du côté de Guérar, jusqu'à Gaza, et du côté de Sodome, de Gomorrhe, d'Adma et de Tseboïm, jusqu'à Léscha.
10.20 Ce sont là les fils de Cham, selon leurs familles, selon leurs langues, selon leurs pays, selon leurs nations.
10.21 Il naquit aussi des fils à Sem, père de tous les fils d'Héber, et frère de Japhet l'aîné.
10.22 Les fils de Sem furent: Élam, Assur, Arpacschad, Lud et Aram.
10.23 Les fils d'Aram: Uts, Hul, Guéter et Masch.
10.24 Arpacschad engendra Schélach; et Schélach engendra Héber.
10.25 Il naquit à Héber deux fils: le nom de l'un était Péleg, parce que de son temps la terre fut partagée, et le nom de son frère était Jokthan.
10.26 Jokthan engendra Almodad, Schéleph, Hatsarmaveth, Jérach,
10.27 Hadoram, Uzal, Dikla,
10.28 Obal, Abimaël, Séba,
10.29 Ophir, Havila et Jobab. Tous ceux-là furent fils de Jokthan.
10.30 Ils habitèrent depuis Mésha, du côté de Sephar, jusqu'à la montagne de l'orient.
10.31 Ce sont là les fils de Sem, selon leurs familles, selon leurs langues, selon leurs pays, selon leurs nations.
10.32 Telles sont les familles des fils de Noé, selon leurs générations, selon leurs nations. Et c'est d'eux que sont sorties les nations qui se sont répandues sur la terre après le déluge."

À continuation, nous présentons un tableau de la postérité de Noé et de sa diffusion sur la terre:

	SEM	CAM	JAFET
HIJOS	Elam, Asur, Arfaxad, Lud, Aram	Cus, Mizraim, Fut, Canaam	Gomer, Magog, Madai, Javán, Tubal, Mesec, Tiras
PUEBLOS (Antiguos)	Hebreos, Caldeos, Asirios, Persas, Sinos	Cananeos, Egipcios, Filisteos, Hititas, Amorreos	Griegos, Tracios y Escitas
SIGNIFICADO PROFECÍA	Renombre Serás Bendecido	Tostado, Moreno Maldito, Siervo de Siervos serás De tus hermanos	Engrandecimiento Serás engrandecido y habitarás en las tiendas de Sem
IDIOMAS (Antiguos)	Acádicos, Babilonio, Asirio, Arameo, Hebreo, Eutiopico	Lenguas Camitas Lenguas Cananeas	Sanscrito, Pancrit, Neo hindúes, Iraní, Griego Antiguo, Itálico, Romano, Celta, Germano, Armenio, Báltico, Albanés, Lectoeslavo Indoario*
UBICACIÓN	Desde el Mediterráneo hasta el Océano Índico	Canaam, Egipto y el resto de África	Europa y Asia Menor (De ellos se poblaron las costas)
CIVILIZACIÓN ANTIGUA	Mesopotamia	Egipto	Grecia

Nous pouvons nous approcher aussi de la compréhension de l'épisode biblique de la nudité de Noé devant ses enfants (*Gén.*, 9, 20-27):

"*9.20 Noé commença à cultiver la terre, et planta de la vigne.*
9.21 Il but du vin, s'enivra, et se découvrit au milieu de sa tente.
9.22 Cham, père de Canaan, vit la nudité de son père, et il le rapporta dehors à ses deux frères.
9.23 Alors Sem et Japhet prirent le manteau, le mirent sur leurs épaules, marchèrent à reculons, et couvrirent la nudité de leur père; comme leur visage était détourné, ils ne virent point la nudité de leur père.
9.24 Lorsque Noé se réveilla de son vin, il apprit ce que lui avait fait son fils cadet.
9.25 Et il dit: Maudit soit Canaan! qu'il soit l'esclave des esclaves de ses frères!
9.26 Il dit encore: Béni soit l'Éternel, Dieu de Sem, et que Canaan soit leur esclave!
9.27 Que Dieu étende les possessions de Japhet, qu'il habite dans les tentes de Sem, et que Canaan soit leur esclave!"

Par le biais des préceptes du *Lévitique*, 18, 6-8:

"*18.6 Nul de vous ne s'approchera de sa parente, pour découvrir sa nudité. Je suis l'Éternel.*
18.7 Tu ne découvriras point la nudité de ton père, ni la nudité de ta mère. C'est ta mère: tu ne découvriras point sa nudité.
18.8 Tu ne découvriras point la nudité de la femme de ton père. C'est la nudité de ton père."

Et 20, 11:

"*Si un homme couche avec la femme de son père, et découvre ainsi la nudité de son père, cet homme et cette femme seront punis de mort: leur sang retombera sur eux.*"

Le Talmud et le Midrash voient dans la malédiction de Noé contre Cham l'origine de l'esclavage et de la peau noire, alors que le Talmud babylonien considère que se fut par relation sodomique avec son père que Cham est puni[47]. De la même manière, les écrivains médiévaux assument que ce n'est pas seulement pour avoir vu son père nu que celui-ci maudit Cham.

Conformément au Talmud, Sanhedrin 108b, Cham a été puni "*étant frappé dans sa peau*". Les exégètes juifs comme chrétiens, tel Justin Martyr dans le *Dialogue avec Tryphon*, coïncident sur le fait que de Cham naît la race des esclaves. Pour l'exégèse médiévale, le péché de Cham a été en particulier de se moquer de son père devant ses frères[48].

La *Genèse* de Vienne du XIème siècle fait de Caïn et Cham les ascendants des Noirs. En offrant à Dieu les produits de la terre (*Gen.*, 4, 3), Caïn devient le premier paysan (statut incombant, pourtant, dans l'iconographie, souvent à Adam[49], comme déjà sur le sarcophage d'Adelphia, No 31551 du Musée Pio Cristiano du Vatican, 325-350[50]), ce pourquoi Pétrarque, dans *De remediis*, et un pamphlet du XVème siècle attribué à Cecco d'Ascoli, le voient comme le progéniteur de la race rustique, alors que Hugo von Trimberg, dans "*Der Renner*", lui attribue la "*charrue du diable*". Mais, aussi bien Jacobo de Cessolis dans son traité allégorique sur les échecs que Konrad von Ammenhausen dans *Schachzabelbuch* font de Cham et la malédiction que son père lance sur lui le responsable de la servitude rustique[51]. Le Moyen Âge considérera que Caïn ne peut pas, pour le Déluge, être considéré comme le vrai ascendant des esclaves, associés aux Maures noires, mais que ce dût être Cham, par la race de Canaan. Au XVIIème siècle, les savants créoles León Pinela y Bienaventura de Salinas y Cordova expliquent tous deux la Conquête et le processus d'esclavage par la malédiction de Noé[52]. À la même époque, l'Allemand Johann Ludwig Hannemann écrivit tout un livre pour expliquer la race éthiope par cette malédiction.

Saint Ambroise, Saint Basile et même Saint Paul, s'accordent, dès les premiers siècles du christianisme, pour reconnaître dans la malédiction de Noé l'origine de l'esclavage, et autant Saint Augustin dans le livre XIX de *La cité du Dieu* que Saint Jean Chrysostome concordent pour voir dans l'origine de l'esclavage un état de péché que les deux trouvent dans le caractère de Cham, puni par la malédiction de Noé[53]. Répètent la même idée Saint Grégoire, Rathier de Vérone, Burchard de Worms, Yves de Chartres, Atto de Vercelli ou Calvin, en tant que l'*Histoire de l'Évêque d'Auxerre* l'applique aux paysans rebelles ou "*Capuciati*" de la fin du XIIème siècle[54]. Honoré d'Autun attribue à Japhet la paternité des chevaliers ou "*milites*", à Sem celle des hommes libres ou "*liberi*", et à Cham celle des serfs ou "*servi*". Saint Antonin de Florence, archevêque dominicain de Rome, postule que l'état de servitude est d'origine divine, en citant comme preuve la malédiction de Noé[55].

De fait, au Moyen Âge, chacun de trois fils de Noé était reconnu pour être le fondateur de l'un des continents connus: Japhet de l'Europe, Sem de l'Asie, et Cham, noirci par le péché, de l'Afrique, ainsi que, de la même manière, chaque fils représentait l'une de trois classes de la société médiévale: à Sem on adjugeait la classe des prêtres, celle des guerriers à Japhet, et celle des paysans à Cham.

Dans son long poème "*Der Renner*", Von Trimberg raconte comment un groupe de paysans ivres lui a demandé d'expliquer pourquoi, provenant tous d'une seule mère, il y a des pauvres et des riches, des hommes libres et des serfs. Ce à quoi il répondit en leur racontant l'histoire de Cham et en rappelant la malédiction de Noé, dont le nom ("*Noy*"), selon cet auteur, a donné celui-là des vignobles ("*vernoyert*", actuel "*vineyard*"), à l'origine non seule des serfs, mais aussi des Juifs et des sorcières[56], en résolvant ainsi la critique à l'injustice sociale grâce à l'origine commune de toute l'humanité depuis une seule une femme: Ève. Le poème épique "*Der Ring*" (c.1400) du Suisse Heinrich Wittenwiller, à travers une discussion similaire, cette fois entre un prince et un paysan, dans un conseil de guerre, arrive, par les mêmes raisons, aux mêmes conclusions[57]. Le *Livre de Saint Alban* de la fin du XVème siècle reproduit le même débat sur l'égalité, au moyen d'un dialogue entre Caïn et Cham comme ascendants des rustres.

Le débat sur la généalogie d'Adam et d'Ève et sur l'égalité des hommes a aussi eu des réponses opposées, en se répandant, dans Jonas d'Orléans, Eike von Repkow, Wyclif ou Luther, qui rejettèrent la justification à travers de la *Bible* de l'inégalité entre les hommes[58].

En particulier Von Repkow, dans son *Sachsenspiegel* (XIIIème siècle), considère que les péchés des hommes ont été tous rachetés par le sacrifice du Christ sur la Croix[59].

Quant à lui Raphael Patai (1977) considère comme deux mythes de l'intoxication l'ivresse de Noé et celle de Loth[60]. Il dit que, comme Loth est puni par la perte de sa femme et par l'inceste, l'interprétation talmudique de l'épisode de Noé met l'accent sur le châtiment de Noé par l'obligation des générations consécutives de sa progéniture de vivre dans l'exil. Et plus encore, les savants talmudiques, comme le Rabbi Meir du premier siècle, ont attribué la chute d'Adam du Paradis terrestre à l'ivresse, puisque selon le Rabbi Meir "*l'arbre dont*

Adam a mangé était de la vigne, rien d'autre que le vin attire des malheurs à l'homme"⁶¹.

Patai rappelle que les deux épisodes: de l'ivresse de Noé et de Loth, sont appris aux enfants juifs depuis un âge précoce, et que toute la société juive se méfie également du fait de boire, quand ce n'est pas dans une situation ritualisée comme le *Qiddush*, ou de Sanctification, premier rituel familial du vendredi soir⁶².

Même s'ils ne concordent pas à savoir si le péché de Cham a été se moquer de son père, de le châtrer ou de vouloir abuser de lui ou de son épouse, les rabbins talmudiques considèrent les descendants de Cham, les Cananéens, comme des voleurs, des menteurs et des fornicateurs⁶³.

Parfois, les interprétations rabbiniques font remonter le châtiment de Cham à son comportement dans l'Arche, en alléguant que la loi de chasteté imposée dans l'Arche fut violée par Cham, soit avec un chien ou avec sa propre épouse. Ainsi Rabbi Hiyya le soutient dans le *Bereshit Rabba* ou *Genèse Rabbah*⁶⁴.

Plusieurs textes rabbiniques évoquent une castration possible qui aurait empêché à Noé d'avoir le quatrième fils tant désiré par lui selon ces textes (R. Berekhiah; R. Huna)⁶⁵.

Dans le *Livre d'Adam et Ève*, on dit que Cham a surpris son père ayant des relations avec sa mère, ce qu'il contât avec moquerie à ses frères⁶⁶.

Les écrits talmudiques mettent toujours l'accent sur le caractère de rigueur de Noé.

Pour ce que, assumant cette définition du personnage biblique, Philon d'Alexandrie considère Noé comme un prophète illuminé par Dieu, et il voit dans le péché de Cham le fait d'avoir fait honte à son père en témoignant faussement contre lui. Il reconnaît ainsi dans en Cham le péché de faiblesse d'âme, ce sur quoi coïncide Flavius Josèphe dans ses *Antiquités des Juifs*.

Selon Flavius Josèphe, qui s'appuie sur Bérose le Chaldéen, le châtiment de Cham fut d'être exilé aux régions noires d'Afrique, raison pour laquelle le *Zohar* (IIème siècle) associe les descendants de Cham avec la négritude[67].

La rigueur du caractère de Noé va devenir pour le *Nouveau Testament* et pour les auteurs chrétiens comme Lactance une valeur importante qui le définit.

À tel point que Justin Martyr l'identifie avec le Christ, et postule qu'à l'instar du Christ, il a généré une nouvelle race *"au moyen de l'eau, de la foi, et du bois... Noé a été sauvé par le bois quand il a roulé au-dessus des eaux avec sa maison"*. De même, il voit dans le nombre de personnes dans la famille de Noé, qui étaient huit, le symbole des huit jours au bout desquels le Christ est apparu ressuscité. Pareillement pour Origène, Noé s'identifie au Christ salvateur. Par beaucoup de Pères, l'Arche est devenu symbole de l'Église du Christ, dans laquelle la foi sauve des tumultes d'un monde malade. L'Arche de Noé est devenu symbole de l'art paléochrétien durant cinq siècles, puisque, si Noé était l'image du Christ ressuscité, *"l'Arche doit avoir l'aspect d'une tombe, comme un sarcophage, la boîte funéraire dans laquelle était mis le corps du Christ"*[68].

Il en résulte que beaucoup de Pères de l'Église ont vu dans la malédiction de Noé une récapitulation de la chute d'Adam et une préfiguration de l'*Évangile*, voyant dans la nudité de Noé celle du Christ, et dans la moquerie de Cham celle des Juifs contre Jésus dans la Passion.

De la même manière, les interprétations de l'épisode considéraient la famille de Noé comme un groupe, dans lequel s'exprimaient les trois types de relation avec le Dieu: Sem symbolisant ceux qui sont à l'intérieur de la Loi, Japhet ceux qui sont justifiés par la Grâce, et Cham les païens qui se sont moqués de Dieu nu. De là qu'Isidore de Séville établit dans sa carte la correspondance déjà évoquée entre chacun des enfants de Noé et les trois continents, l'histoire de Noé permettant d'expliquer de manière convenable la diversité de races et des statuts sociaux[69].

Chrysostome assume que Cham a été puni pour avoir procréé dans l'Arche, et pour cela eut un fils faible: Irenaeus, son péché de désobéissance à son père enveloppant toute sa race. Lactance pense qu'après son péché, Cham a été exilé et a peuplé l'Arabie, où la race des Cananéens s'est développée. En ce qui concerne Saint Augustin, il voit dans Cham le représentant de tous les hommes "*sans clan, sans loi, sans coeur*", qui ne connaissent pas Dieu. Clément fera de Cham un mage[70].

À travers les écrits des Pères de l'Église, l'histoire de Noé et de Cham a servi au Moyen Âge pour justifier l'ordre de classes existant. Au IVème siècle, Cassien a affirmé que Cham apprît la magie des filles de Caïn. Grégoire de Tours l'associât au zoroastrisme, Bède, en se basant sur *Gen.*, 10, 19, avec les habitants de Sodome, alors que Raban Maur l'a assimilé aux infidèles, et Saint Jérôme, Saint Augustin, le même Raban, Bède, Saint Hilaire et de nombreux autres encore ont fait de lui un Juif incroyant. Au début du XIIème siècle, Honoraire d'Autun voit dans les trois fils de Noé les représentants des trois états de la société médiévale, et ainsi apparaîtront-ils à la Cathédrale de Chartres[71]. L'*Historia Scholastica* et au XIVème siècle les *Travels of Sir John Mandeville* ont perpétué l'association de Cham avec le zoroastrisme et le Khan des Mongols[72].

Noé devint une préfiguration conventionnelle du Sauveur, parfois en faisant de ce dernier l'un de ses descendants, s'associant l'eau du Déluge à celle du baptême, le bois de l'Arche à celui de la Croix, la porte de l'Arche à la blessure de Christ. Dans la *Divine Comédie*, Noé apparaît entre les bons Juifs qui ont été rachetés par le Christ de l'Enfer (*Enfer*, IV, 56) et son pacte avec Dieu est rappelé comme la raison pour laquelle l'humanité n'a plus jamais été punie par un Déluge (*Paradis*, XII, 17).

En ce qui concerne Cham, le récit populaire du XIIIème siècle *Le serment brisé de Cham* le présente définitivement comme un transgresseur de la loi de chasteté dans l'Arche, en expliquant qu'alors que les hommes et les femmes s'étaient mis d'accord pour dormir séparément, Cham a eu recours à la magie et au démon pour avoir des relations avec son épouse. Mais les prières incessantes de Noé et les cendres qui celui-ci avaient répandues et sur lesquelles Cham laissa ses traces nocturnes et qui le dénoncèrent le jour suivant (nous noterons que cet épisode se retrouve dans l'aventure de Tristan et Iseut) furent les causes par lesquelles le démon fut vaincu par Noé et que Cham, par vengeance, alla chercher son père pour se moquer de lui[73].

Louis Dechamps (*Catalogue du FRAM*, 1994), à propos du tableau *L'ivresse de Loth* de Noël Coypel du Musée de Beaux Arts de Rennes, rappelle que:

"Le thème de l'Ivresse de Loth, (est) souvent traité en pendant avec le thème de l'Ivresse de Noë."

L'ensemble des éléments antérieurs nous amène à établir les points suivants:
1. L'*Ivresse de Noé* renforce l'idée qu'au travers de la question de la reconnaissance sexuelle, se pose doublement la voie du péché (Cham) et du Salut (Noé), ce qu'intègre l'épisode, non seulement historiquement mais aussi typologiquement, dans la séquence de la Chapelle Sixtine.
2. La figure de Cham renvoie aux valeurs similaires à celles qui définissent la présence d'Ève comme axe de la représentation dans la Chapelle: le sexuel, l'obéissance, la dualité.
3. La procréation, qui entoure l'acte de Cham: acte contre nature, connaissance interdite, ou procréation sans permission; définit aussi la relation d'Ève avec l'ensemble du programme iconographique de la Chapelle.
4. La position "initiale" de l'*Ivresse de Noé*, avec la "terminal" du *Jugement Dernier* (en cela que ce sont des représentations d'évènements, non de personnages), et la centrale de la *Création d'Ève*, constitue une représentation typologique divisée en trois, où nous avons, en vérité, trois naissances: la première, originale, de l'humanité; la deuxième, après le Déluge; la troisième et finale, qui correspond à la résurrection finale.
5. Plus important, en nous renvoyant, au moyen de la relation implicite avec l'*Ivresse de Noé* (et de son contrepoint possible: l'ivresse de Loth), la *Création d'Ève* représente le partage historique du genre humain:

d'Adam au Christ, en passant par Noé. Deux créations, une résurrection. Deux postures devant Dieu: l'obéissance, la désobéissance. Le *Péché originel* suit la *Création d'Ève*, qui le détermine, tout comme le salvation du Déluge, et le péché de Cham provoque la création de la Tour du Babel, tandis que le *Jugement Dernier* se trouve au moment de l'Apocalypse, comme dernier épisode du destin de l'humanité sur la terre.

6. Tout comme Cham corrrespond à Caïn, en tant que respectivement premier paysan et progéniteur de l'esclavage, Noé correspond à Loth par son ivresse, en même temps que le péché de son fils représente l'infidélité d'Adam en reconnaissant sa propre nudité, et celle des Juifs infidèles devant la Passion de Christ.
7. Accessoirement, la symbolique acquise durant le Moyen Âge des trois fils de Noé comme expression des trois postures devant un Dieu rend sensible le caractère sexuel de la malédiction de Cham, non seulement parce qu'il concerne sa progéniture, mais aussi parce qu'elle exprime trois niveaux d'état, à l'instar de l'Amour dans la définition neoplatonique étudiée par Erwin Panofsky[74].

Dans la Bible, les épisodes de l'ivresse de Noé et de celle de Loth se succèdent directement dans la *Genèse* (respectivament: 9, 21-27, et 19, 30-38), ce qui les rapproche, non seulement donc typologiquement, mais aussi chronologiquement. Servant l'érection de la Tour de le Babel (*Gen.*, 11, 1-9) et le châtiment des péchés de Sodome (*Gen.*, 14 à 19) pour connecter les deux moments, en les orientant à la question, récurrente dans la *Genèse* et l'*Ancien Testament* en général, de l'obéissance à la Loi de Dieu, la sexualité (dans *Gen.*: Loth, Sodome; dans *Samuel*, 11-1 à 12-25: David et Bethsabée) ou la reconnaissance de celle-ci (Adam et Ève, Noé et ses enfants) correspondant apparemment à une faute plus grande dans ce principe d'obéissance

Robert M. Polhemus (2005)[75] voit dans *Loth et ses filles* (1496-1499) de Dürer (National Gallery de Washington), où marchent le patriarche avec sa progéniture tandis que Gomorrhe s'écroule dans les flammes dans le fond et derrière suit la silhouette de son épouse transformée en sel, un symbole de "*Résurrection*"[76], grâce à la présence de la gourde sur l'épaule du vieillard et de la courge dans sa tête. Il évoque, à collation, la représentation de la Vierge, , à l'envers de cette représentation de *Loth et ses filles*, en révélant ainsi une correspondance symbolique entre la "*graine*" de Dieu que porte la Vierge, et celle de Loth que ses filles préservent, en préservant ainsi la "*graine de David et, comme le suppose Luther, en aidant à être préservée la graine qui deviendra divine*"[77].

L'atmosphère apocalyptique dans laquelle se meuvent les figures de Dürer, les qualificatifs de pieux et de sainteté que Luther attribue respectivement à Loth et à ses filles, et l'interprétation, rapportée par Polhemus, d'Anne Lowenthal dans son commentaire du *Loth* de Joachim Wtewael, dans lequel Lowenthal postule que:

"*Jugé comme l'homme unique de bien de Sodome, Loth entreprend un pèlerinage vers la salvation; de là le bâton et le... flacon. Le concombre et la gourde sont aussi des allusions à Loth comme précurseur du Christ, puisque ce sont des symboles de Résurrection. Le vin est synonyme d'intoxication, de luxure, de plaisir, et concorde avec l'union incestueuse, mais c'est aussi un composant de l'Eucharistie et un rappel du rôle typologique de Loth.*"

Dans les peintures de *Loth et ses filles fuyant Sodome* de Guido Reni, de Rubens et de Jacob Jordaens, Polhemus voit la reprise du "*Loth le juste*" du *Nouveau Testament*, évoqué par Judas Thaddée et Pierre, où les trois formes deviennent "*des figures typologiques de la vertu (comme le Philon et Irénée les allégoriseront). C'est plus dans leur expression qu'elles montrent qu'elles sont admirables pleines d'un salut, comme la Bible les a d'abord rapportées.*"[79] Ainsi, comme Dürer faisait d'elles "*de solides figures bourgeoises*"[80], le XVIIIème siècle fait apparaître Loth et ses filles comme des représentations "*calmes et dignifiées*"[81].

Une explication du lieu central de la naissance d'Ève à la Chapelle Sixtine est la situation particulière dans la tradition du statut d'Ève par rapport à Adam.

Non seulement elle est à l'origine du péché, mais aussi de la progéniture humaine, de Caïn, mais en outre sa relation avec Adam, aussi bien dans le péché que dans la relation de création et dans la relation matrimoniale, est celle d'"*assistante*" et de vassale, c'est pourquoi autant l'exégèse patriarcale que celle de la Renaissance et même réformée voit dans le couple Adam-Ève une préfiguration de la relation Christ-Marie (celle-ci comme symbole de l'Église), et par conséquent encore plus un "*symbole du Christ et l'Église*", comme chez Politus ou Cajétan[82].

Ainsi, Ève dans sa Création, centre compositif de la Chapelle, en correspondance avec l'*Ivresse de Noé*, met en relief des éléments théologiques d'ordre typologique:
1. La relation entre le couple d'Adam et d'Ève, comme première Création, et la deuxième Création, qui sera

consécutive du Déluge, que Noé représente comme le rappelle Luther dans ses *Enarrationes in Genesis* (1535-1545), cap. VI;
2. La relation entre Noé et Loth comme patriarches vertueux, ce qu'aborde également Luther (*Enarrationes in Genesis*, cap. VI, I, 20), en se basant sur Saint Augustin (*De Doctrina Christiana*, cap. 36, 53-54).
3. La correspondance typologiqua entre le couple d'Adam et Ève (Création et promesse des biens terrestres vs. péché et chute), Noé et ses enfants (bénédiction de survie et sacrifice en honneur à Dieu après le Déluge vs. ivresse), Loth et ses filles (réception de l'avertissement des deux anges envoyés par Dieu vs. inceste), dans la dualité de relation avec la bénédiction et la malédiction de Dieu.
4. La dualité antérieure débouche sur des choix iconographiques de représentation[83]. À tel point que les complexités théologiques retombent sur les illustrations de la *Bible*, où, par exemple, dans la *Biblia veteris testamenti et historiae*, éditée par Hermann Gulfferich en 1551, comme dans *La Saincte Bible contenant le Viel et le Nouveau Testament, enrichie de plusieurs belles figures*, publiée à Paris par Gérard Jollain en 1630, les illustrations représentent l'ivresse de Noé et de Loth, tandis que seules les légendes en latin évoquent ce moment, les textes en langue vulgaire (allemand et français) renvoyant seulement aux vertus et aux moments antérieurs à l'ivresse respective des deux patriarches[84], ce que laisse assumer qu'il était seulement au public cultivé d'avoir accès à l'explication et aux débats théologiques[85].

5. La relation typologique Création-Apocalypse, Péché-Resurrection/Salvation, entre l'histoire d'Adam et d'Ève, celle de Noé et ses enfants (de la nouvelle Création à la réitération du Péché), celle de Loth et ses filles (aussi de la Salvation à la procréation, avec les symboles évoqués de Résurrection qui lui associe l'iconographie de la Renaissance). Processus de Création-Chute (Adam-Ève), de Destructions-Péché/(Pro-)création (Noé, Loth), qui toujours, d'une manière ou d'une autre, préfigurent, dans la lecture biblique postérieure, l'arrivée du Christ et le processus de rédemption qui lui est associé, ainsi que (dans le cas de Loth) sa relation avec la Vierge.
6. Selon l'interprétation talmudique (Zohar 1,110b), et aussi chrétienne, de la même manière que le péché d'Adam est racheté par le Christ, et la figure d'Ève est absoute par la Vierge qui procrée sans homme, la nudité de Noé réitère le Péché originel, en recommençant à procréer et divisant, les filles de Loth, l'humanité entre deux races (entre Moabites et Ammonites, *Gen.*, 19, 37-38), comme cela s'est passé entre Caïn et Abel, enfants d'Ève, et aussi dans la division, finalement idéologiquement constructrice des castes dans la pensée médiévale, entre les trois fils de Noé - étant Cham assimilé avec Caïn comme progéniteur de la caste des paysans et des esclaves -, en attribuant à Ruth et aux filles de Loth la conception de ses enfants, quand la *Bible* a l'habitude d'accentuer la généalogie paternelle[86], se réintègre par là même la descendance des filles de Loth dans la nation de David, au moyen de Ruth[87].

7. La typologie s'accentue dans l'*Ivresse de Noé*, puisqu'il se subdivise en deux évènements, comme le *Péché originel et l'expulsion du Paradis terrestre*, entre Noé (habillé) semant la vigne, et Noé et ses enfants nus. Ce qui, inversé, représente la dialectique du Péché originel, et la relation entre nudité découverte et apparition du travail comme châtiment[88]. De plus, nous avons déjà dit que, pour Saint Augustin et jusqu'à la Renaissance, la nudité de Noé préfigure l'outrage au Christ.

La structure de la Chapelle Sixtine, et le lieu central qui y est octroyée à la *Création d'Ève* nous induit à faire attention au *Péché originel*, dans lequel, en inversant l'iconographie la plus commune (Raphaël, Titien, Mariotto Albertinelli, Rubens), dans laquelle Adam, passif, est assis, recevant le fruit défendu de la main de son épouse, Ève se trouve assise, pendant qu'Adam cherche à couper un fruit de l'arbre, représenté comme un figuier. Cependant, la relation directe entre Ève et le serpent s'illustre par le fait que, tandis qu'Adam coupe son propre fruit, celle que mangera Ève lui est livrée par le serpent.

Bien que Domenichino reprenne l'option d'Ève assise et d'Adam debout, ce sera pour la représentation postérieure au Péché, quand, arrivant Dieu au Ciel, Adam dénonce Ève.

La présentation d'Adam assis met l'accent sur sa passivité dans le péché, comme les autres représentations de la scène dans lesquelles, étant debout les deux, c'est toujours Ève qui offre la pomme à Adam (Cranach, Dürer, Holbein, Jan van Eyck).

De la même manière, le processus de lecture du programme iconographique de la Chapelle va de la *Création de la Lumière* à l'*Ivresse de Noé*, c'est-à-dire de la première à la deuxième *Création* (Luther), le *Jugement Dernier*, qui se trouve à côté de la *Création de la Lumière*, en représentant, typologiquamente, un nouveau commencement qui, implicitement, efface alors tout le processus initial de Création et de Péché, en le remplaçant par un autre, de la Résurrection et du Salut combinés.

Ce qui correspond à la division reconnue de la Chapelle conformément à la doctrine augustinienne, en "*ante legem*", "*sub lege*", "*sub gratia*" et "*in pace*": la période "*avant la loi*" étant celle dans laquelle l'humanité est soumise au péché et à la concupiscence, ce dont elle est punie par le Déluge; la période "*sous la loi*", c'est-à-dire après la loi de Moïse, quand l'humanité prend conscience du Mal, en acquérant conscience de celui-ci, ce qui n'implique pas obligatoirement de tomber en lui, comme nous le voyons dans les élections malheureuses des deux ivresses de Noé et de Loth; la période "*sous la grâce*" est quand la créature s'incline vers le bien, une période commencée avec le sacrifice du Christ, quand la créature peut avoir un combat moral qui lui permet de participer au salut de son âme; la période "*dans la paix*" est quand arrive le Jugement Dernier, qui correspond à la béatitude de la contemplation de et en Dieu, le corps retourné à son état de gloire obéira à l'Esprit et tout péché sera aboli. Ce qui, à son tour, s'identifie avec les quatre niveaux du sens allégorique que le Moyen Âge octroie aux *Écritures*: le sens littéral, qui est celui-là de la réalité historique des évènements; et le sens symbolique, qui est divisé en trois moments, correspondant aux trois époques de l'histoire de la Révélation: le sens allégorique correspond à l'*Ancien Testament*, à l'état "*sub lege*", où l'annonce de la

Salvation s'exprime au moyen du voile de la prophétie; le sens moral, qui est celui-là du *Nouveau Testament*, période "*sub gratia*", quand le Christ exprime clairement les préceptes divins (les paraboles évangéliques ne sont pas des allégories, mais des fables orientées à la plus grande illustration des simples); le sens anagogique, qui annonce, dans les temps présents, la grâce et la Jérusalem céleste, qui arrivera au moment du Jugement Dernier.

C'est, par ailleurs, le même Saint Augustin qui a développé la doctrine du Péché originel (qui retombe sur l'humanité dans son ensemble, qui conduit à la damnation, et qui se rachète en partie par le baptême), qui est, nous le voyons, au centre de l'iconographie de la Chapelle. Bien que déjà dans la *Bible* soit conçue, dans la bouche de Paul, l'appétit sexuel comme contradictoire avec la dédication à Dieu (*1 Cor.*, 7, 1-9):

"*7.1 Pour ce qui concerne les choses dont vous m'avez écrit, je pense qu'il est bon pour l'homme de ne point toucher de femme.*
7.2 Toutefois, pour éviter l'impudicité, que chacun ait sa femme, et que chaque femme ait son mari.
7.3 Que le mari rende à sa femme ce qu'il lui doit, et que la femme agisse de même envers son mari.
7.4 La femme n'a pas autorité sur son propre corps, mais c'est le mari; et pareillement, le mari n'a pas autorité sur son propre corps, mais c'est la femme.
7.5 Ne vous privez point l'un de l'autre, si ce n'est d'un commun accord pour un temps, afin de vaquer à la prière; puis retournez ensemble, de peur que Satan ne vous tente par votre incontinence.
7.6 Je dis cela par condescendance, je n'en fais pas un ordre.
7.7 Je voudrais que tous les hommes fussent comme moi; mais chacun tient de Dieu un don particulier, l'un d'une manière, l'autre d'une autre.
7.8 A ceux qui ne sont pas mariés et aux veuves, je dis qu'il leur est bon de rester comme moi.
7.9 Mais s'ils manquent de continence, qu'ils se marient; car il vaut mieux se marier que de brûler."-

Comme son époque[90], Michel-Ange met plus l'accent sur le Péché originel, l'enlevant de la représentation générale de l'histoire d'Adam et d'Ève.

Ainsi la représentation que Michel-Ange nous offre dans la Chapelle Sixtine de la *Création d'Adam* provient de l'imagerie de la *Création d'Adam*, déjà existant, bien que moins fréquente que celle de la *Création d'Ève*.

I.d. Adam au centre

L'histoire même de la Chapelle semble orienter et confirmer la lecture que nous faisons de l'ensemble.

Il est connu que la fresque du *Péché originel* a valu à Michel-Ange un vrai triomphe quand elle a été montrée au Pape en août 1511. Cependant, au fil du temp et avec l'arrivée de la Contre-Réforme, après avoir fini en 1541 le peintre son travail pour le cycle de la Chapelle, avec la dernière main mise au *Jugement Dernier* que les Papes Clément VIII et Paul III Farnèse avaient commandé, Michel-Ange a été accusé d'obsénité et, finalement, d'hérésie, et le Concile de Trente (1545-1563) a ordonné par décret que certaines figures de la fresque, jugées obscènes, fussent couvertes par des vêtements.

De même, les vingt nus masculins, aussi connus comme *"Ignudi"*, qui, deux par deux, encadrent les cinq plus petits panneaux du centre de la voûte, dérivés de personnages du maître de Michel-Ange: Domenico Ghirlandaio, s'inspirent des anges du Quattrocento, mais sans ailes et en supportant des emblèmes décoratifs. Parfois, leur front est ceint par un mouchoir de la victoire à la manière antique.

A présent, dès le XVIème siècle ils furent considérés comme le vrai symbole d'un Âge d'or antiquisant qui se serait ouvert avec le Pape Jules II. Raison pour laquelle il a pu être pensé que les *Ignudi* représentent les trois composants fondamentaux du microcosme humain selon le néoplatonisme: le corps, l'âme rationnelle et l'intellect. Les putti qui soutiennent les entablamentos représenteraient le corps; les "assistants" des sibylles et des prophètes, l'âme rationnelle; et, finalement, les *Ignudi* de la voûte, l'intellect.

Ce qui nous fait retrouver la même dialectique de la doctrine augustinienne, en "*ante legem*", "*sub lege*", "*sub gratia*" et "*in pace*", que nous avons pu évoquer à propos de la Chapelle.

De là il nous semble utile et intéressant de revenir à l'aspect de l'ensemble de la Chapelle, dans son caractère intellectuel que nous croyons avoir pu décrire.

Il nous semble que la nudité est un centre de la thématique générale de la Chapelle, depuis le central *Péché*, jusque, sur un côté, la nudité de Noé, et de l'autre, celle du *Jugement Dernier*, encore plus, en considérant que là le même peintre s'est représenté en écorché, référence probable, selon nous, au chapitre XIII (vers 94-114, en particulier les deux strophes que vont des vers 103 à 108: "*Come l'altre verrem per nostre spoglie,/ ma non però ch'alcuna sen rivesta,/ ché non è giusto aver ciò ch'om si toglie./ Qui le strascineremo, e per la mesta/ selva saranno i nostri corpi appesi,/ ciascuno al prun de l'ombra sua molesta*"; "*Comme les autres nous viendrons rechercher nos dépouilles, mais cependant aucun ne les revêtira; car il n'est pas juste que l'homme recouvre ce que lui-même il s'est ravi. Ici nous les traînerons, et dans la lugubre forêt nos corps seront suspendus, chacun au tronc de son ombre tourmentée.*"[91]) de l'*Inferno* de la *Divina Commedia* du Dante:

"*Quando si parte l'anima feroce
dal corpo ond'ella stessa s'è disvelta,
Minòs la manda a la settima foce.*

*Cade in la selva, e non l'è parte scelta;
ma là dove fortuna la balestra,
quivi germoglia come gran di spelta.*

*Surge in vermena e in pianta silvestra:
l'Arpie, pascendo poi de le sue foglie,
fanno dolore, e al dolor fenestra.*

*Come l'altre verrem per nostre spoglie,
ma non però ch'alcuna sen rivesta,
ché non è giusto aver ciò ch'om si toglie.*

*Qui le strascineremo, e per la mesta
selva saranno i nostri corpi appesi,
ciascuno al prun de l'ombra sua molesta*".

*Noi eravamo ancora al tronco attesi,
credendo ch'altro ne volesse dire,
quando noi fummo d'un romor sorpresi,*

*similemente a colui che venire
sente 'l porco e la caccia a la sua posta,
ch'ode le bestie, e le frasche stormire.*"

"Lorsque l'âme féroce quitte le corps dont elle s'est elle-même arrachée, Minos l'envoie à la septième bouche; elle tombe dans la forêt, non en un lieu choisi, mais où le hasard la jette: là elle germe comme un grain d'épeautre; s'élevant, elle devient une tige et un arbre silvestre. Les Harpies, se repaissant de ses feuilles, ouvrent un passage à la douleur qu'elles lui font ressentir. Comme les autres nous viendrons rechercher nos dépouilles, mais cependant aucun ne les revêtira; car il n'est pas juste que l'homme recouvre ce que lui-même il s'est ravi. Ici nous les traînerons, et dans la lugubre forêt nos corps seront suspendus, chacun au tronc de son ombre tourmentée.»

Nous demeurions attentifs, croyant qu'il voulait dire autre chose, quand nous surprit un bruit semblable au fracas des bêtes et des branches qu'entend celui qui voit venir le sanglier et la meute qui le suit. Et voilà qu'apparaissent, vers la gauche, deux damnés nus et déchirés, fuyant, dentelle vitesse, qu'à travers la forêt ils brisaient tout obstacle."

Ainsi, tant dans un sens vertical, d'empilement, typologique (de correspondance entre les états de l'humanité et d'élévation du corps à l'intellect), comme en sens horizontal, de séquence chronologique (de l'origine pécheresse de l'humanité, jusqu'à sa salvation en Dieu, en passant pour la seconde Création, également rattachée à la nudité et la désobéissance ou au respect à la Loi), mais, en outre, dans une perspective sociologique, par la réception même provoquée par la Chapelle dans son époque (et depuis lors), nous voyons comment le corps peut se trouver au centre de la Chapelle comme programme iconographique.

Il est ainsi curieux que la progression depuis l'entrée de la Chapelle vers l'autel se fasse de la nudité de Noé vers le *Jugement Dernier*, en passant pour la *Création d'Adam* et le *Péché originel*.

Signalons à nouveau en ce sens que l'attitude d'Adam dans la version du *Péché* de la Chapelle est différente de l'iconographie la plus développée, en octroyant à Adam un rôle plus actif qu'à l'accoutumée.

Un détail retient notre attention, c'est dans la Chapelle l'identité presque exacte entre le geste traditionnel d'Adam expulsé du Paradis terrestre, et se protégeant de l'épée de l'ange, image précise qui est celle que nous trouvons, fidèle à la tradition, dans la version de l'*Expulsion du Paradis* de la Chapelle, et le geste inusité du Christ dans le *Jugement*

Dernier de Michel-Ange dans la Sixtine (geste de bénédiction du Christ qui évoque, bien que modifié, celui du Christ en Gloire, par exemple dans *Le Chariot de foin* de Bosch, 1500-1502).

Nous pouvons lire facilement cette identité, à l'intérieur de la théologie chrétienne et de son iconographie, puisqu'elle nous remonte, comme la tête de mort au pied de la Croix dans les *Crucifixions* traditionnelles, à la relation non seulement généalogique, mais d'une opposition, entre Adam et le Christ, le second rachetant l'humanité du Péché du premier. C'est donc le Péché originel qui est référé par le et qui nous renvoie au geste inhabituel de Christ dans la Sixtine.

Mais, au-delà de cela, elle nous introduit à la relation entre Adam et Dieu dans le processus de Création. La relation de l'homme avec le Créateur, l'obéissance, le respect de la Loi, sont des thèmes récurrents dans la Chapelle.

Il faut relever deux éléments, à propos de la *Création d'Adam* dans la Chapelle Sixtine: d'abord, elle s'appuie sur une tradition iconographique préexistante; ensuite, cependant, en étant présentée, bien que toujours marginalisée (c'est-à-dire non exactement au centre, de fait, là aussi, conformément la tradition, c'est, nous l'avons vu, la *Création d'Ève* et le *Péché* qui se placent au centre de la Chapelle), la *Création d'Adam*, par son pouvoir particulier et la force que lui donne Michel-Ange, grâce à deux éléments iconographiques: les musculatures très définies d'Adam et même de Dieu, et le visage puissant de Dieu, acquiert une valeur très particulière, différente de celle qui lui donne la tradition antérieure et postérieure.

Par cela la *Création d'Adam* de Michel-Ange est l'archétype d'un double phénomène: la (presque) absence d'iconographie dans laquelle peut s'encadrer une oeuvre, ce pourquoi elle vient à en être considérée comme le paradigme (situation que partage la *Création* de la Chapelle avec *Le Cri* de Munch[93]); et la force évocatrice d'une oeuvre, dont (comme aussi encore *Le Cri*) on se souvient par son pouvoir comme image unique.

À présent, nous avons dit comment coïncident le geste, défini par la tradition, d'Adam expulsé du Paradis, et, exceptionnel, du Christ dans le *Jugement* de la Chapelle.

Nous pouvons, pareillement, et avec un profit particulier, évoquer la coïncidence entre le geste par lequel le Dieu crée Adam avec et à travers de celui par lequel Ève reçoit le fruit du démon, et aussi celui de prière d'Ève après être née de la côte d'Adam.

La main tendue vers le bas de Dieu, indiquant l'être créé, tandis que la main d'Adam lui rend un geste identique, comme un miroir, s'étend pour recevoir l'étincelle de vie divine, a une variation, les paumes cette fois superposées l'une à l'autre, en forme de réception du fruit défendu de la part d'Ève. Dans cette scène, Adam tend la main vers le fruit défendu avec le même geste que dans la *Création*.

Ève née joint les mains dans une position de prière, et la main de Dieu pointe vers le haut, comme s'il la tirait par la force de l'esprit de la côte d'Adam endormi.

Alors que Dieu est porté, le torse légèrement couvert par une couleur de la peau, par des anges, dans le Ciel du non créé au-dessus du jardin de l'Éden pour insuffler la vie au corps d'Adam tendu sur le pinacle du Paradis terrestre (similaire celui-ci à celui que peindra Klimt par la suite[94]), Dieu est seul et enfermé dans ses vêtements, quand il éloigne sa main d'Ève. Il l'éloigne parce que, tandis qu'il insuffle la vie dans le corps d'Adam, il extrait Ève d'un autre corps. Alors qu'Adam est premier-né, Ève est la sécrétion d'Adam. Pendant qu'Adam provient du non créé et lui donne forme (comme Dieu, il lui reviendra de nommer l'existant, *Gen.*, 2, 20 - ce qui rappelle par exemple le portail Nord de Chartres[95] -; en 3, 20 il donne pour la première fois son nom à Ève), Ève est fille de la terre créée.

Mais le geste de Dieu, inverse dans les deux créations, signifie aussi le rôle de gronderie implicite envers Ève. Alors que le serpent est celui qui met sa main dans celle d'Ève, singeant le geste de Dieu envers Adam, Dieu refuse la main à Ève en posture de prière. À Adam lui revient de reproduire le geste de Dieu, geste propre des saints et du Christ, comme Rudolf Wittkower l'étudie à propos de l'oeuvre du Greco[96]).

Le même geste de Dieu et d'Adam est celui dédoublé des deux des fils de Noé dans l'*Ivresse*.

Quatre corps languissants: celui de Noé ivre, celui d'Adam dans la *Création d'Ève*, et celui d'Ève durant le *Péché*, (en plus d'un personnage du premier plan dans le *Déluge*) peuvent être assimilés aussi. La posture du corps d'Ève (position des jambes et du bras) prenant la figue du serpent dans le *Péché* est similaire à celle d'Adam face à Dieu au moment de sa propre *Création*.

Ces éléments iconographiques réaffirment notre théorie.

Noé, Adam et Ève forment un ensemble à l'intérieur de l'ensemble. Par ailleurs, Adam, Dieu et le Christ ont en commun la gestualité, symbolique de leur statut.

La figure d'Ève opère par opposition pour définir la qualité d'Adam. Tout comme, au bout de la seconde *Création*, le geste des fils de Noé, dupliqué, rappelle la dualité de la gestualité distribuée entre la *Création d'Adam* et *D'Ève* d'une part, et le *Péché originel* par l'autre. À cette correspondance s'ajoute l'existante entre le Christ dans le *Jugement Dernier* et Adam expulsé du Paradis. Le Christ en divisant les colonnes des condamnés des colonnes des élus utilise le même geste de *contrapposto*, pied et bras gauches lancés en avant, main droite pour protéger (Adam) ou pour diviser (Christ).

L'élévation du corporel au spirituel, qui se devine dans la Chapelle (référence à Saint Augustin, et au néoplatonisme des *Ignudi*), et division entre la Loi et son opposition (Ève, les fils de Noé; ou les figures étudiées dans l'ensemble: Jonas-Zacharie, Abraham, Jéhu, David, Abner, la division même entre les prophètes et les sibylles), réfèrent l'un des thèmes, abondamment étudié par Panofsky (*Essais d'iconologie*, *Le Titien*), en particulier à propos du Titien, celui de la relation entre l'Amour profane et l'Amour divin (les trois types d'Amour: la nudité comme symbole de pureté, l'Amour divin; les vêtements comme symbole de la connaissance du mal, l'impur, l'Amour humain et/ou bestial).

À présent, c'est précisément cette valeur d'ambiguïté de l'humain (entre le bestial et le céleste) qui s'exprime dans la Sixtine, cette évolution du matériel au spirituel, et ce pouvoir de l'élection libre qui égale Adam à Dieu, dans les gestes (de la main: entre l'Adam et le Dieu de la *Création d'Adam*, entre l'Adam de l'*Expulsion* et le Christ du *Jugement*), comme dans la centralité typologique de la Création (non seulement la *Création* d'Adam et d'Ève est au centre de la Chapelle, point de départ, centre, symbolique, mais, en accentuant cette typologie, l'inversion du parcours, de l'*Ivresse de Noé* au *Jugement Dernier* met au centre la *Création d'Ève* et celle *D'Adam*, en positionnant cette dernière plus près du *Jugement Dernier*, créant ainsi un compte à rebours de la seconde à la première Création, et identifiant par là même la première avec le *Jugement Dernier*: l'humanité dans son parcours, à partir de la seconde Création, après être arrivé à l'état final d'"*in pace*" reviendra ainsi à l'état de liberté et d'innocence "*ante legem*"). L'expriment aussi bien l'*Évangile* (*Luc*, 2, 28 et 38) et le *Nouveau Testament* (*Gal.*, 3, 13; 4, 4-5), que l'*Ancien* (*Deut.*, 21, 23), comme le reconnaissent Irénée (I, 8, 4, 113ss.; III, 10, 4, 133ss.; III, 10, 5, 157ss.; III, 16, 3, 83ss.; III, 18, 3, 57ss.; IV, 11, 1, 16ss.) et Origène[97], et, de la même manière, Saint Augustin[98].

L'antérieur est, finalement, l'idée d'*Éphésiens*, 5, 21-32:

"*5.21 vous soumettant les uns aux autres dans la crainte de Christ.*
5.22 Femmes, soyez soumises à vos maris, comme au Seigneur;
5.23 car le mari est le chef de la femme, comme Christ est le chef de l'Église, qui est son corps, et dont il est le Sauveur.
5.24 Or, de même que l'Église est soumise à Christ, les femmes aussi doivent l'être à leurs maris en toutes choses."

Ainsi aurions-nous dans la Chapelle Sixtine une dérivation du lieu central d'Ève (*Création d'Ève*) vers Adam (*Création d'Adam-Péché originel*), dans laquelle la figure d'Ève se trouve entourée par celle d'Adam, dont elle procède, et avec qui il pèche.

Michel-Ange reprend l'iconographie existante, en la réinterpretant, depuis la même tradition.

La naissance d'Adam s'associe avec la *Crucifixion* dans le tympan de l'église principale du monastère Saint-Jean-le-Précurseur, Gavit'[100]-Jamatun[101] de Noravank', Amaghu[102] (Arménie, fin du XIIIème siècle). Ce qui nous offre un premier exemple pour comprendre l'identité gestuelle, dans la Chapelle Sixtine, entre Adam et Dieu dans la *Création d'Adam*, et entre l'Adam du *Péché originel* et le Christ du *Jugement Dernier*.

Aussi bien les bas-reliefs du portail Nord de la Cathédrale de Chartres (dédié à la Création du monde) et de la Sainte Chapelle à Paris (les deux du XIIIème siècle) comme le portail (XIIème siècle) de Santo Domingo de Soria (où les chapiteaux représentent la Création du monde tandis que le tympan représente Dieu en portant Christ dans son giron, et entouré par les symboles des Apôtres, Saint-Joseph et la Vierge,), les peintures de l'Ermita de Santa Cruz de Maderuelo (Ségovie, également du XIIème siècle), le châpiteau du monastère bas de San Juan de la Peña (Huesca, le premier tiers du XIème siècle), ou la *Bible de Nüremberg* (XVème siècle), avec les gravures de Michael Wolgemut (1434-1519), représentent la *Création d'Adam*. La représentent aussi Giotto dans la Chapelle Scroveggni de Padoue (1305) et Jacopo della Quercia (1425-1435) dans un bas-relief de marbre du portail principal de l'église San Petronio de Bologne.

Cependant, comme le démontre le *Triptyque du Jardin des délices* de Bosch (c.1500) ou *Le Jardin de l'Éden* de Jacob de Backer, c'est la *Création d'Ève* que rappelle plus souvent l'iconographie, en lui donnant une emphase spéciale pour le développement postérieur de l'humanité, et en l'associant presque toujours à l'épisode du Péché originel.

L'organisation la plus commune, où apparaissent les travaux d'Adam et d'Ève (lui labourant et elle filant avec la quenouille[103]) et Abel et Caïn (offrandes des deux frères et meurtre d'Abel aux mains de Caïn) comme conséquence de l'expulsion du Paradis (à Chartres, Soria, Huesca, ou en Ségovie), est substituée dans la Chapelle Sixtine par l'option où la *Création d'Adam* entre en relation dialectique avec la *Crucifixion* ou le *Jugement Dernier*, comme c'est le cas à Amaghu.

L'histoire de la *Genèse* se rattache toujours à la contrepartie de l'*Apocalypse*, que ce soit à Soria (où les archivoltes représentent le meurtre des Saints Innocents, la vie et la mort du Christ et les vingt-quatre vieillards de l'Apocalypse) ou en Ségovie (où, comme dans le portail de Soria, les peintures se divisent autour du Christ Pantocrator, au centre de la voûte, entre des scènes de la *Genèse*, et de la vie du Christ: ainsi se succèdent-elles dans le latéral gauche de la voûte: l'Annonciation, un Ange thuriféraire, Saint Matthieu et Saint Luc; dans le latéral droit: Saint Marc, un Ange avec rouleau: Saint Juan l'Évangéliste?, un Ange thuriféraire, un Ange avec un livre, un Saint évêque; dans les pleins ceintres: Caïn et Abel présentant des offrandes à l'Agneau inséré sur la Croix, la création d'Adam et le Péché Original; sur le mur gauche: Six Apôtres, La Madeleine oignant les pieds du Christ, l'Adoration d'un Mage à a la Vierge à l'Enfant; et sur le mur droit: Quatre Apôtres).

Similairement, au portail Nord de Chartres, où c'est aussi la figue[104] qui représente l'Arbre défendu (comme dans la Chapelle Sixtine), la porte gauche est dédiée à la Création du monde et au Péché, tandis que la porte centrale, dédiée à la Sainte Anne et à la vie de la Vierge[105], offre les images de l'Arbre de Jessé (la généalogie du Christ[106]) et des préfigurations de la venue du Christ[107]: Samuel et l'agneau qu'il va sacrifier, David portant les instruments de la Passion, Isaïe retenant l'Arbre de Jessé, Jérémie portant la croix grecque, Siméon avec l'Enfant Dieu, Juan Baptiste avec l'*Agnus Dei* en bras et piétinant un dragon symbole du Mal, Pierre avec la tiare pontifical[108]; la porte droite est dédiée aux travaux d'Adam après le Péché et au calendrier[109], contenant de plus les figures d'Élie, dont l'ascension au Ciel préfigure celle du Christ, de Balaam qui prédit qu'une "*étoile sortira de Jacob*" (*Nombres*, 24, 17), de la reine de Saba et de Salomon[110], de la femme de Putiphar écoutant les conseils du Diable représenté comme un dragon[111], sur le côté droit le jugement de Salomon, symbole du Christ[112], Job[113], Esther et Judith comme rédemptrices de leur peuple[114], Gédéon comme symbole du Christ et sa toison symbole de la conception mariale[115]. Ainsi nous voyons comment, à Chartres comme dans la Sixtine, la typologie sert pour résumer l'histoire biblique, avec des figures similaires. Nous trouvons dans les deux celles de Judith et d'Esther.

À Chartres comme dans la Sixtine, la contrepartie de l'histoire d'Adam et d'Ève, et du Péché, sont les images (à Chartres de la préfiguration) du la Salvation dans le Christ, et, dans les deux programmes iconographiques, de l'élection, de la bonne foi et de l'infidélité: à Chartres, ce sont les personnages de la porte droite du portail Nord: la femme de Putiphar, Esther et Judith, le Jugement de Salomon.

L'iconographie de la *Crucifixion* romane avec le crâne d'Adam au pied de la Croix représente le même processus de succession et de rédemption que l'identité virtuelle, gestuelle, entre Adam et le Christ dans la Chapelle Sixtine.

C'est ainsi doublement par généalogie et par le processus rédempteur que s'assimilent les figures du Christ et d'Adam. Comme nous évoquons dans notre article sur "*Magritte*"[116], en sens théologique, cet "*homme*" dont nous sommes "*fils*" est Adam lui-même (*Luc*, 3, 23-38), dont genealógicamente descend Jésus fils de Marie, par la ligne de David (*Matthieu*, 1, 2-16; *Luc*, 3, 23-38, avec les différences entre les deux généalogies). La généalogie du Christ et sa relation avec Adam est aussi un thème récurrent dans les *Actes* (5, 21-22 et 12, 4-11).

Si nous analysons l'iconographie traditionnelle de la *Création d'Adam*, nous voyons qu'à la différence du cas de la *Création d'Ève*, il n'y a pas d'unité gestuelle permanente entre Dieu et Adam. Comme dans le cas de la *Création d'Ève*, dans laquelle les corps assument toujours la même posture (Adam couché, endormi, Ève sortant debout de la côte d'Adam et donnant la main à Dieu qui ainsi littéralement l'extrait en la sortant à la force du poignet, bien que la main de Dieu offre un appui et une douceur presque d'amour courtois toujours dans l'attention à la fragilité féminine de cette nouvelle créature sienne), dans la *Création d'Adam*, toujours, Dieu se trouve en face d'Adam, que celui-ci soit debout, dans une copie de l'iconographie de la *Création d'Ève* (comme c'est le cas dans la *Porte du Paradis* de Ghiberti pour l'entrée du Baptistère situé à l'entrée Est de Santa Maria del Fiore à Florence, ou à la Sainte Chapelle, où Dieu tire Adam de la boue par la mâchoire, en l'extrayant avec force), ou soit couché, autre imitation, cette fois d'Adam lui-même, dans la *Création d'Ève* (comme c'est le cas du marbre du clocher du Duomo de Florence, dans le registre inférieur du côté Ouest, actuellement conservé au Musée dell'Opera du Duomo, et réalisé par Andrea Pisano), soit que, pris dans un débat pseudo-théologique avec Dieu, Adam se trouve assis sur une pierre (comme cela arrive dans la pierre d'Istria de l'église San Petronio de Bologne par Jacopo della Quercia), ou qu'il repose dans le giron de Dieu qui lui caresse la tête comme à un enfant chéri (comme dans le portail Nord de Chartres).

Cependant, comme nous apprécions, le gestualité d'Adam et de Dieu n'est pas aussi fixée par l'iconographie comme l'est celle d'Ève et de Dieu dans la *Création* de cette dernière, sans doute par l'importance même qu'a dans la théologie la Création d'Ève, dont la conséquence funeste pour l'humanité favorise le long parcours vers la perte du Paradis et la salvation par le Christ.

Ainsi n'est-ce pas un hasard si (sachant que, selon le principe typologique habituel, que nous trouvons aussi dans la Chapelle Sixtine, le Portail Sud par Pisano, 1336, raconte l'histoire de Saint Jean Baptiste, tandis que le Portail le Nord, par Ghiberti, 1424, raconte la Passion) dans les panneaux originaux de la *Porte du Paradis* (1435-1452) de Ghiberti, la *Création d'Ève* est privilégiée, mise au centre du panneau, tandis que la *Création d'Adam* et l'*Expulsion du Paradis* l'encadrent chronologiquement mais comme scènes secondaires de celle-ci, principale.

Les épisodes choisis pour sa représentation dans la *Porte du Paradis* sont:

1. Adam et Ève
2. Caïn et Abel
3. L'ivresse de Noé
4. Abraham et Isaac
5. Ésaü et Jacob
6. Joseph vendu comme esclave
7. Moïse et les Dix Commandements
8. La chute de Jéricho
9. David et Goliath
10. Salomon et la Reine de Saba

Nous voyons ainsi que, comme dans la Chapelle Sixtine, sont centraux, à l'intérieur des épisodes supérieurs de l'*Ancien Testament*, la *Création d'Ève* et l'*Ivresse de Noé*.

L'identité du geste, dédoublé, entre Adam et Dieu dans la *Création d'Adam* s'explique par l'idée de la similitude, que nous voyons dans le rôle de celui qui nomme, entre les deux dans la *Genèse*, mais aussi dans la théorie néoplatonicienne.

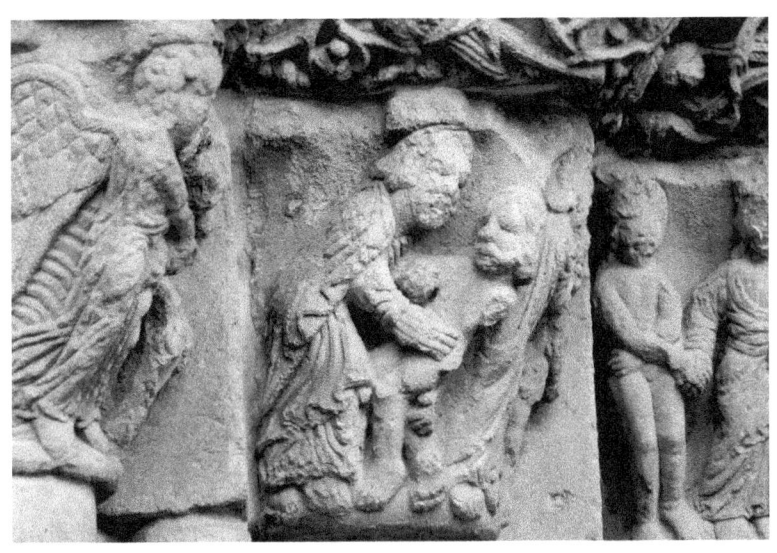

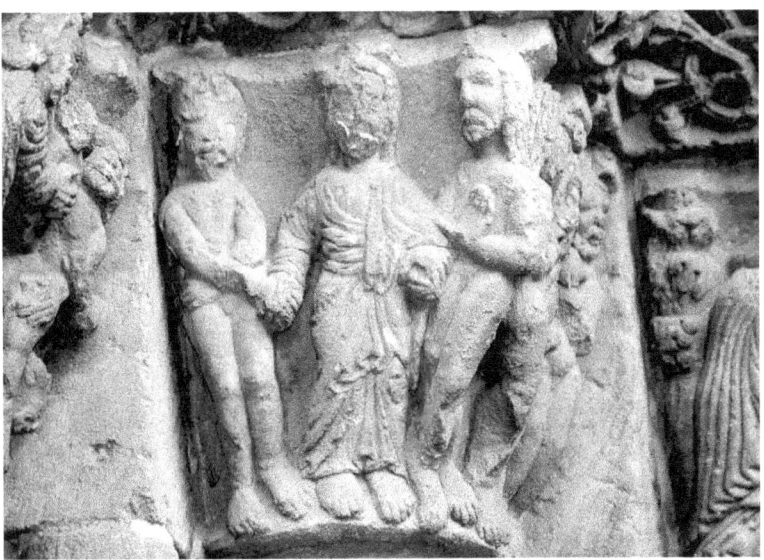

Créations d'Adam et *D'Ève,* Santo Domingo de Soria

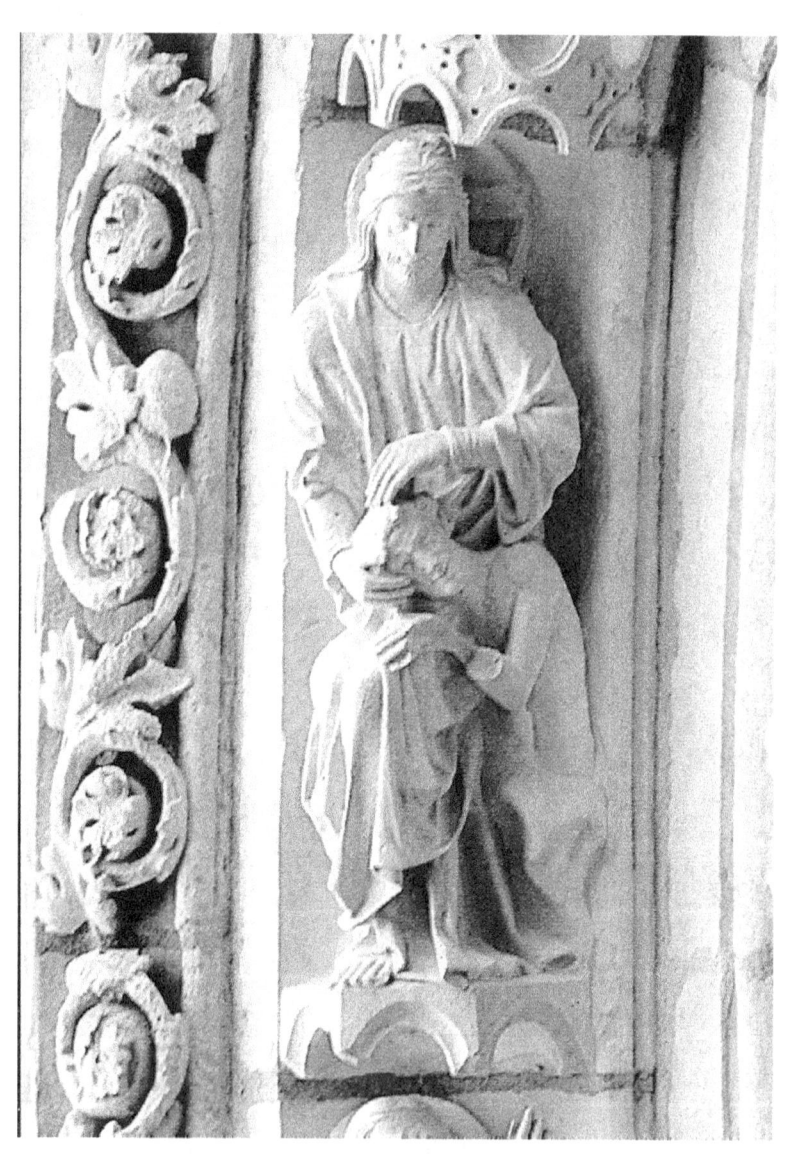
Création d'Adam, Cathédrale de Chartres

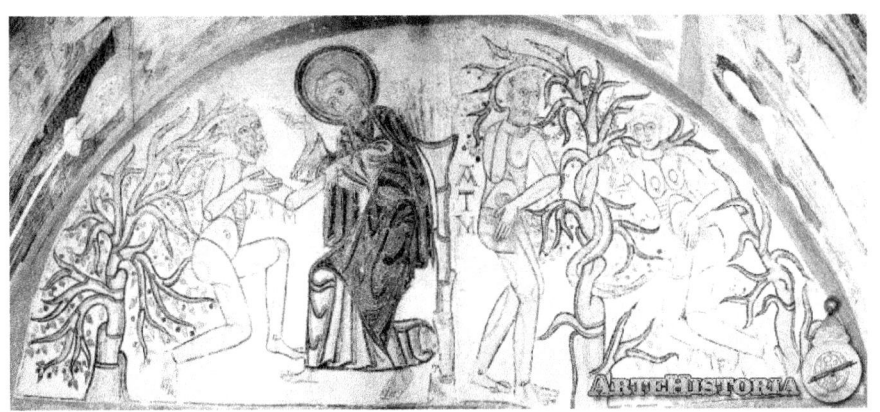

Santa Cruz de Maderuelo,
Création d'Adam et Péché originel

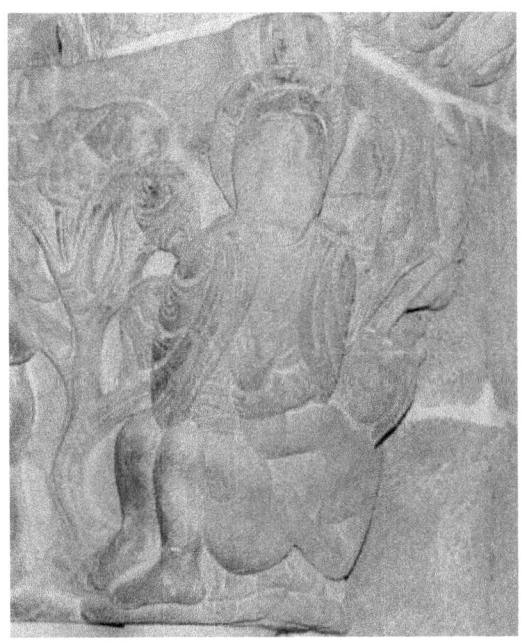

Création d'Adam, San Juan de la Peña

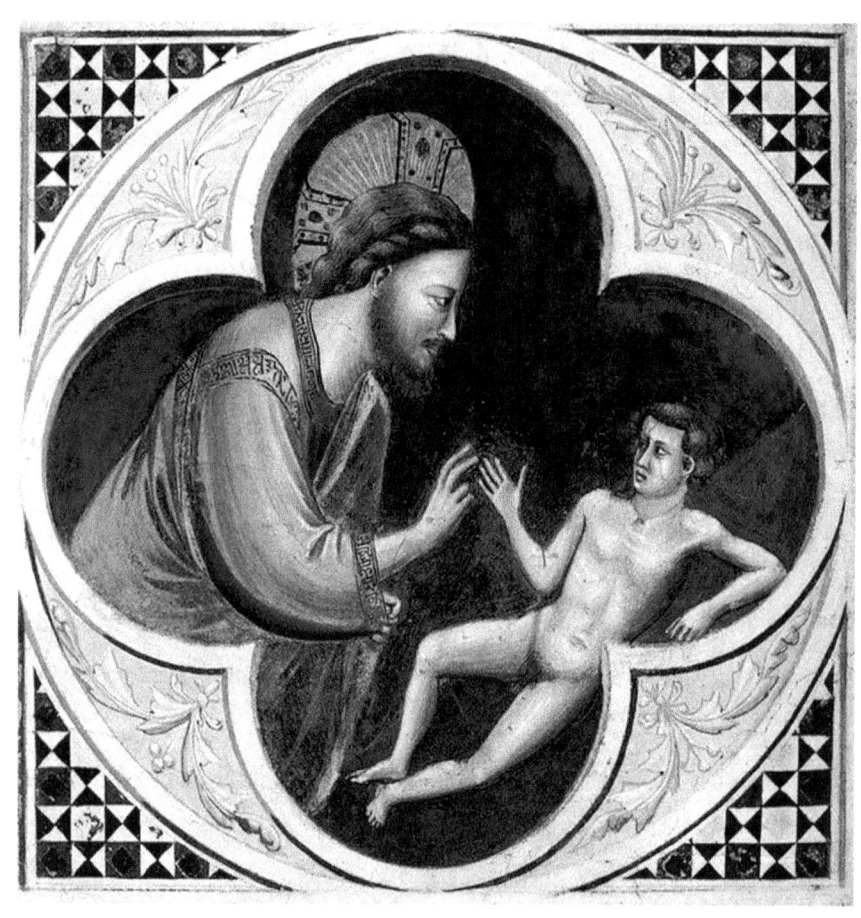

Giotto, *Création d'Adam*, Chapelle Scrovegni

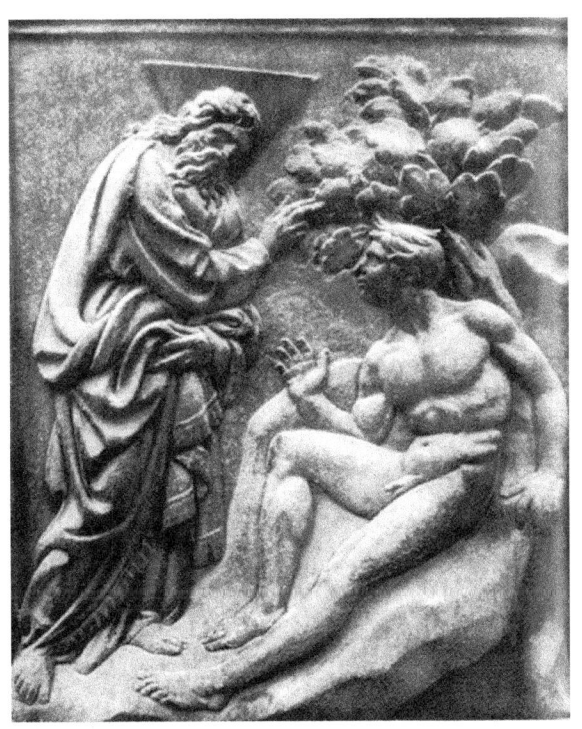

Jacopo della Quercia, *Création d'Adam*

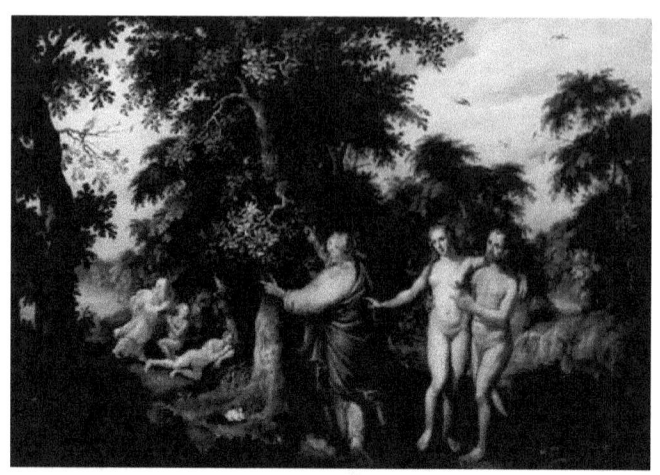

La Création de l'Homme et de la Femme dans le Jardin de l'Éden, Atelier de Jacob de Backer

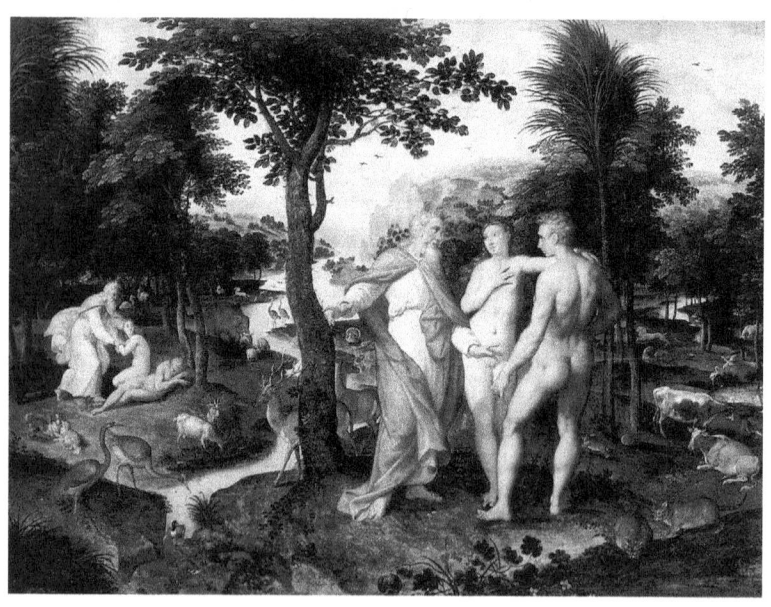

Jacob de Backer, *Le Jardin de l'Éden*

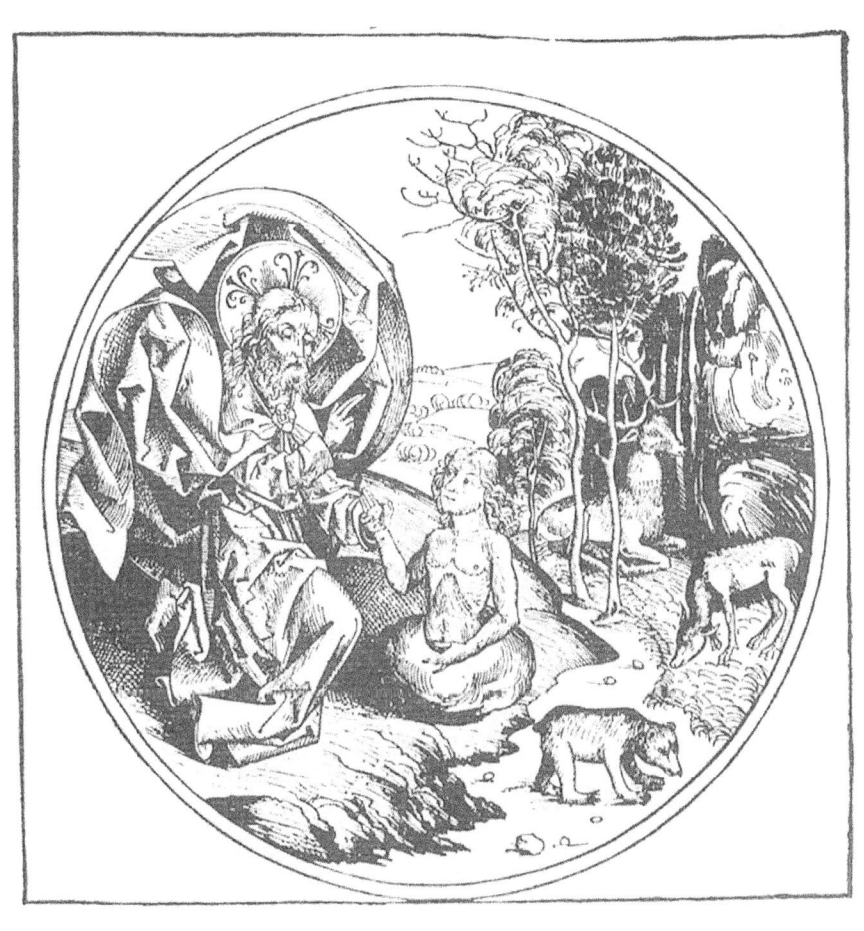

Michael Wolgemut, *Création d'Adam*, *Bible de Nüremberg*

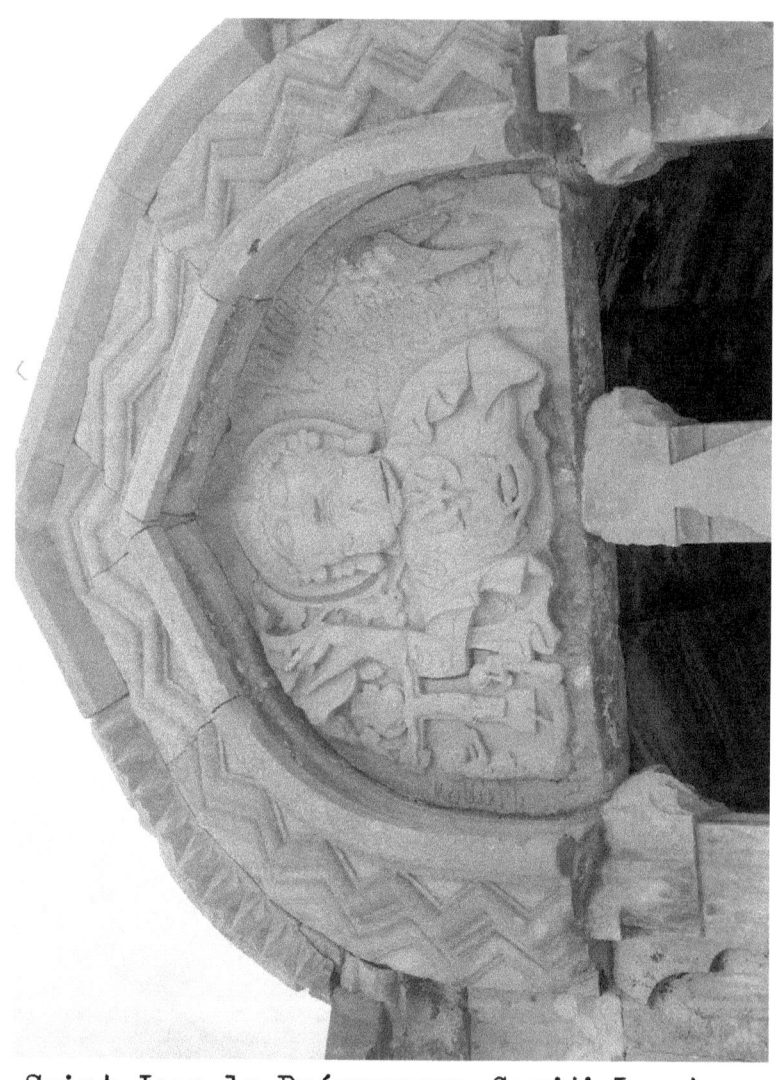

Saint-Jean-le-Précurseur, Gavit'-Jamatun, Noravank', Amaghu, Tympan supérieur, *Crucifixion* et *Dieu soutenant la tête d'Adam sur laquelle descend la colombe du Saint Esprit*

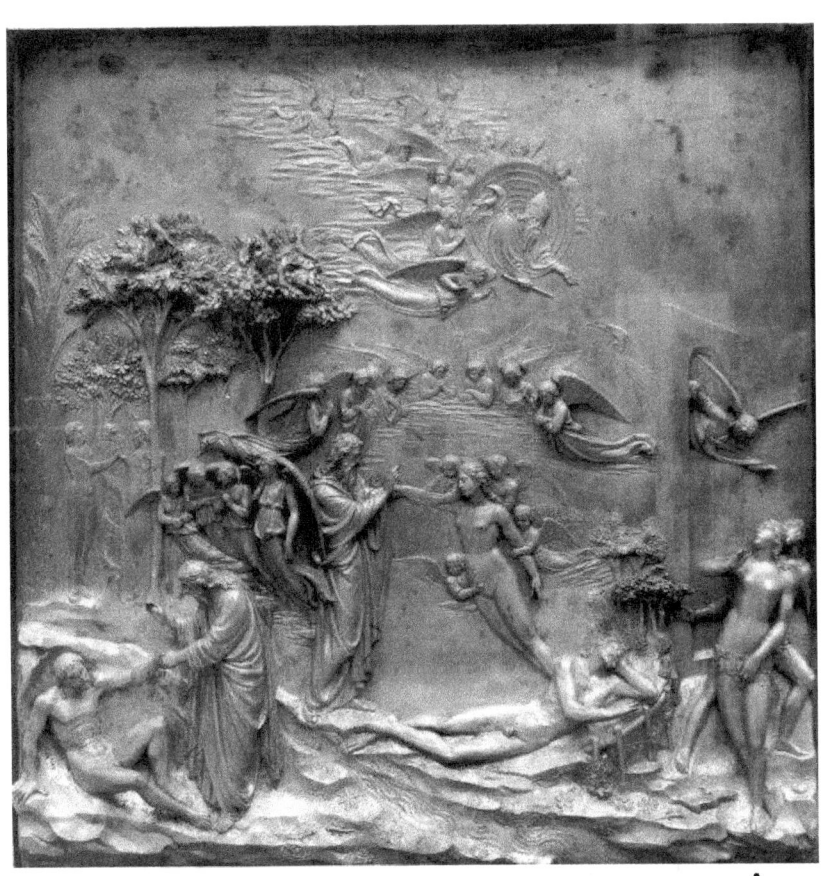

Ghiberti, *Création et Histoire d'Adam et Ève*, Premier panneau de la *Porte du Paradis*

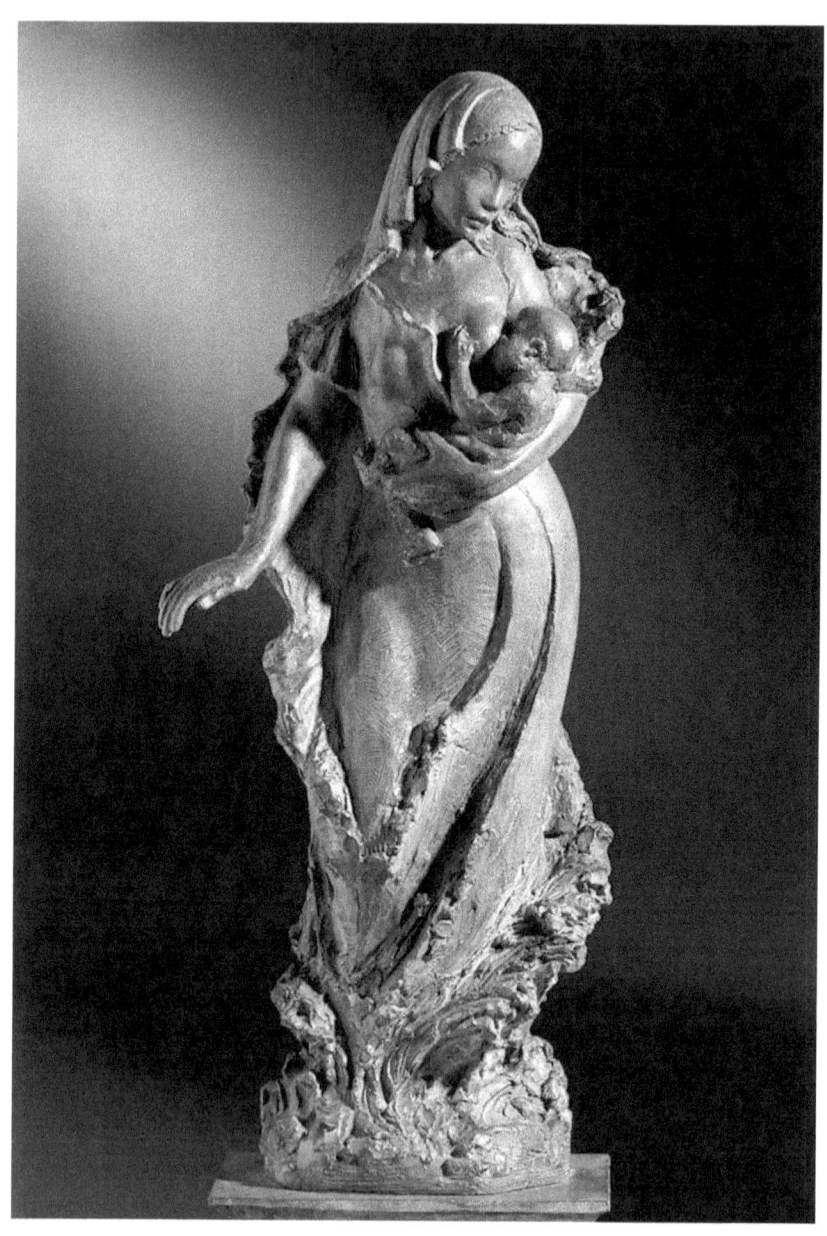

Michel Lévy, *Vierge de Roiblay*

Chapelle Sixtine, Mur Nord
Scènes de la vie du Christ

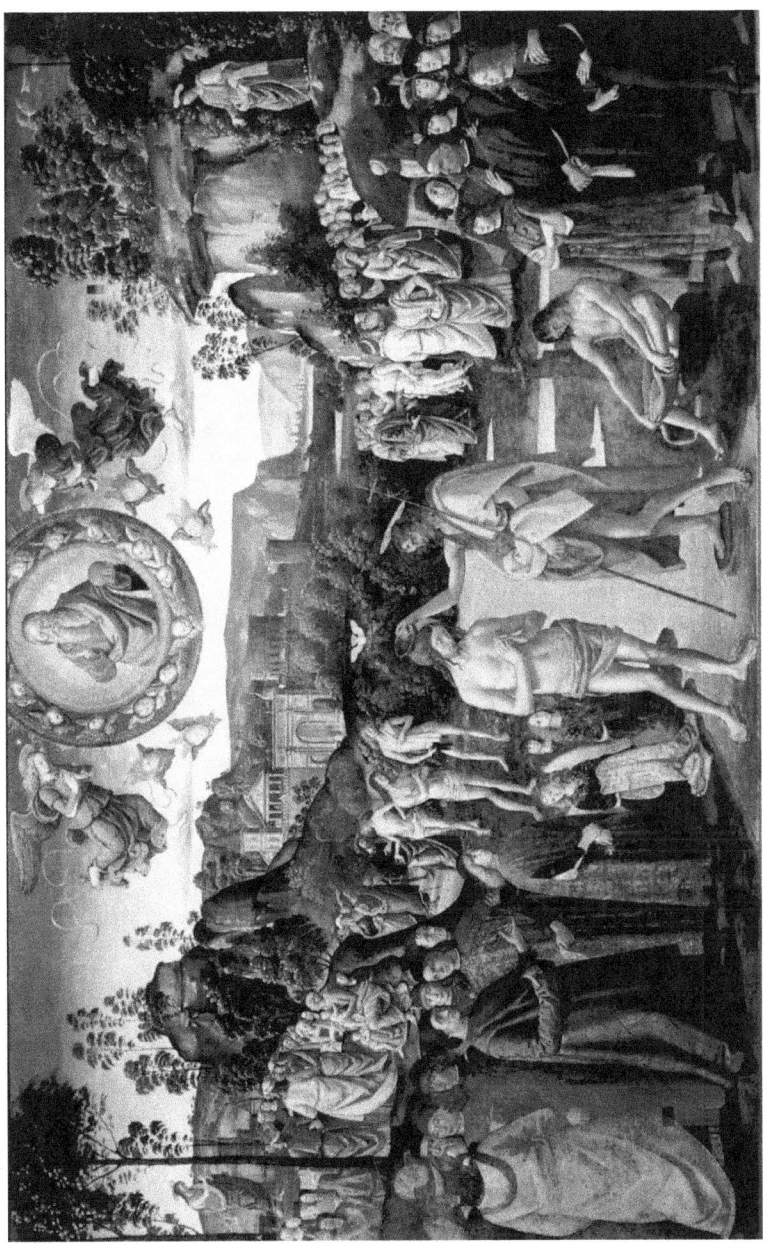

Pietro Perugino, *Le Baptême du Christ*

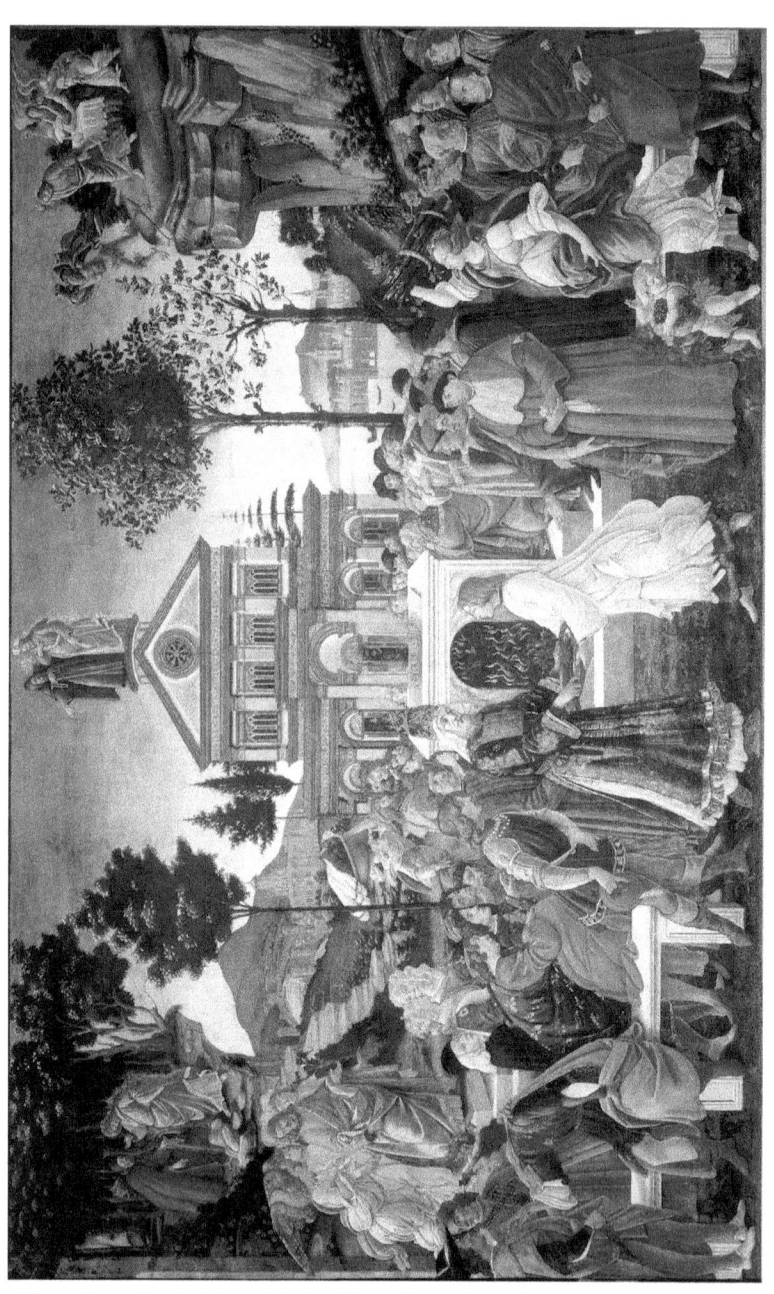

Sandro Botticelli, *Les Tentations du Christ*

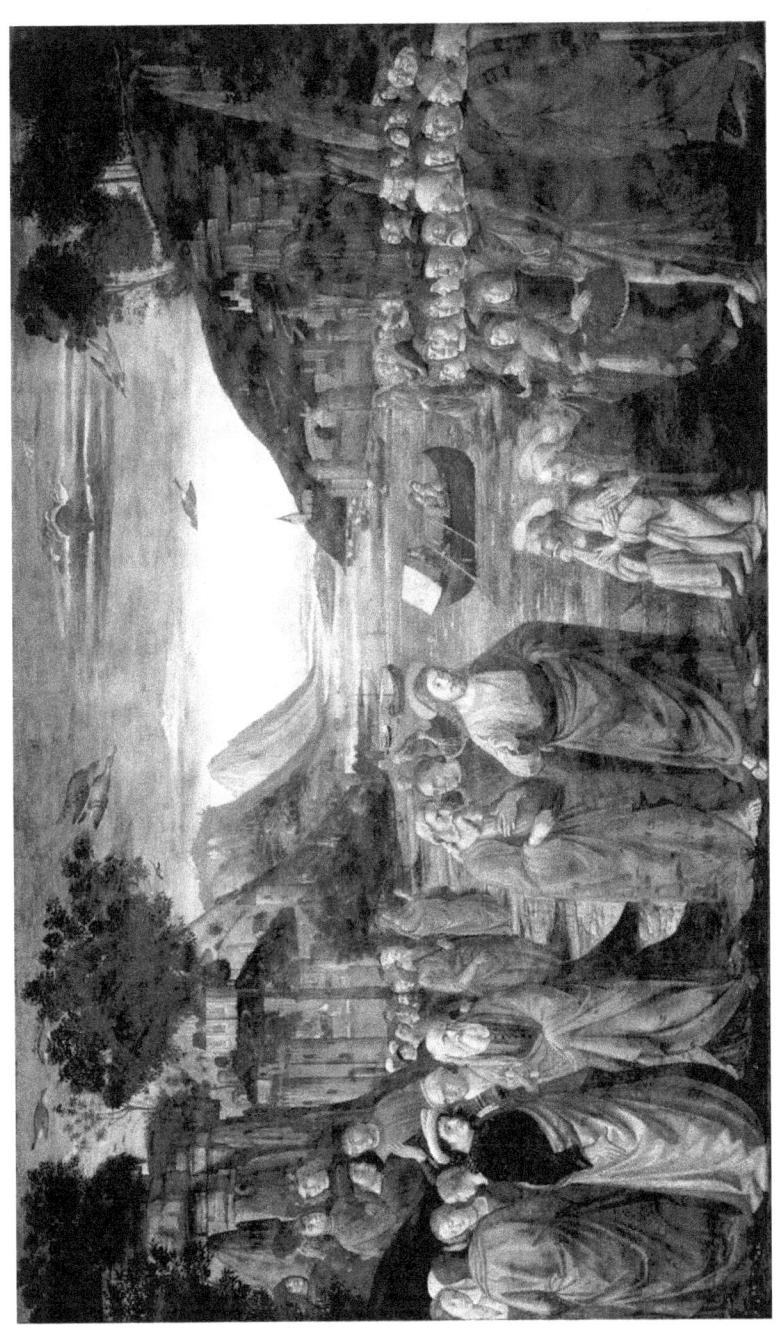

Domenico Ghirlandaio, *L'Appel des premiers Apôtres*

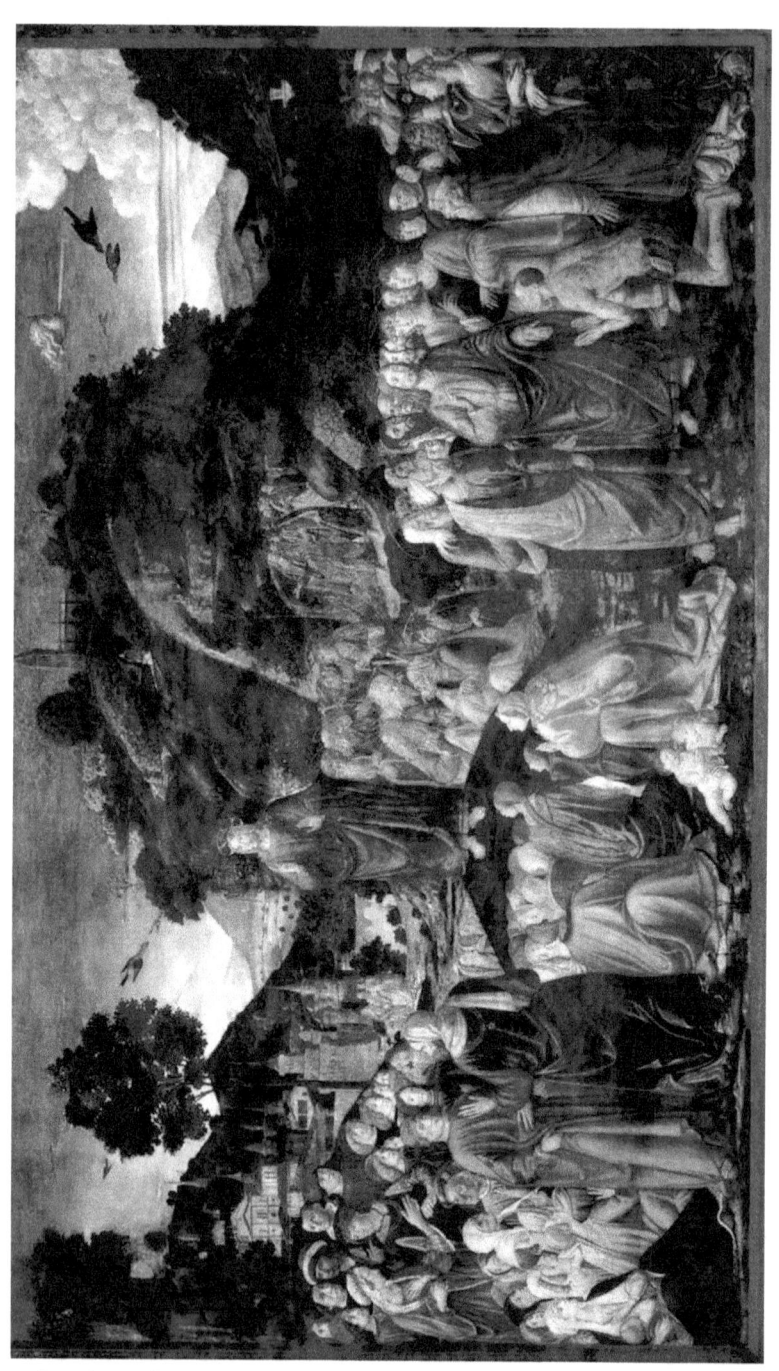

Cosimo Rosselli, *Le Sermon sur la Montagne*

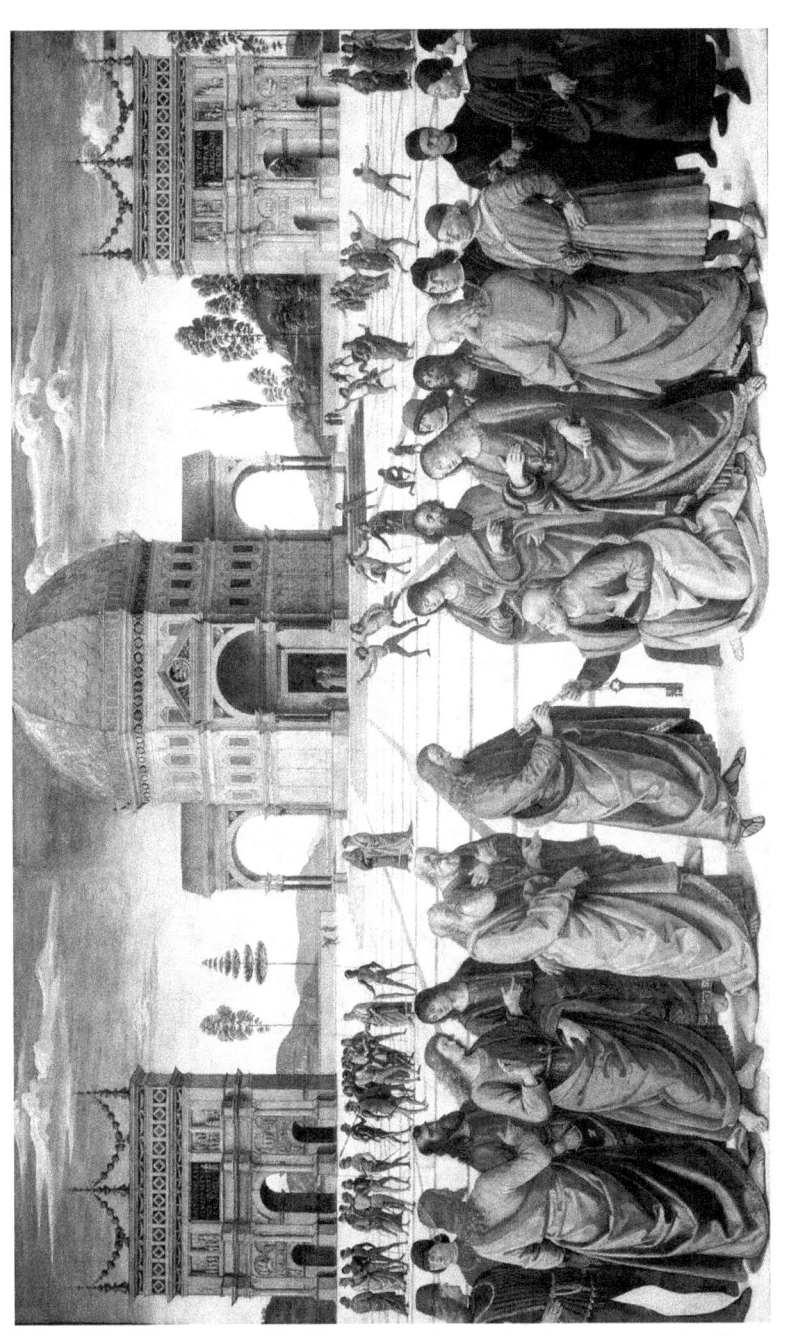

Pietro Perugino, *La Remise des clefs à saint Pierre*

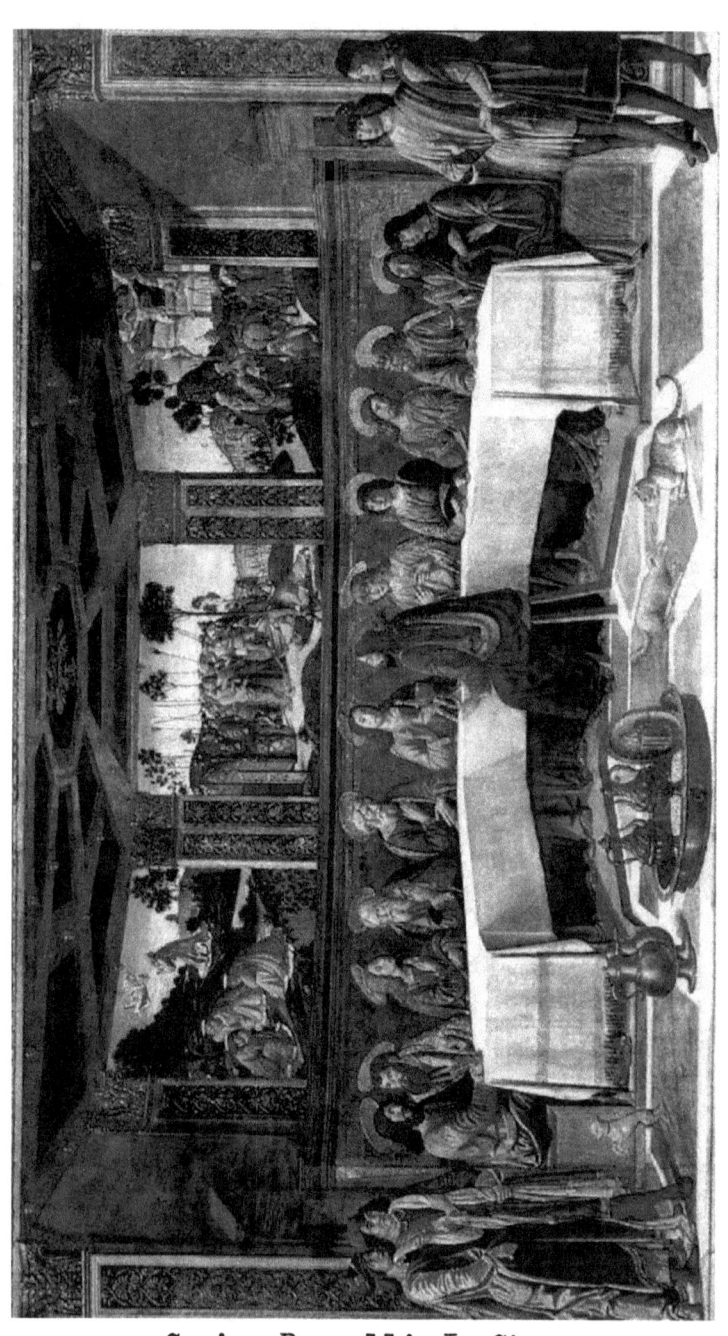

Cosimo Rosselli, *La Cène*

Chapelle Sixtine, Mur Sud: Scènes de la vie de Moïse

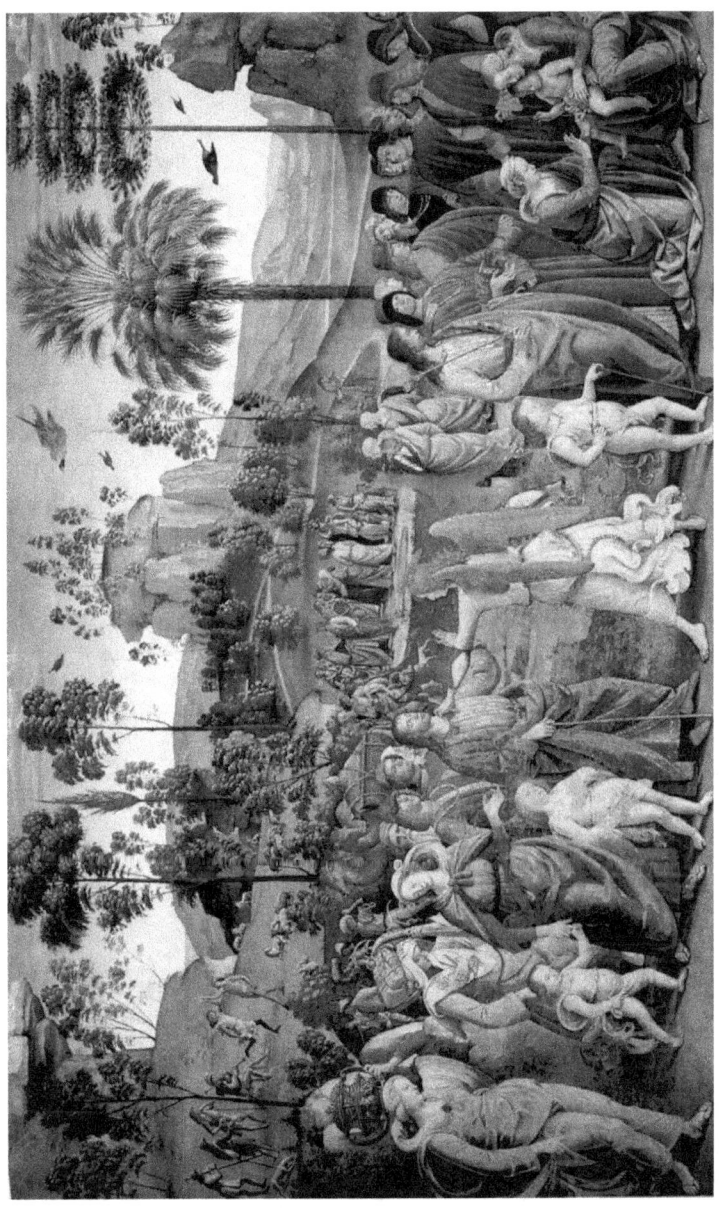

Pietro Perugino, *Le Voyage de Moïse en Égypte et la Circoncision de son Fils Éliézer*

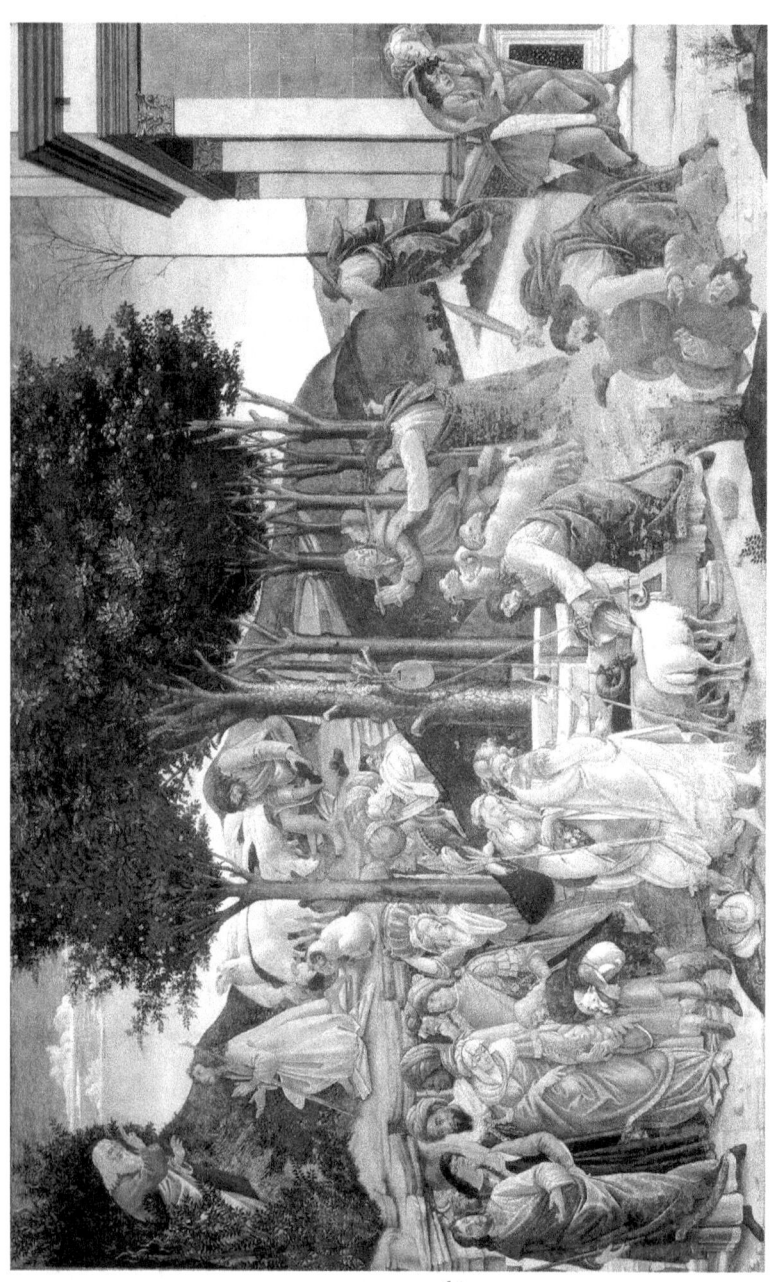

Sandro Botticelli, *Les Épreuves de Moïse*

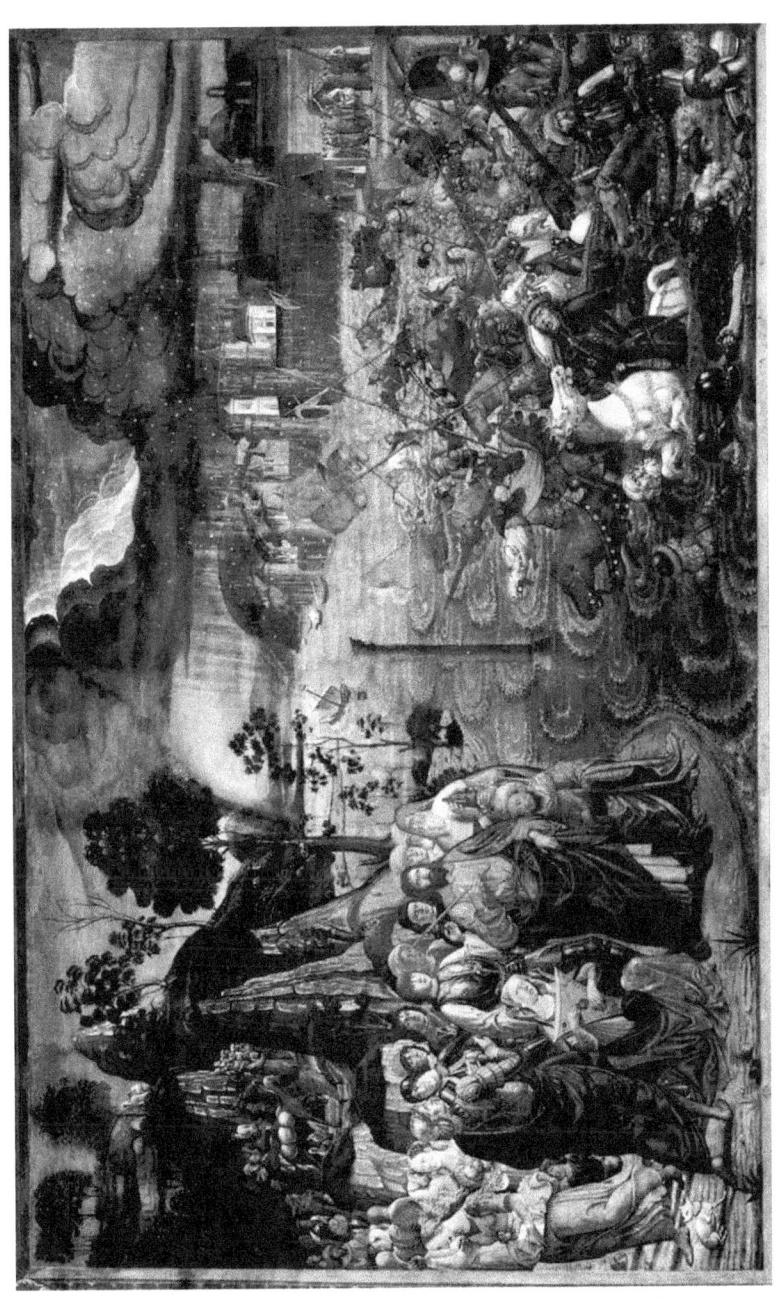

Cosimo Rosselli, *Le Passage de la Mer Rouge*

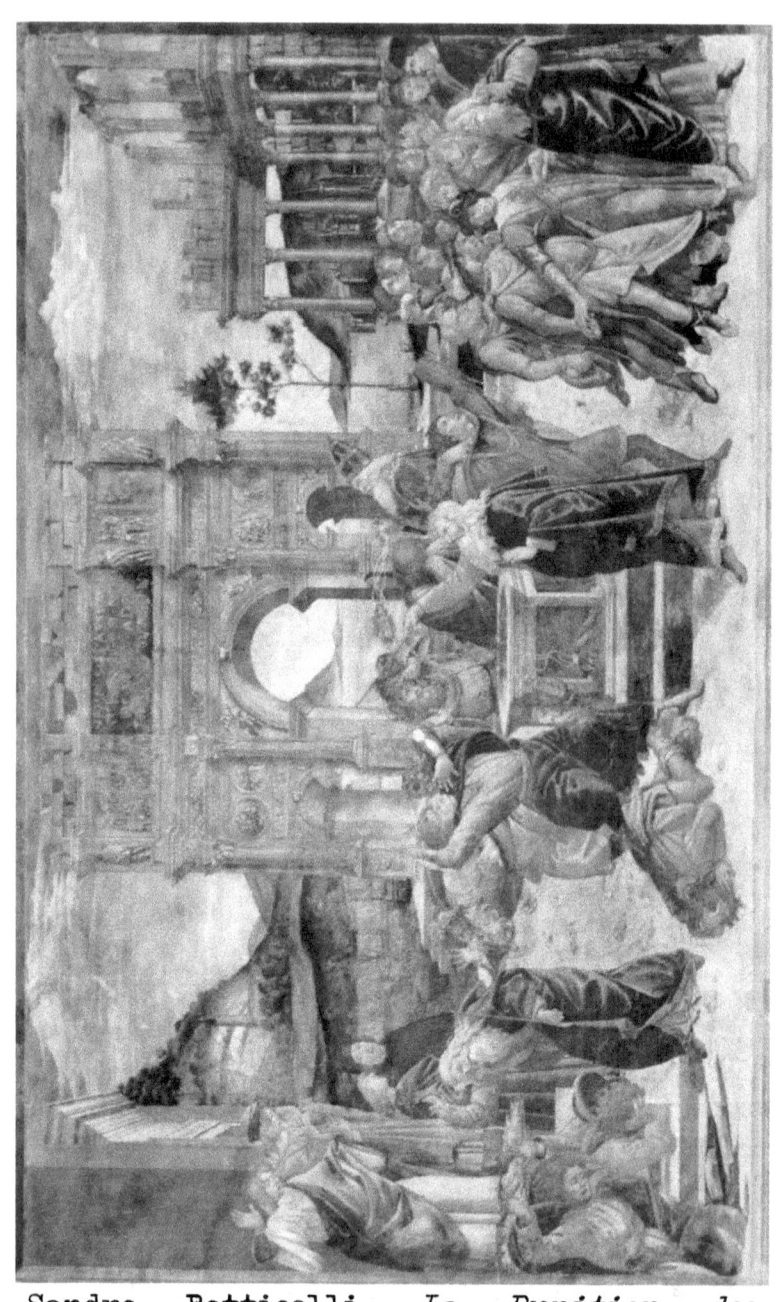

Sandro Botticelli, *La Punition des rebelles: Le Châtiment de Korah et la Lapidation de Moïse et d'Aaron*

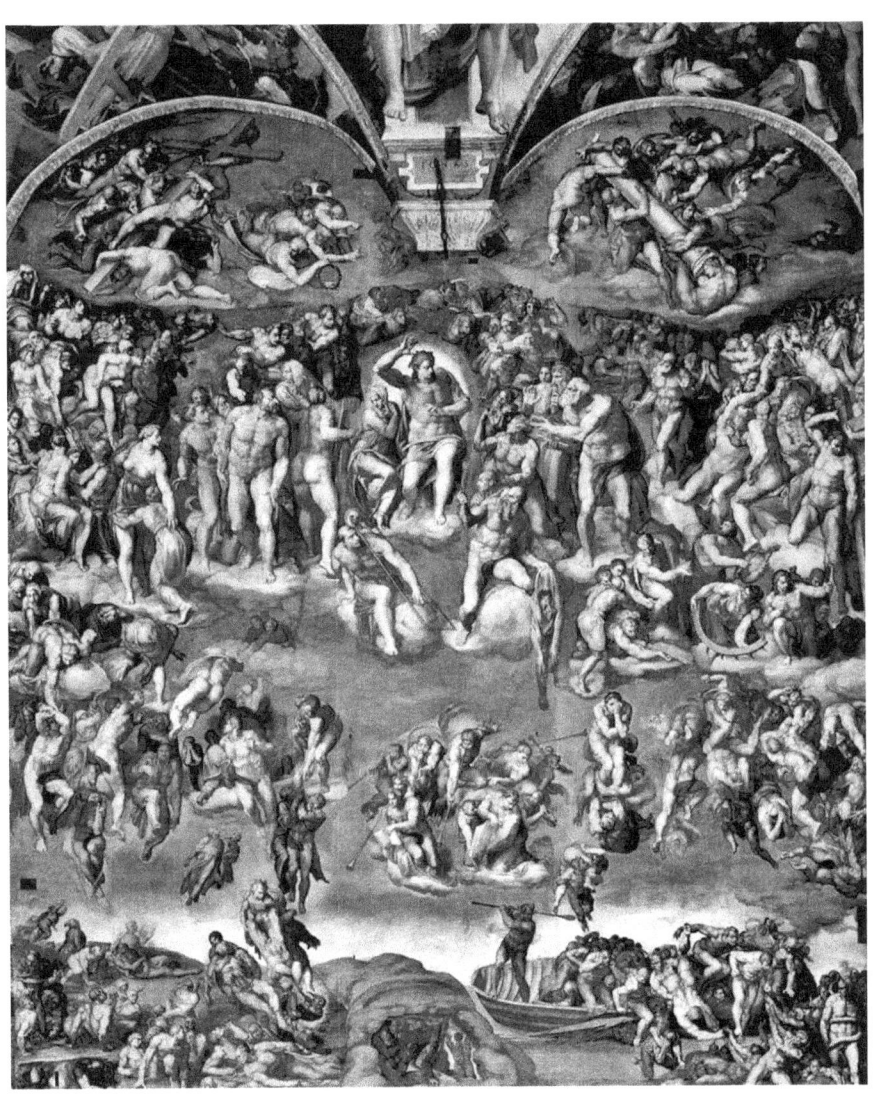

Michel-Ange, *Le Jugement Dernier*

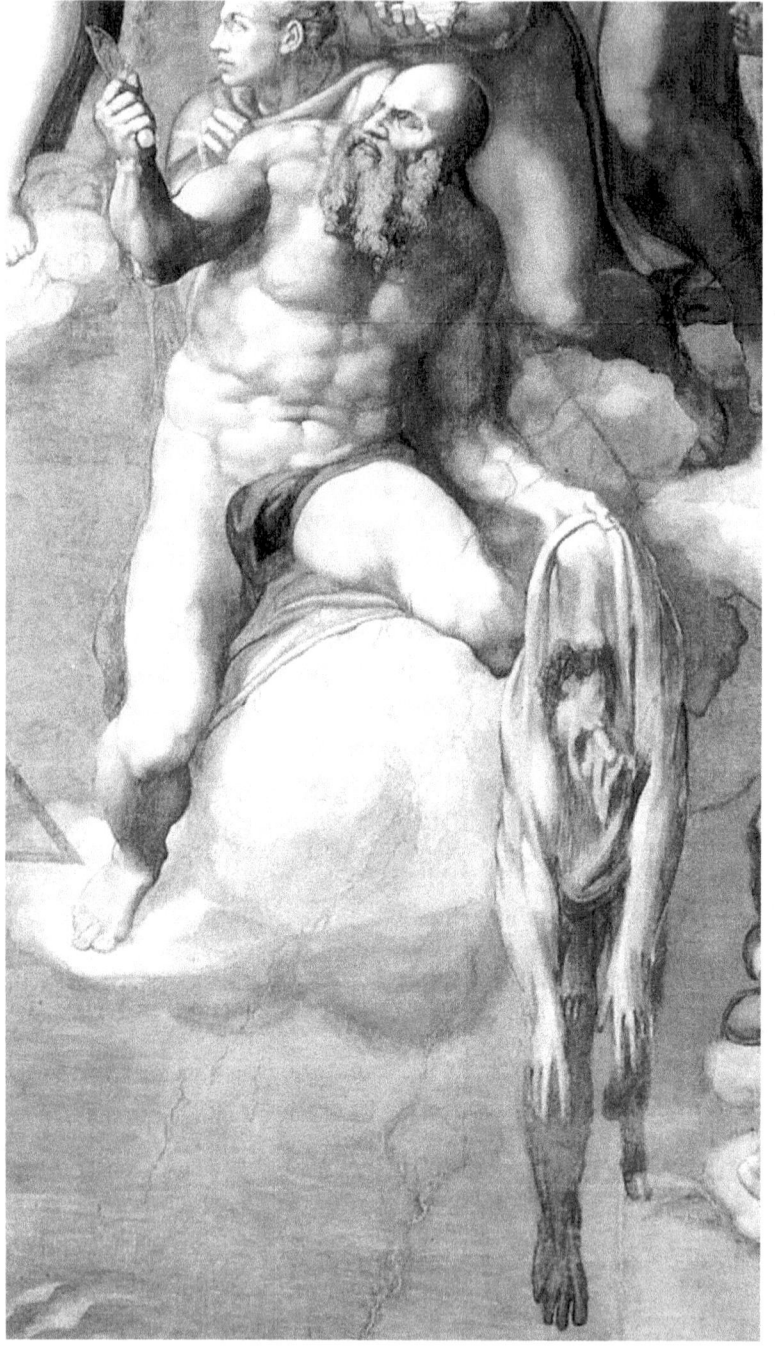

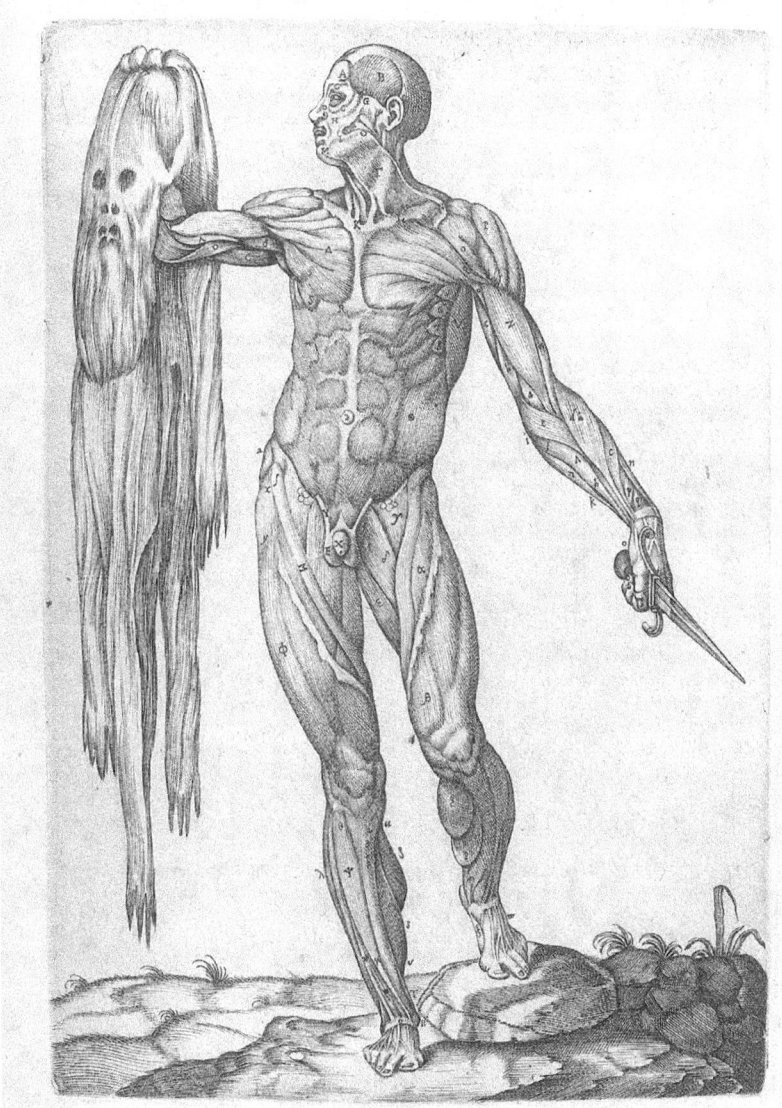

Juan Valverde de Hamusco, *Historia de la composicion del cuerpo humano*, Rome, 1560

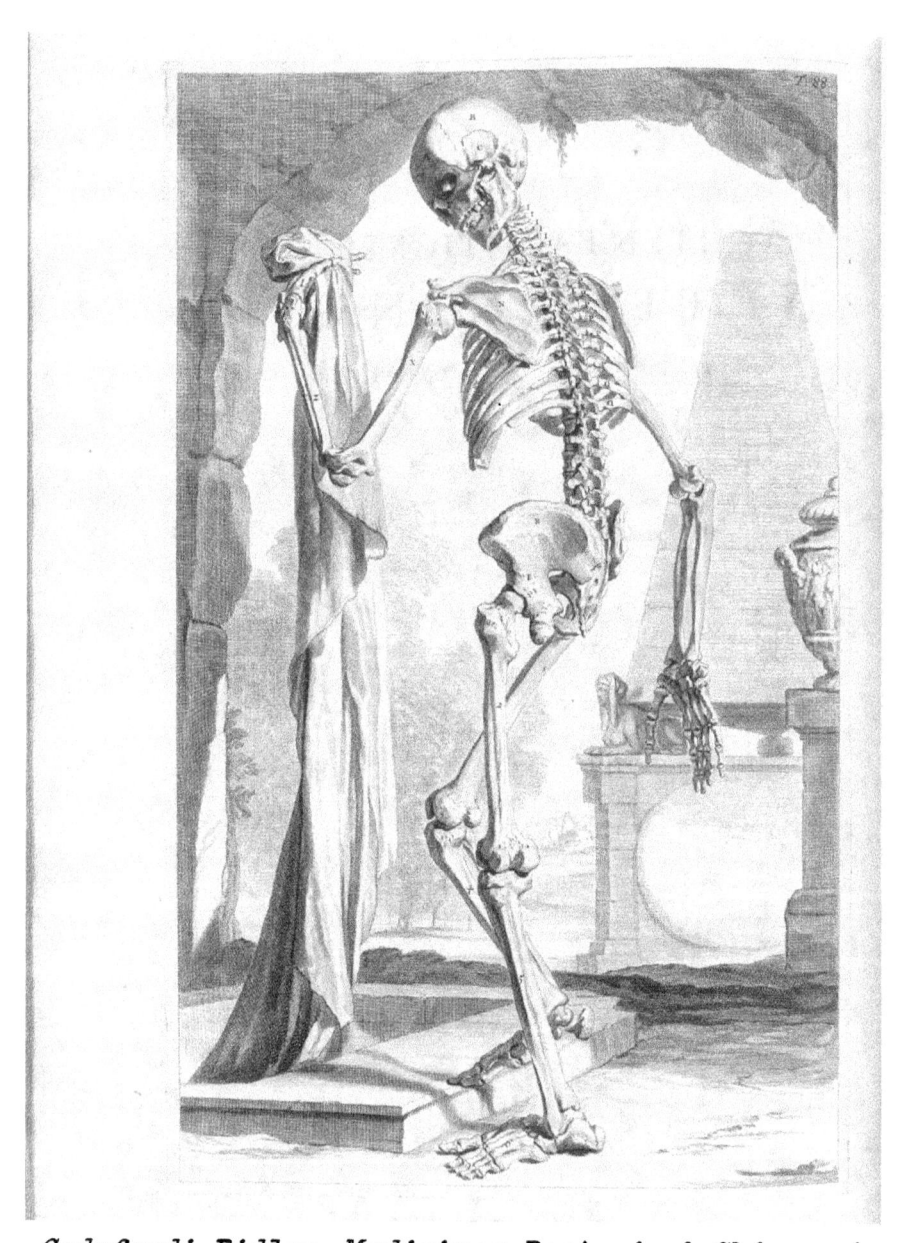

Godefredi Bidloo, Medicinae Doctoris & Chirurgi, Anatomia Hvmani Corporis, Tab. 88

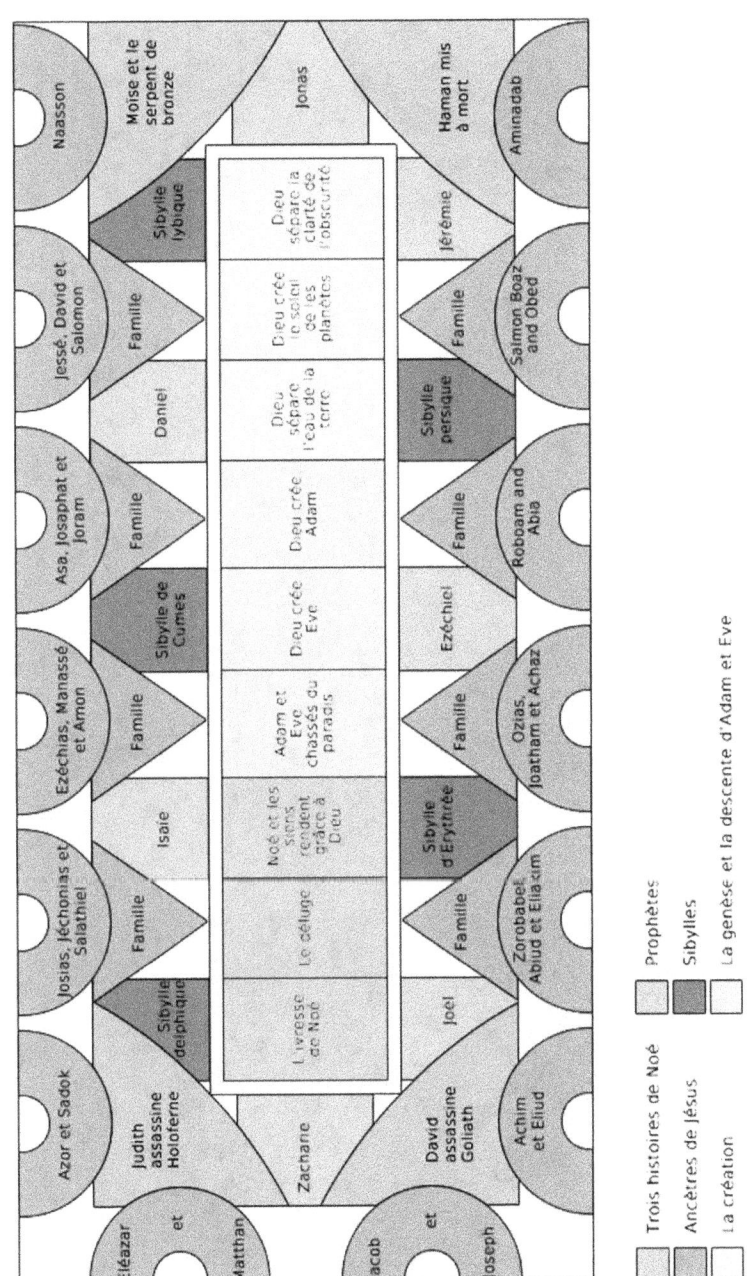

Michel-Ange, Voûte

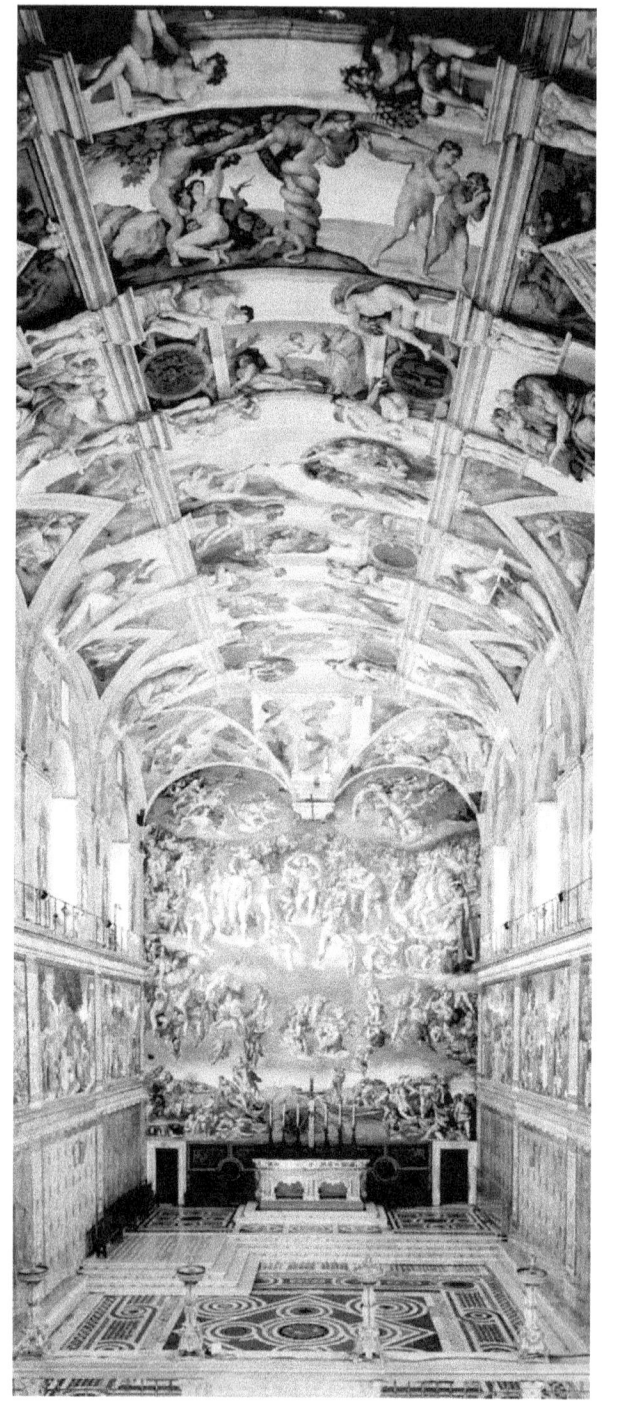

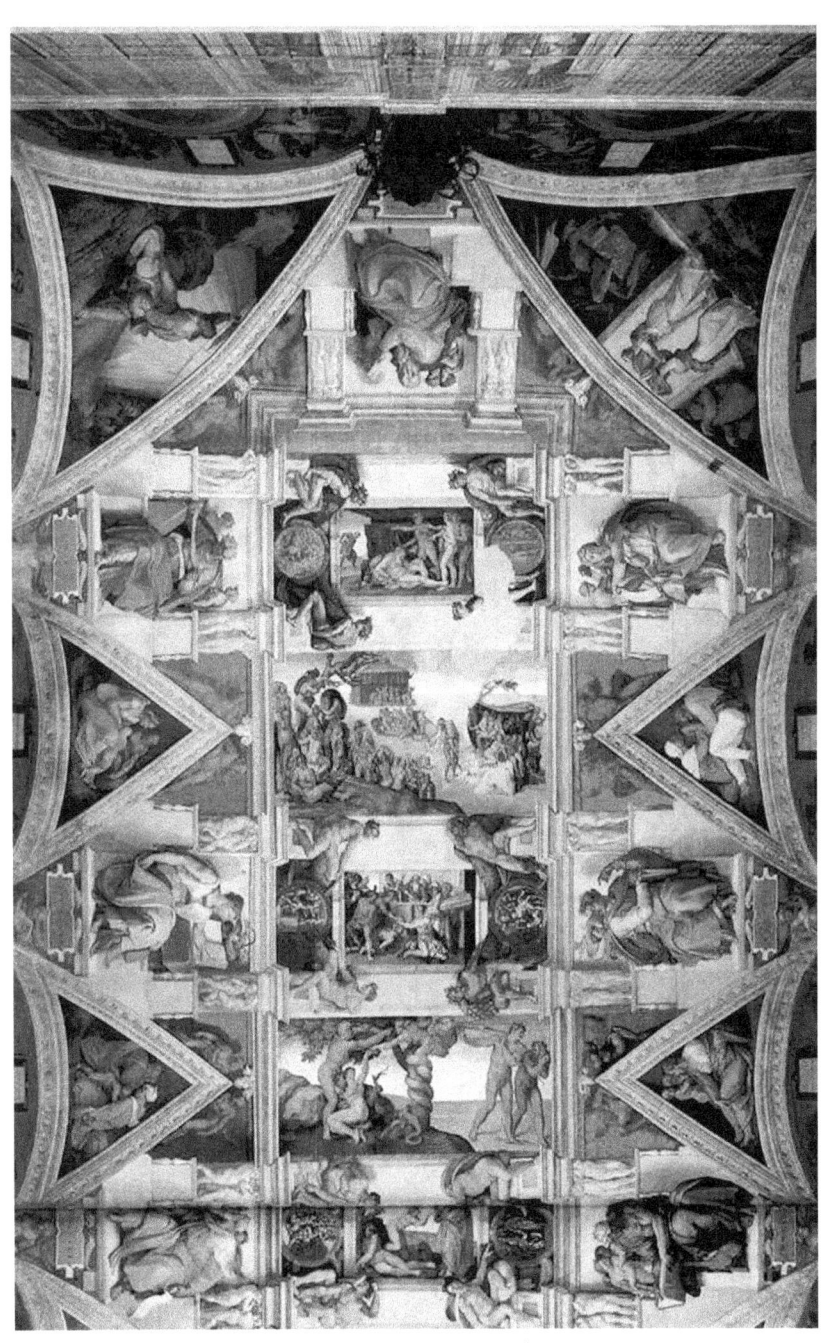

Michel-Ange, Voûte

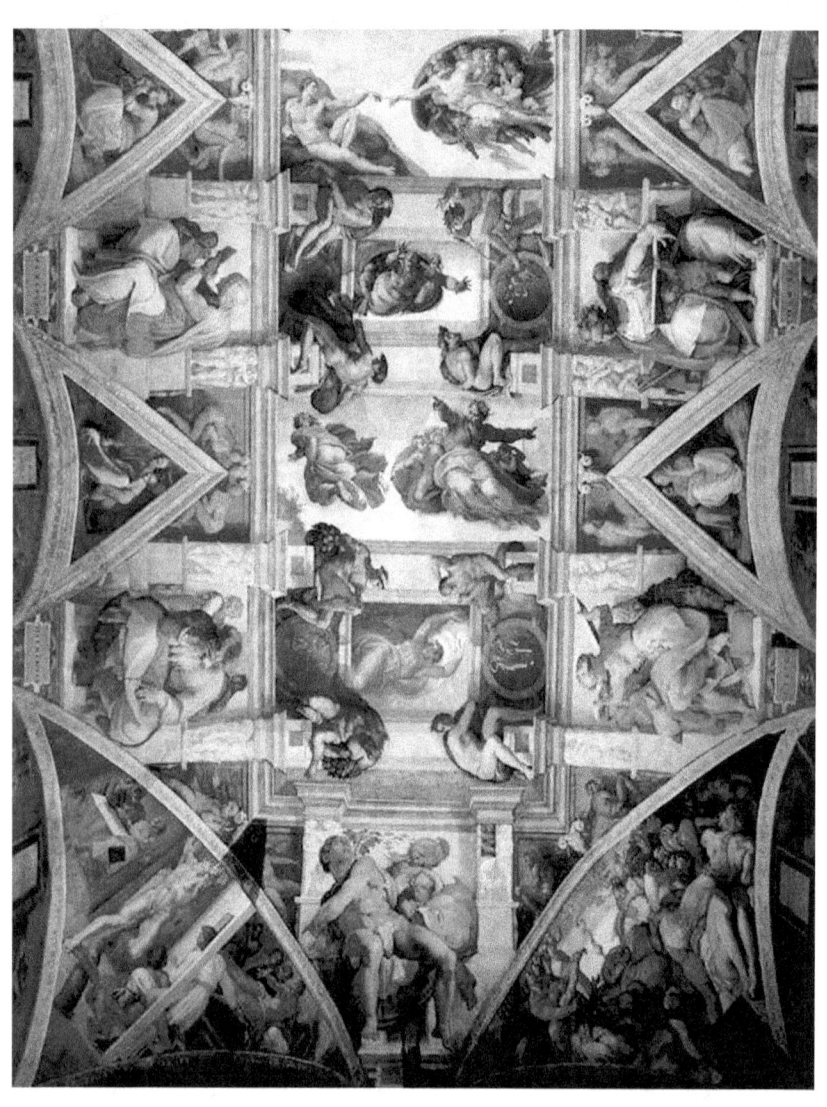

Michel-Ange, Voûte

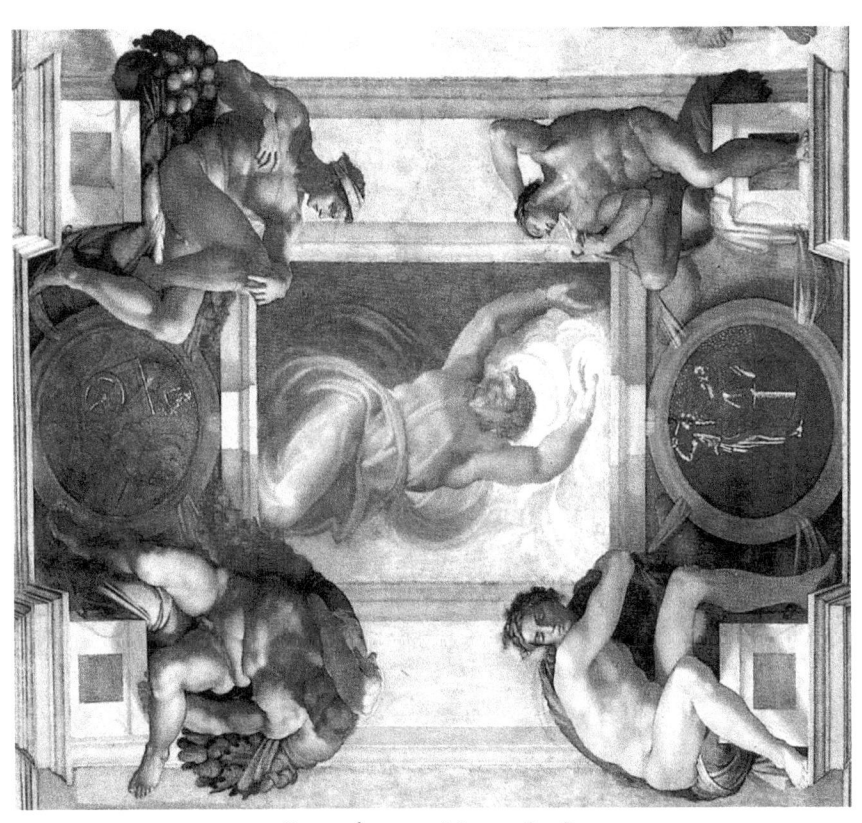

La séparation de la lumière et les ténèbres

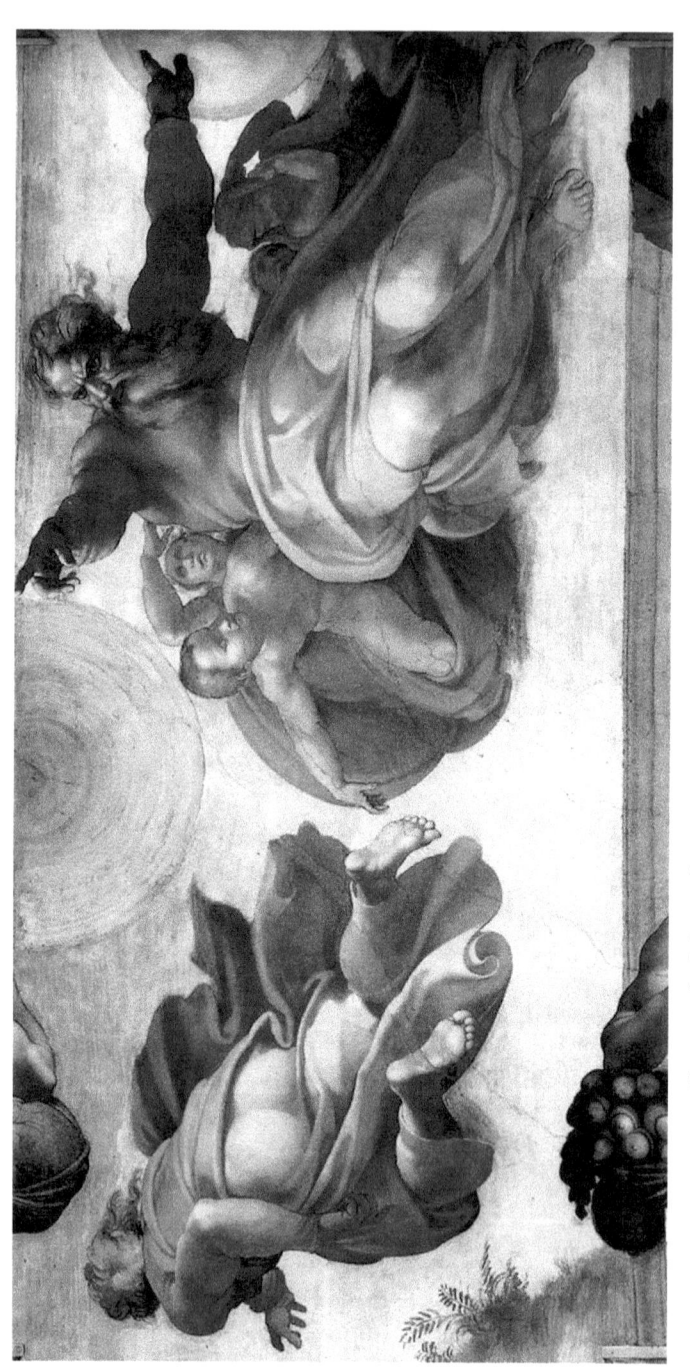

La création du soleil, de la lune et de la terre

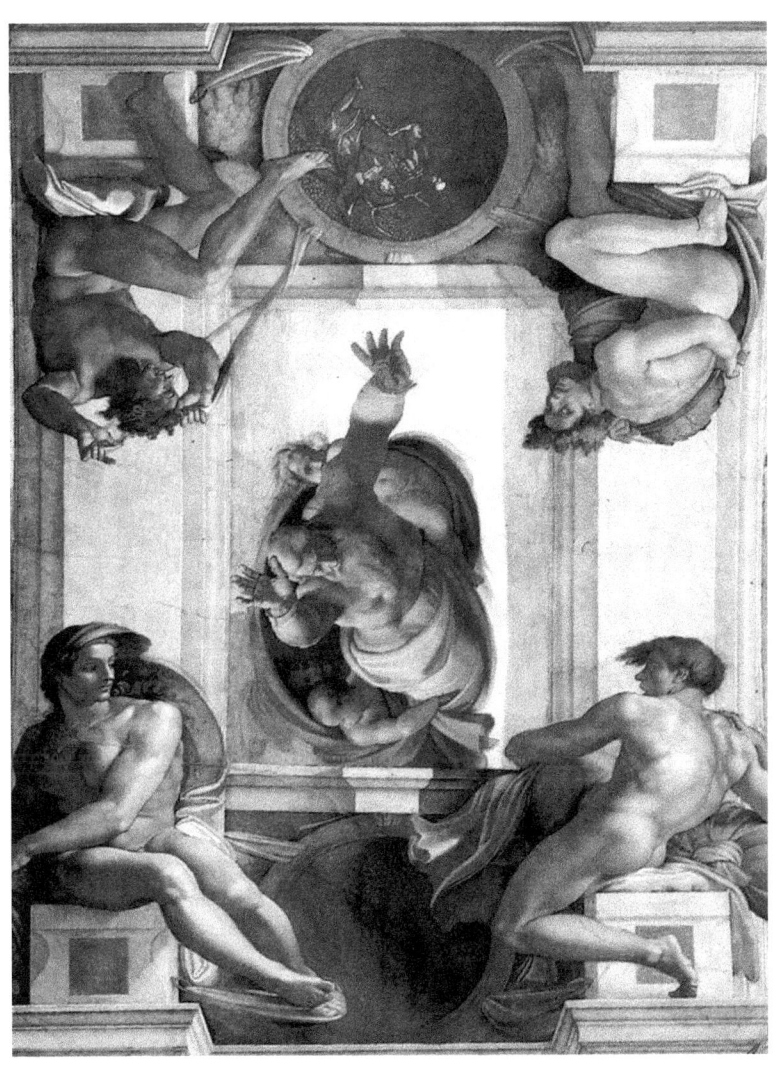

La séparation de la terre et des eaux

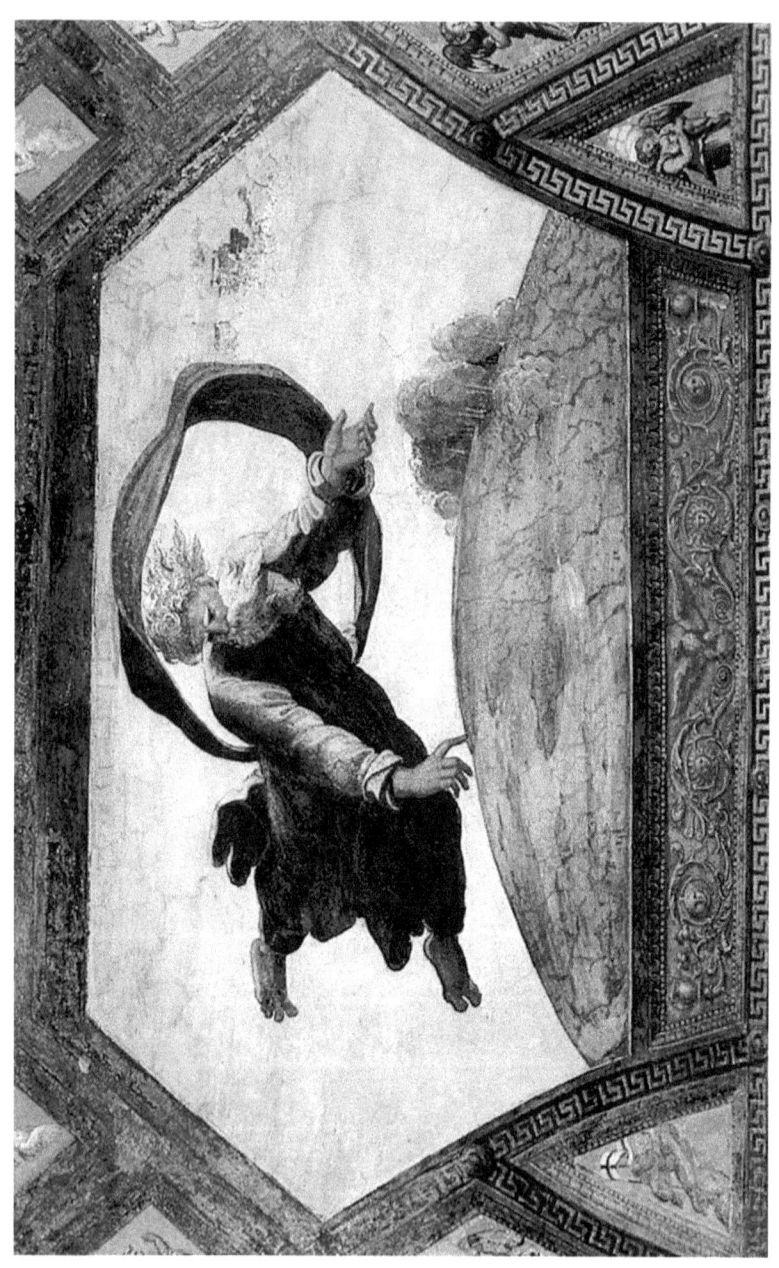

Raphaël, *La séparation des terres et des eaux*, Loggis, Vatican

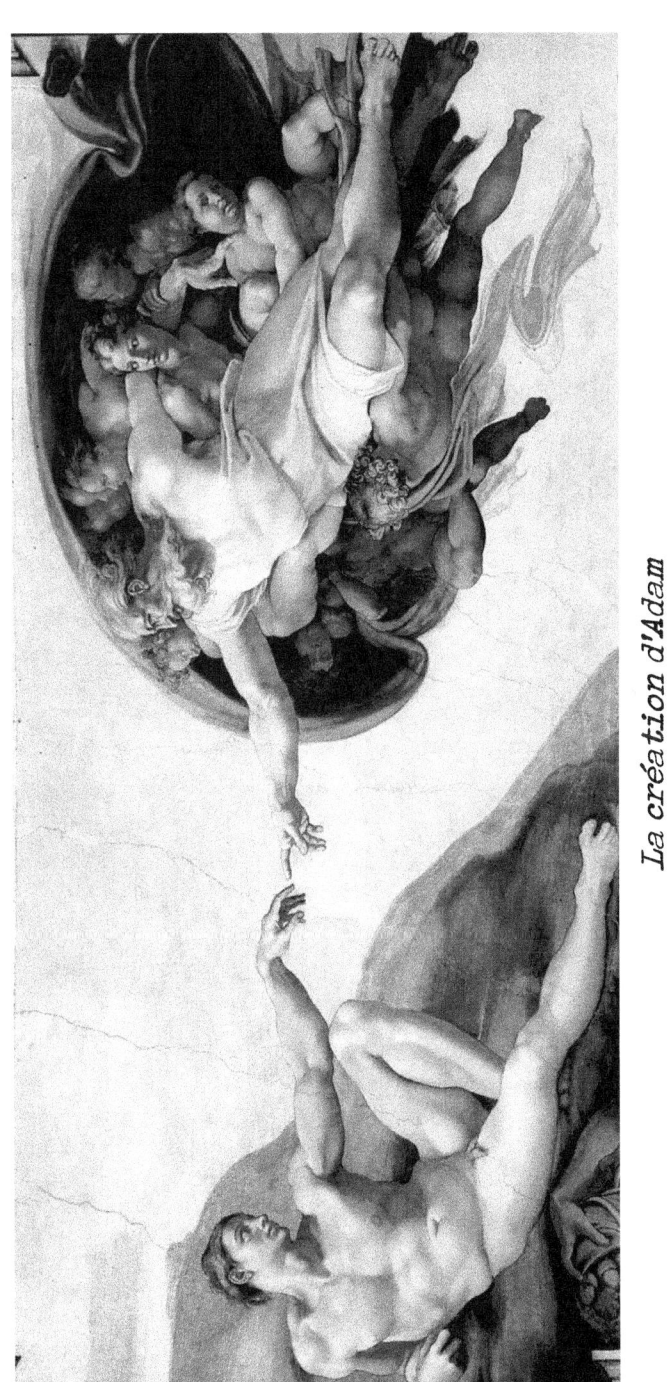

La création d'Adam

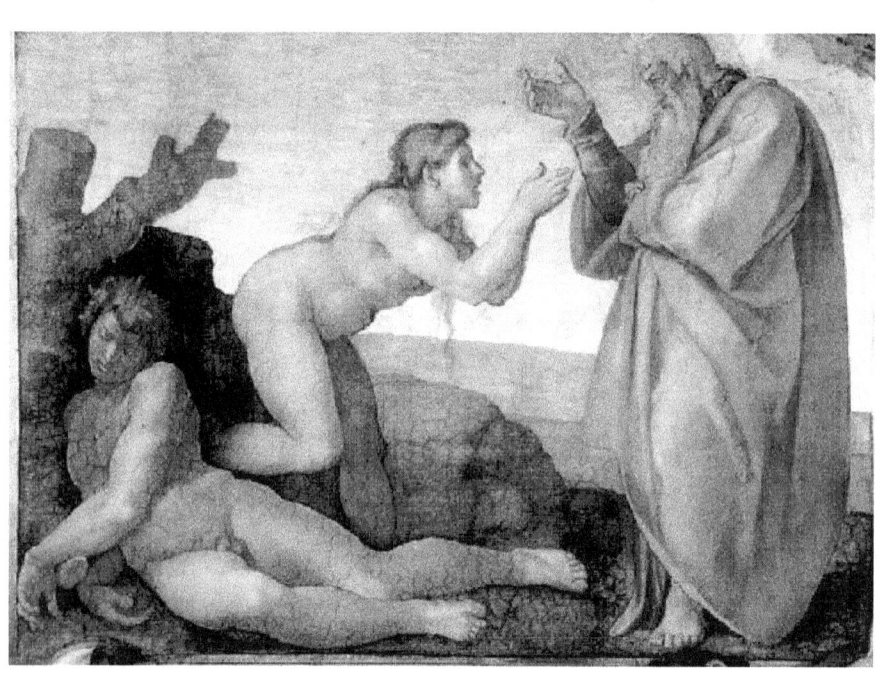

La création d'Ève

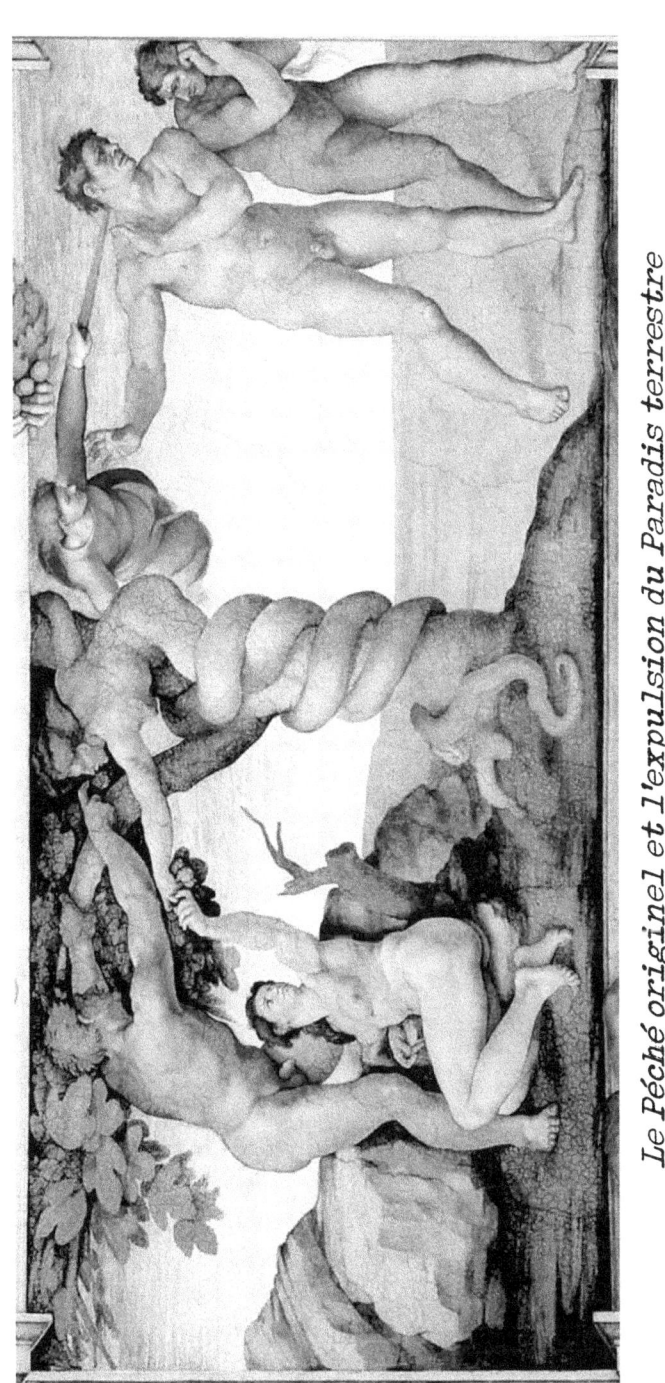

Le Péché originel et l'expulsion du Paradis terrestre

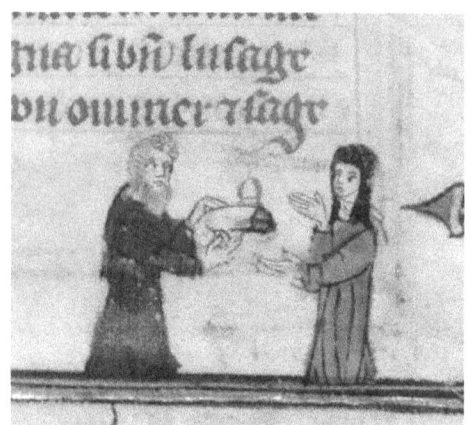

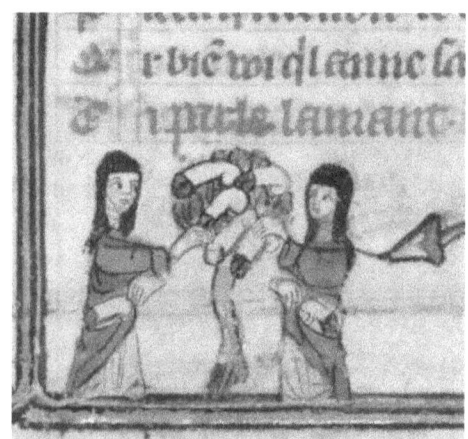

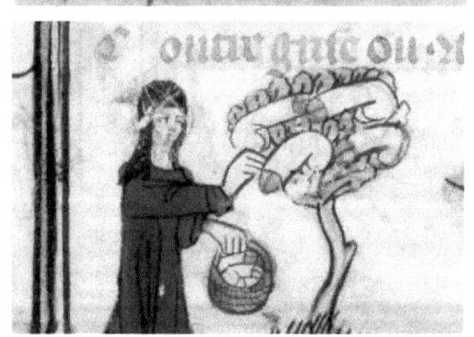
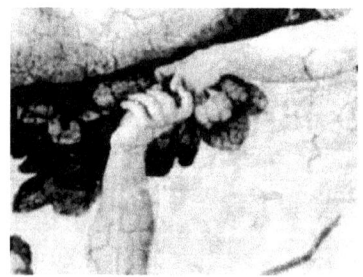

Roman de la Rose, Bibliothèque nationale de France, Fran ais 25526, XIVème siècle, fol. 160r.

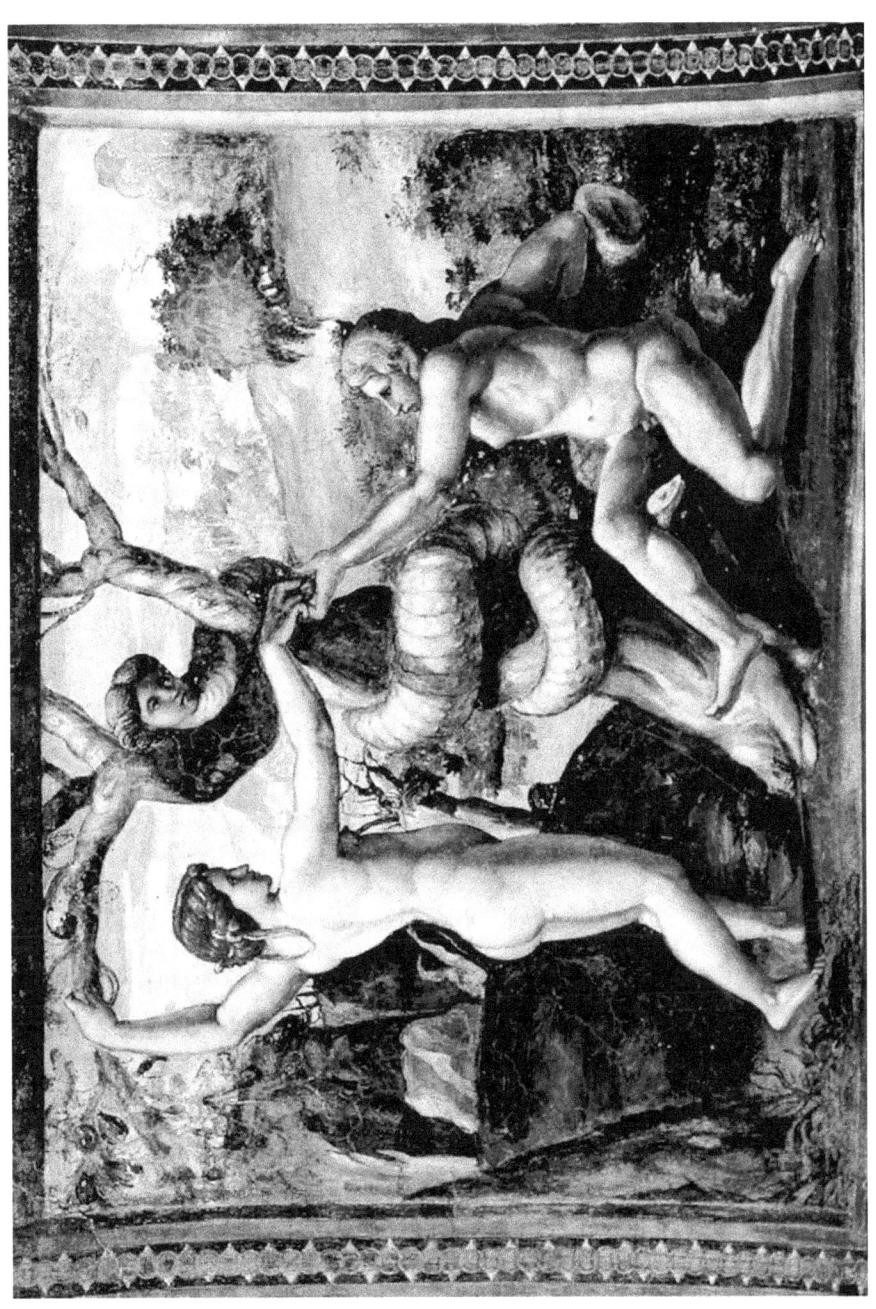

Raphaël, *Le Péché Originel*, Loggis, Vatican

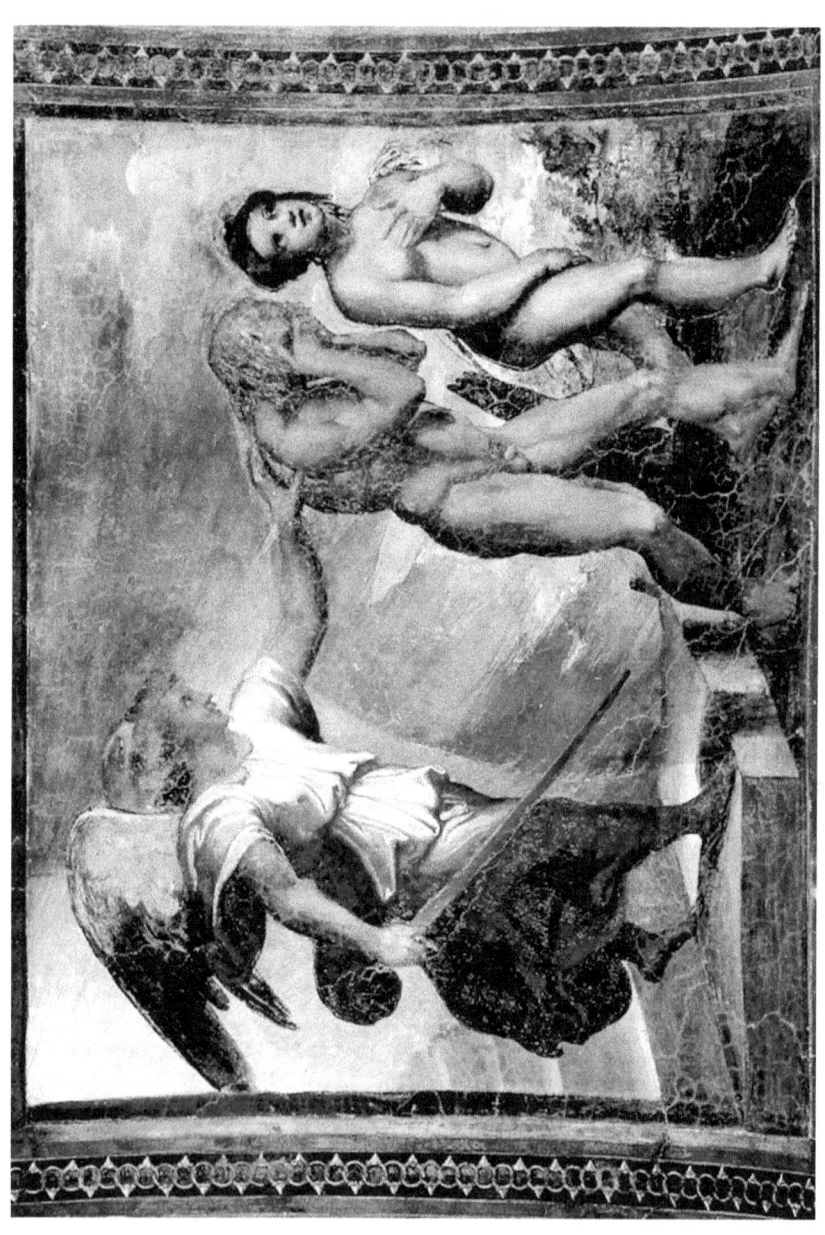

Raphaël, *Adam et Ève Chassés du Paradis*, Loggis, Vatican

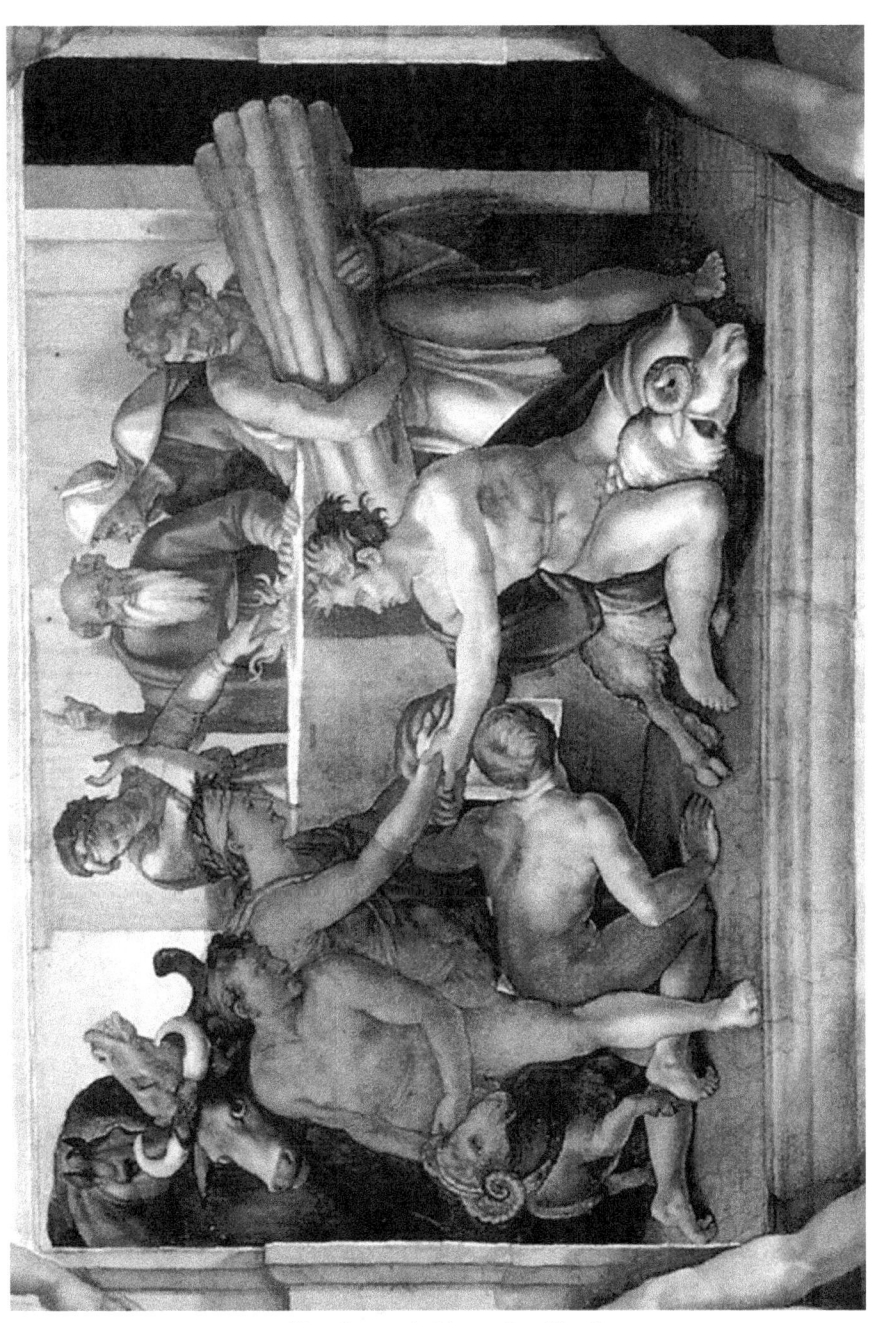

Le Sacrifice de Noé

Le Déluge

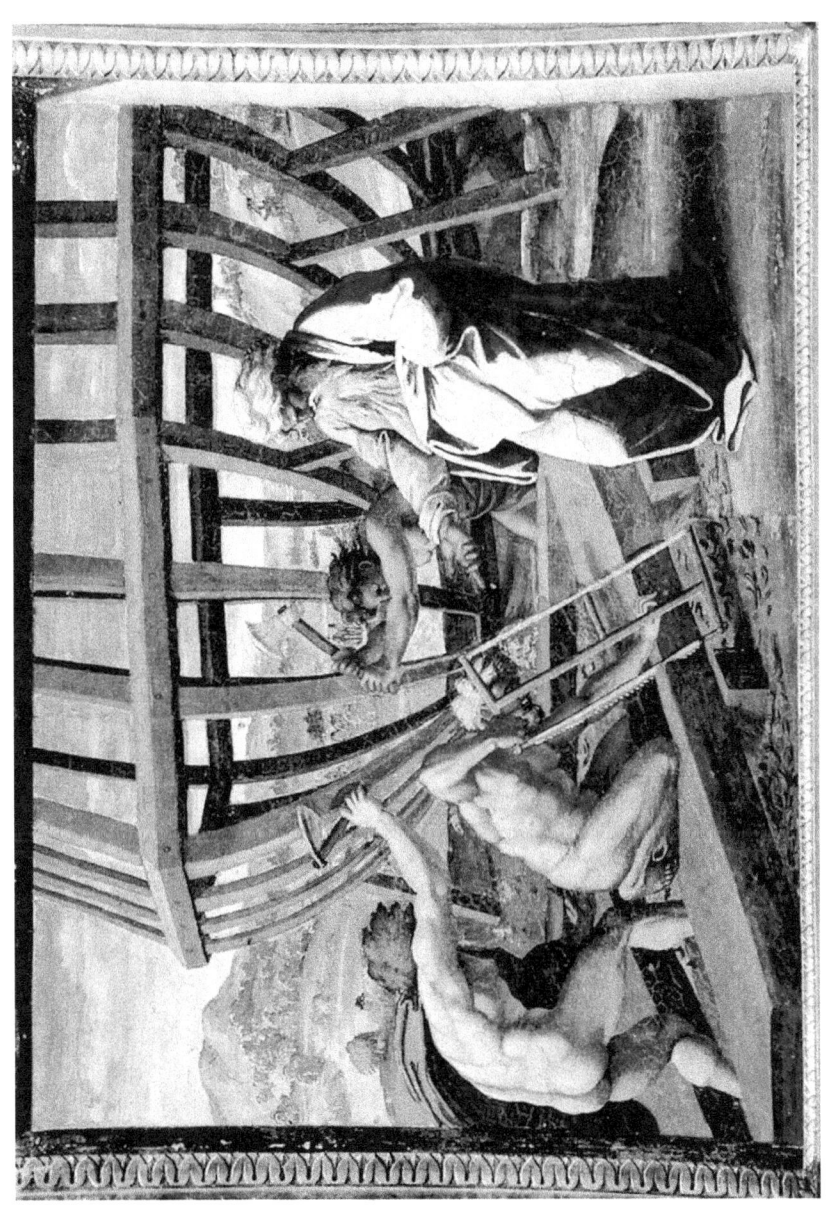

Raphaël, *Construction de l'Arche*, Loggis, Vatican

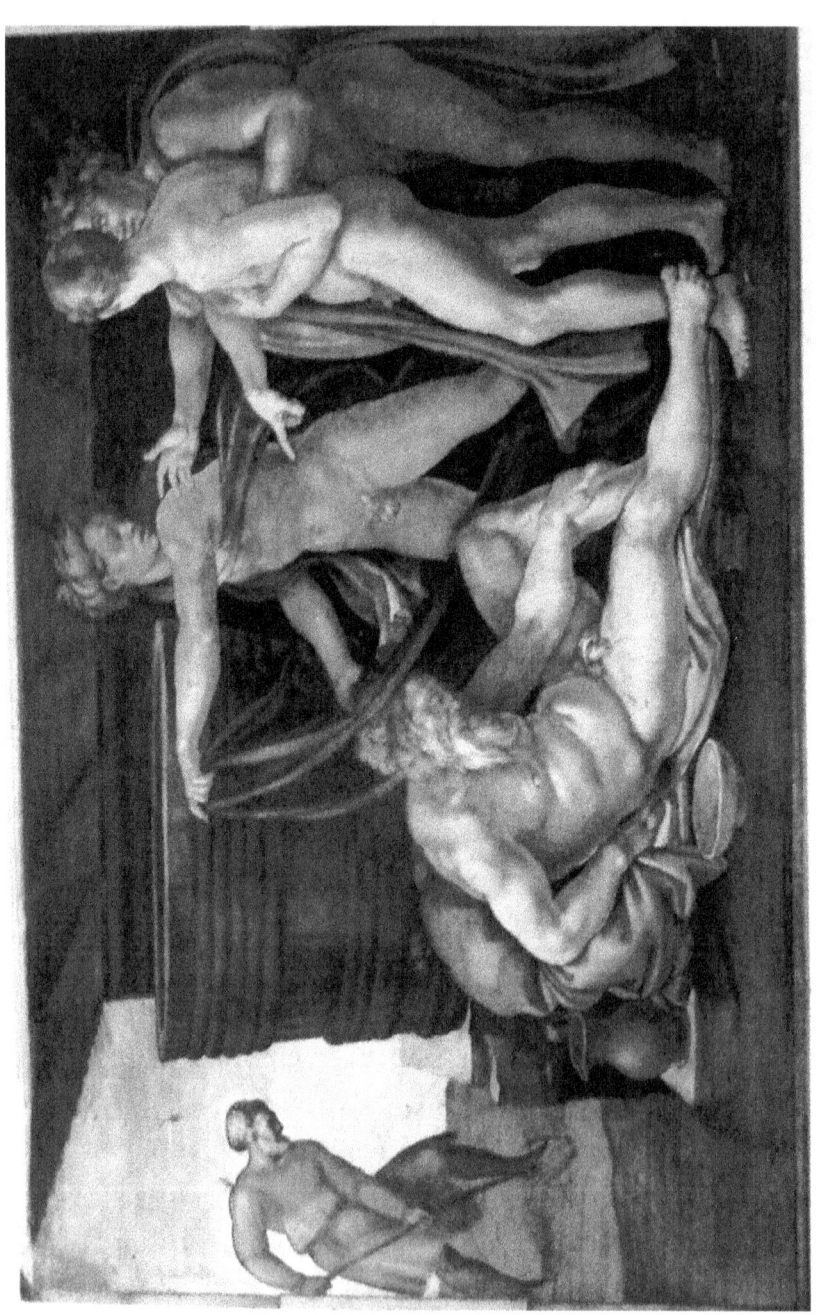

L'Ivresse de Noé

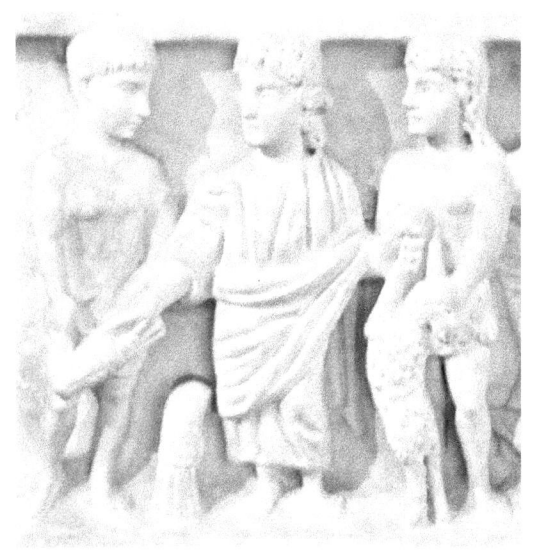

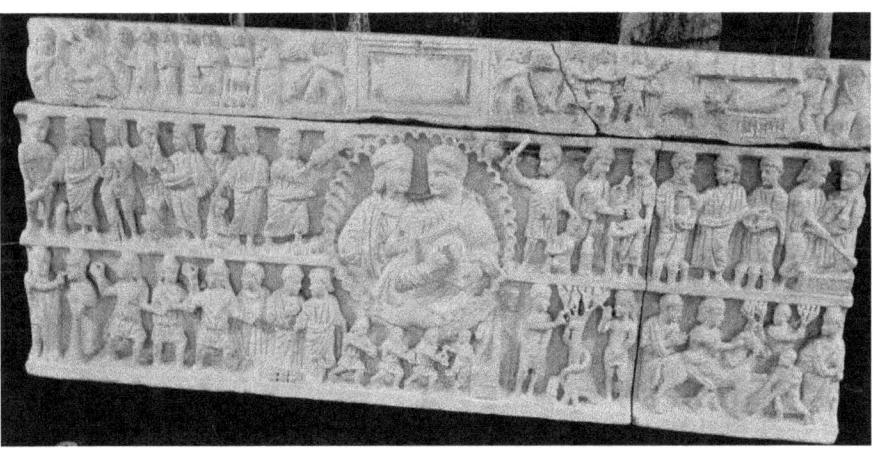

Sarcophage d'Adelphia

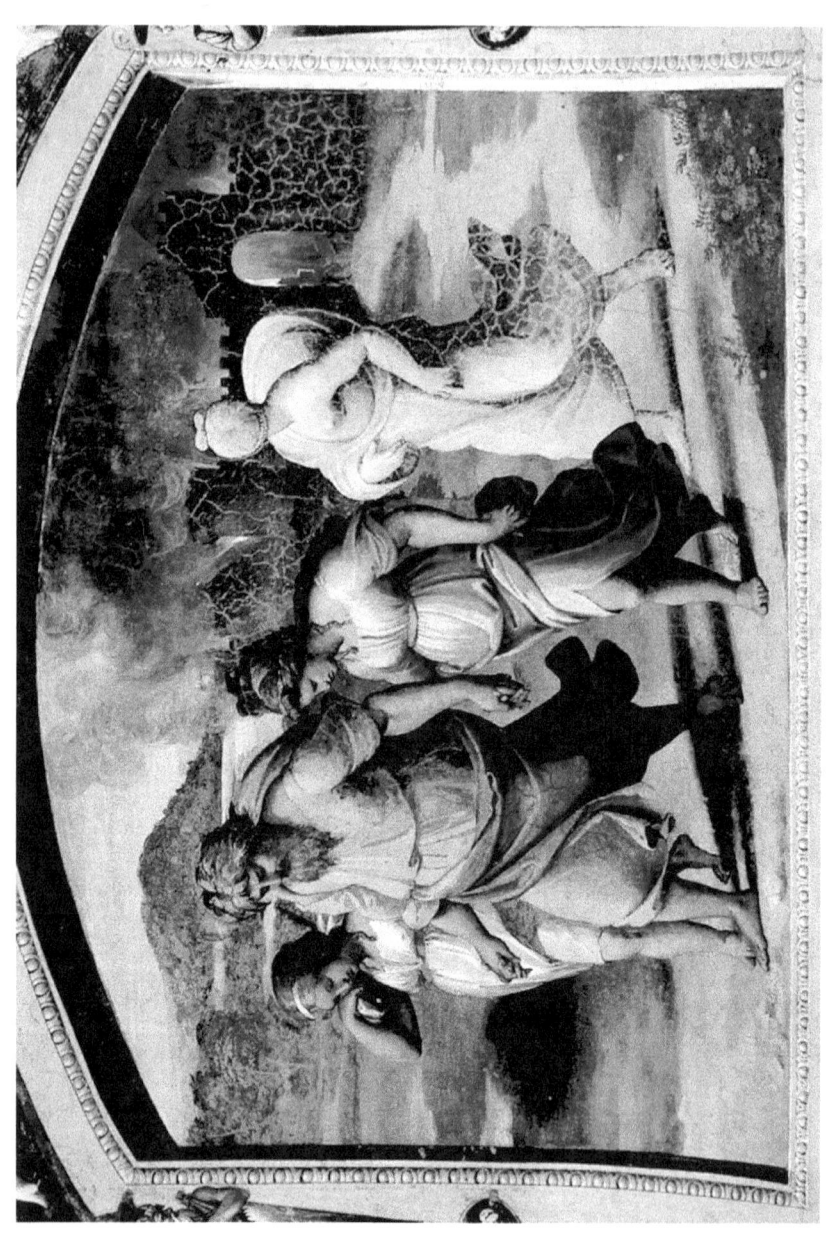

Raphaël, *Fuite de Loth de Sodome*, Loggis, Vatican

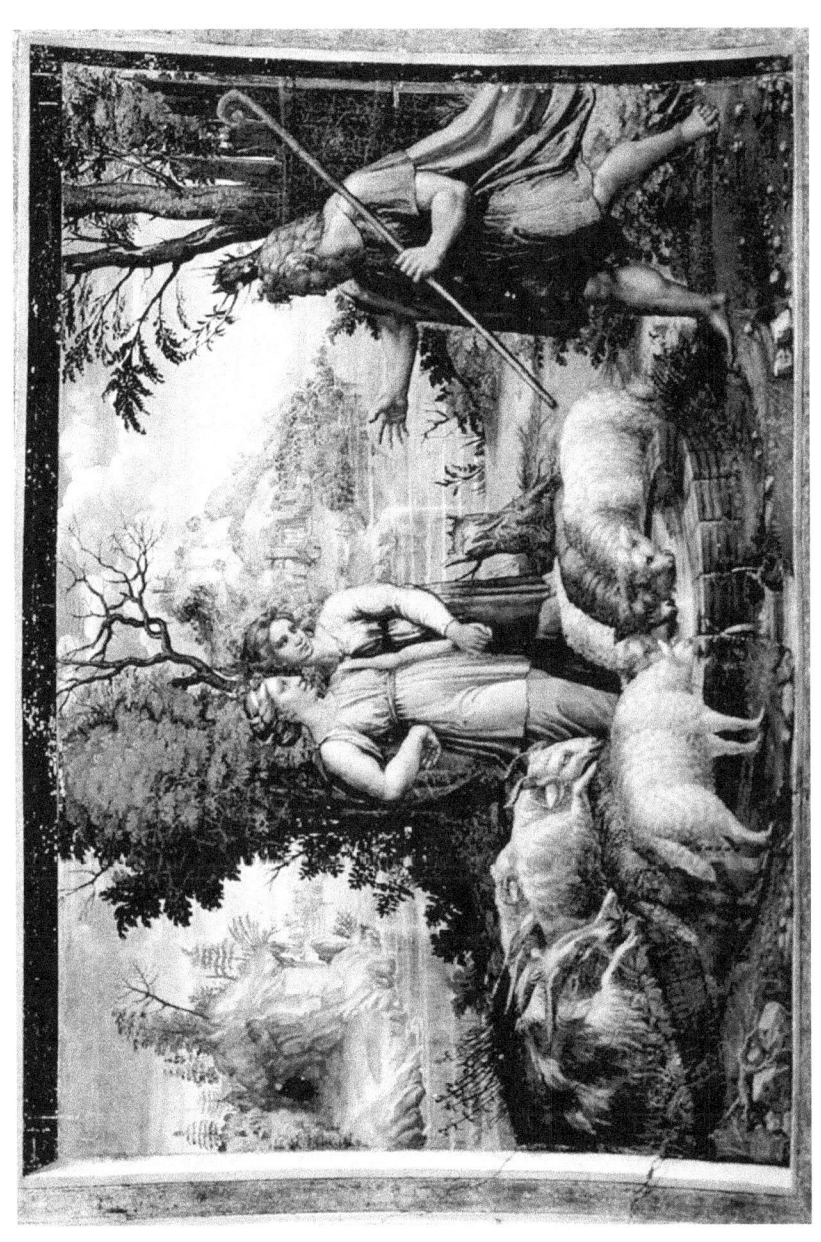

Raphaël, *Jacob rencontre Rachel, Loggis, Vatican*

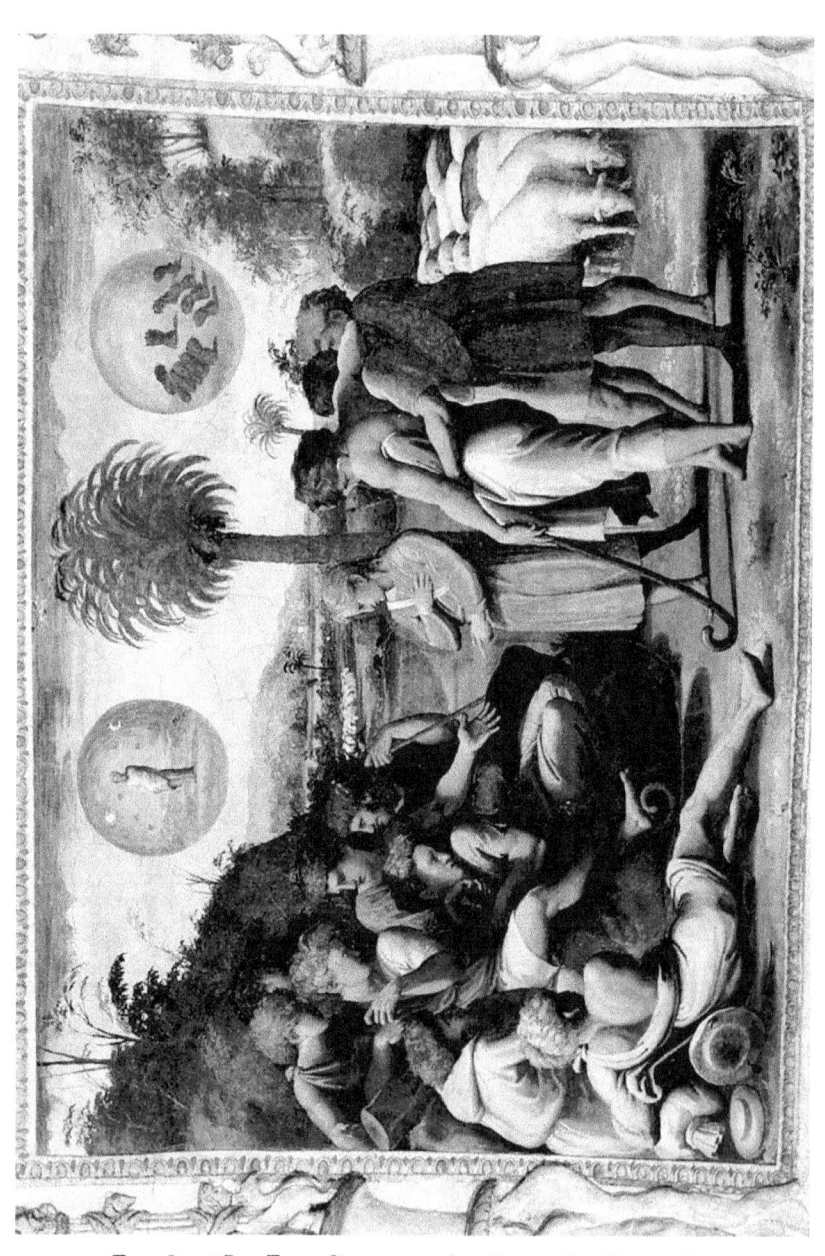

Raphaël, *Les Songes de Joseph*, Loggis, Vatican

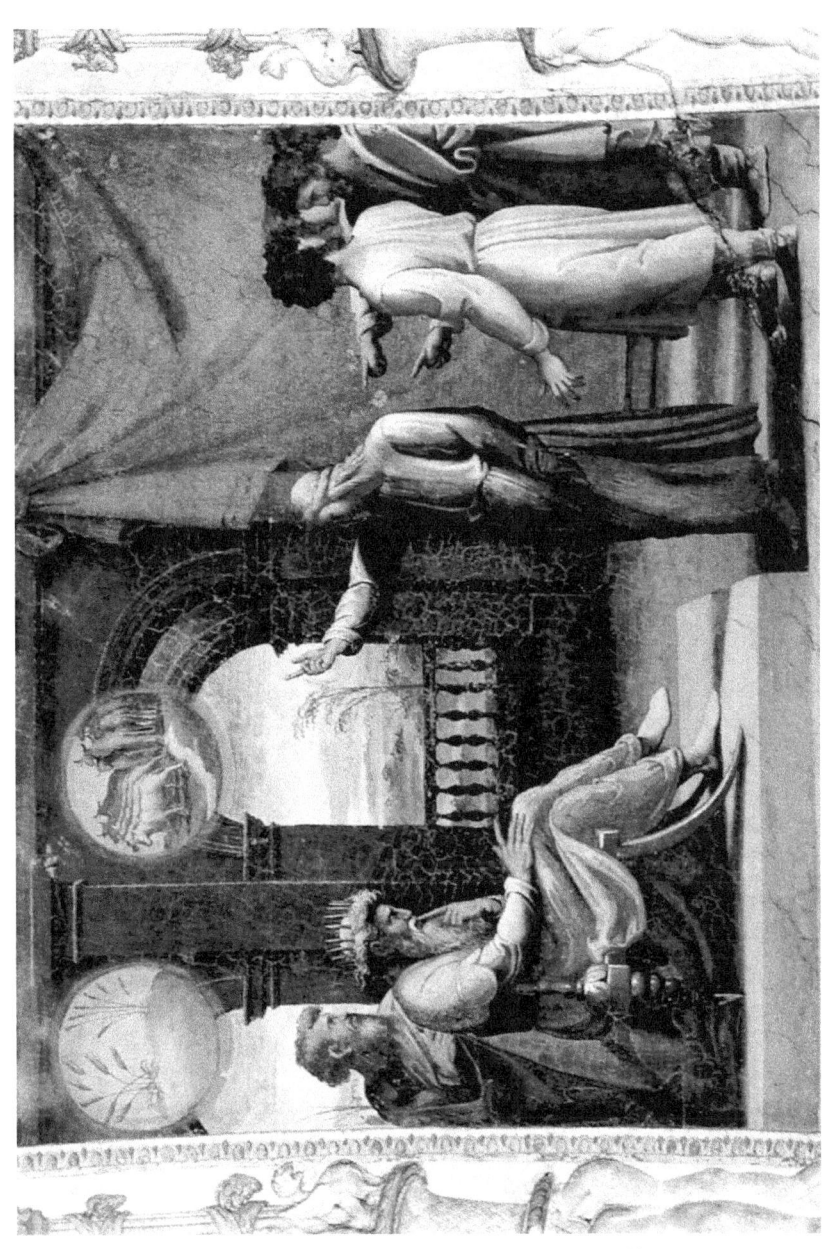

Raphaël, *Les Songes de Pharaon*, Loggis, Vatican

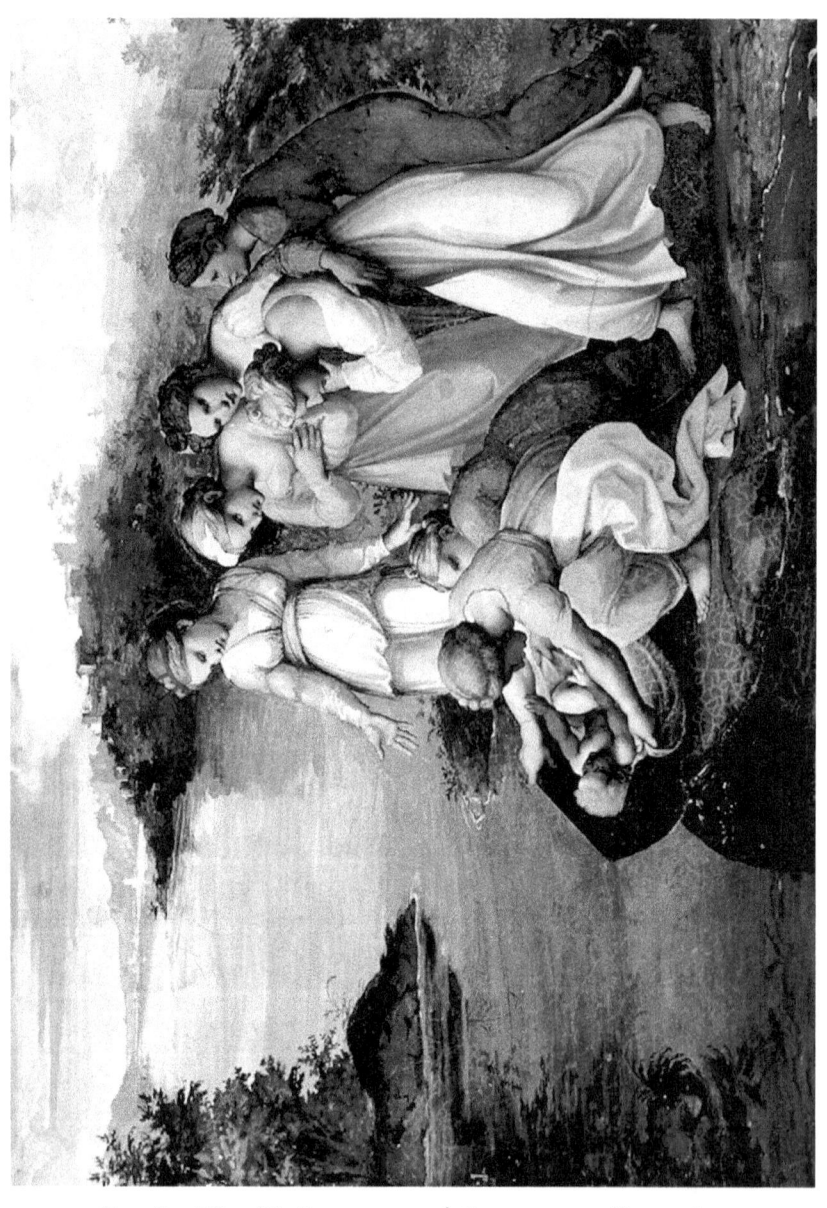

Raphaël, *Moïse sauvé des eaux*, Loggis, Vatican

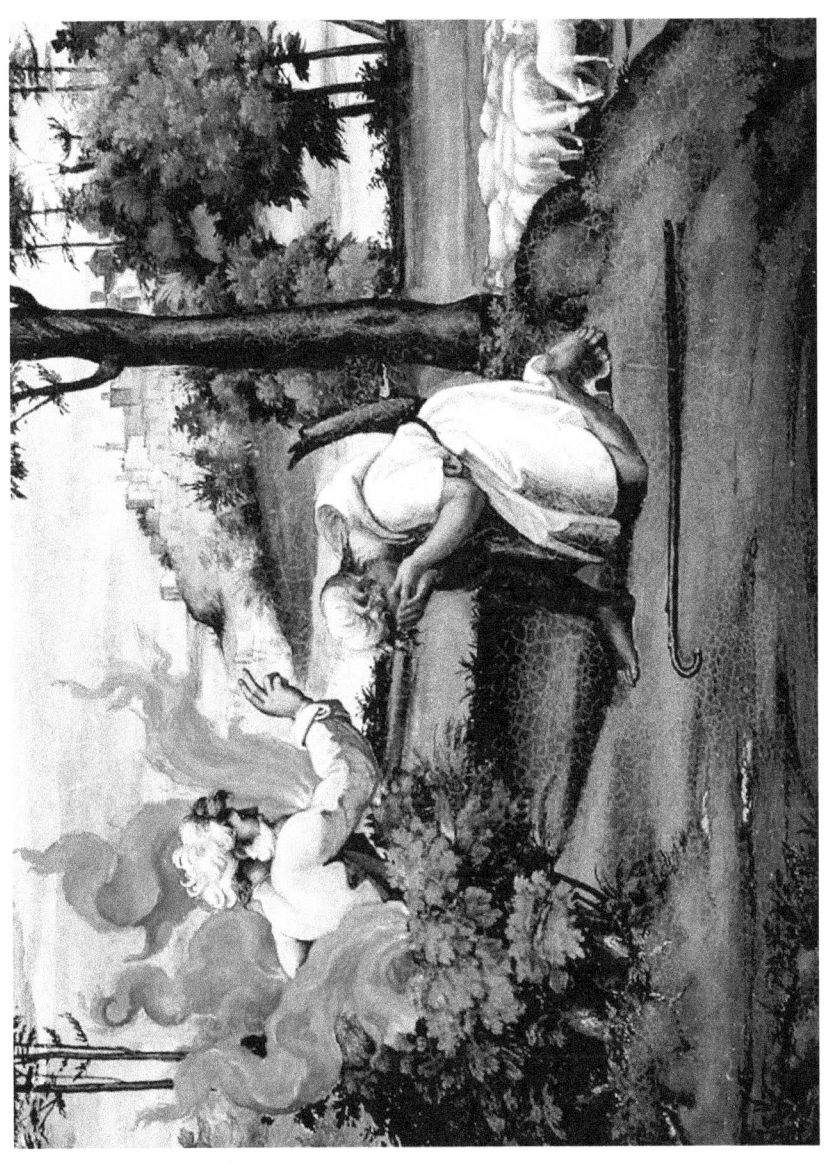

Raphaël, *Le Buisson ardent*, Loggis, Vatican

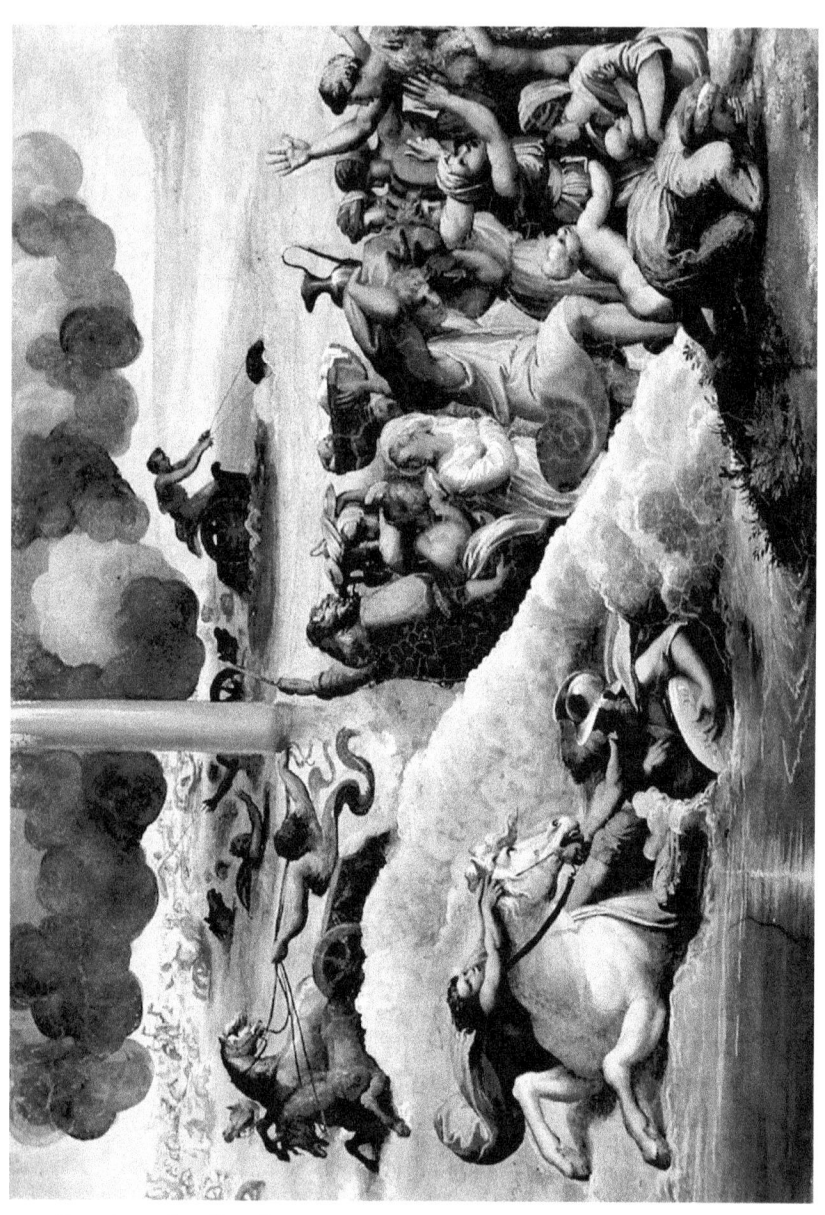

Raphaël, *Le Passage de la Mer Rouge*, Loggis, Vatican

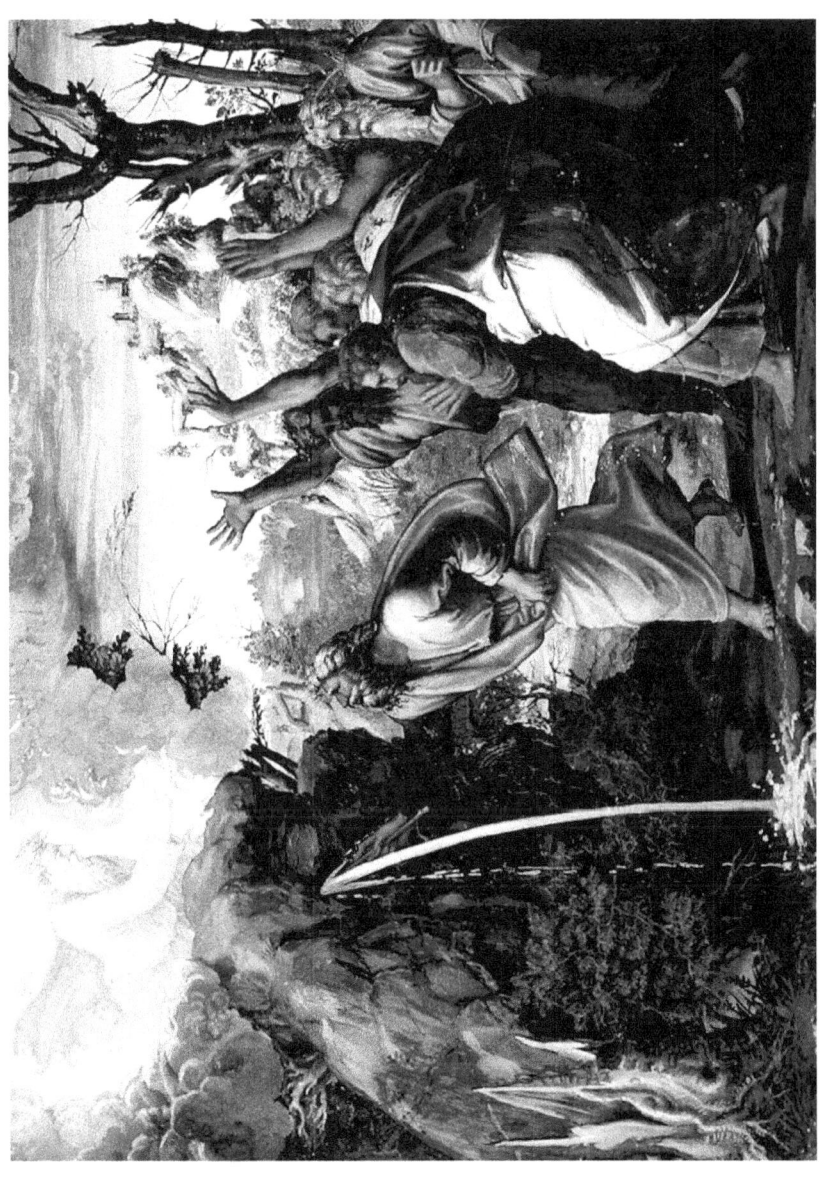

Raphaël, *Moïse faisant surgir l'eau du désert*, Loggis, Vatican

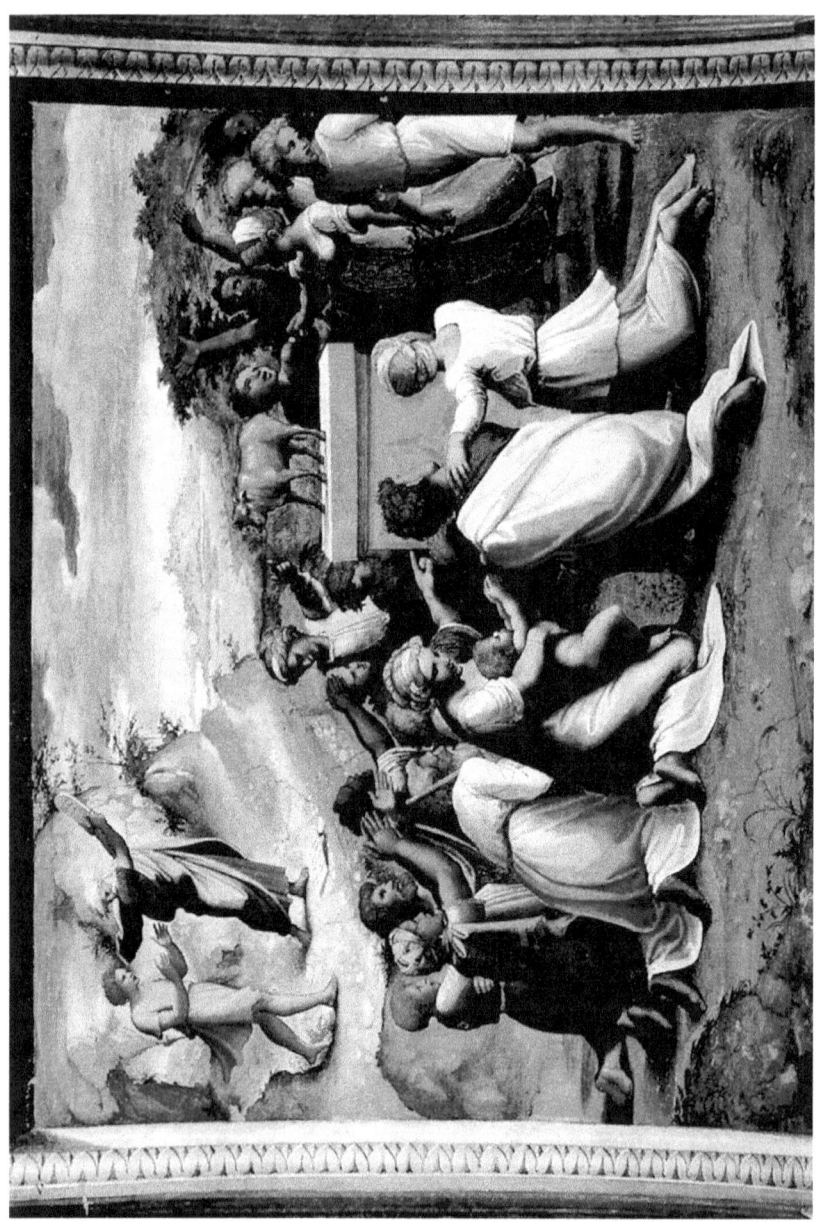

Raphaël, *L'Adoration du Veau d'or*, Loggis, Vatican

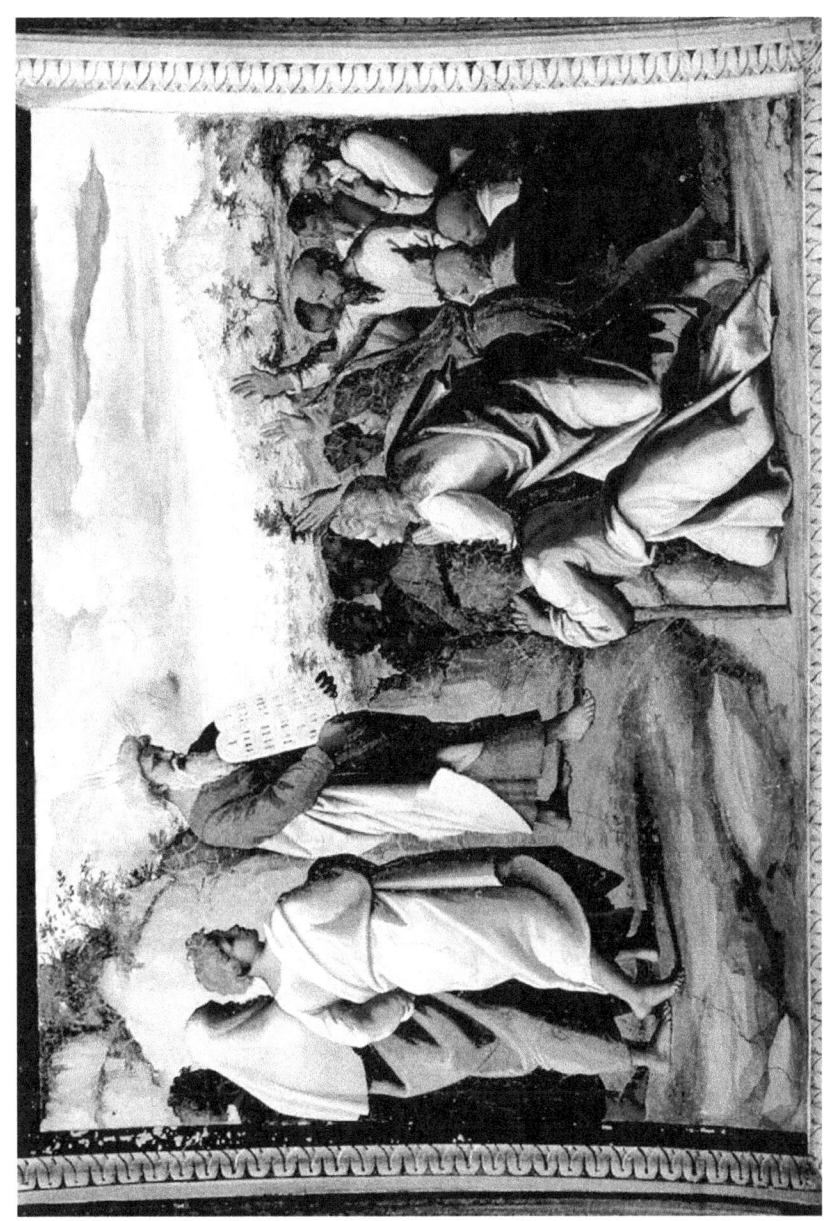

Raphaël, *Présentation des Tables de la Loi*, Loggis, Vatican

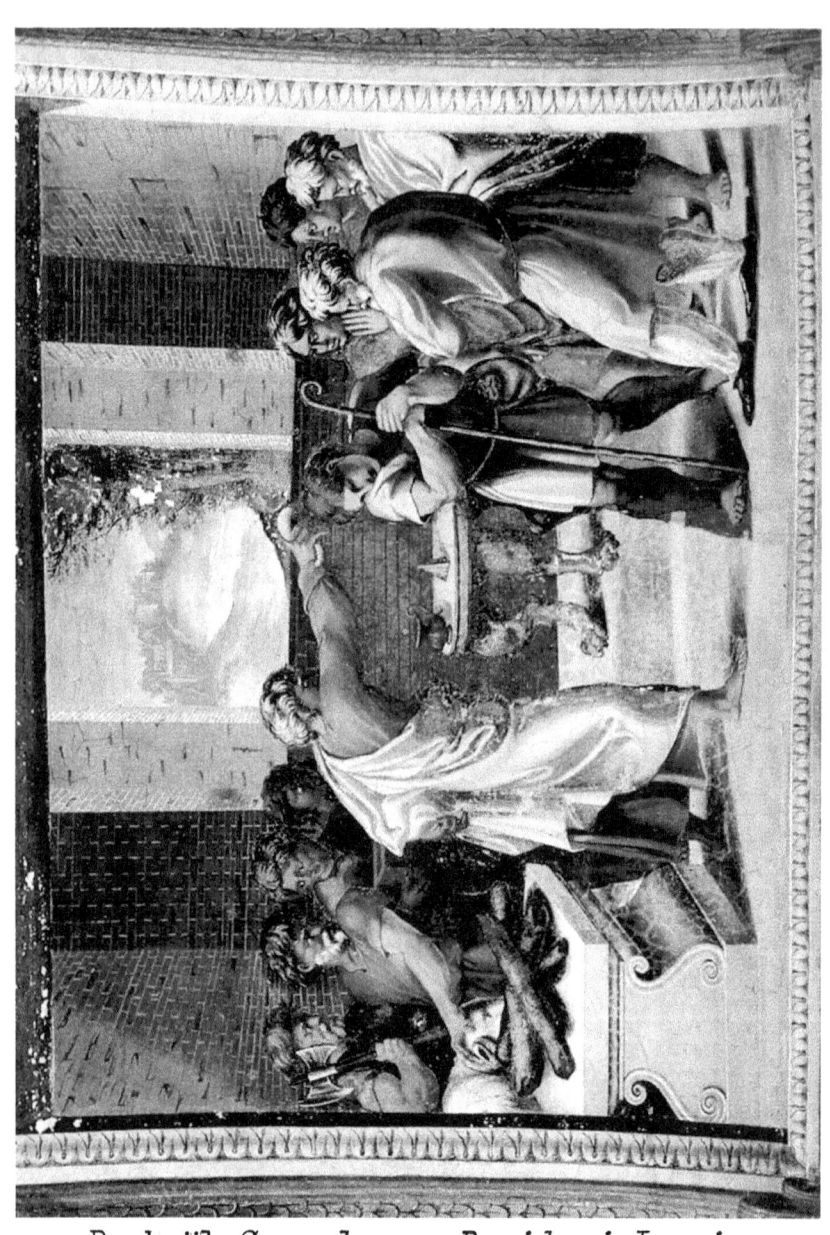

Raphaël, *Samuel sacre David roi*, Loggis, Vatican

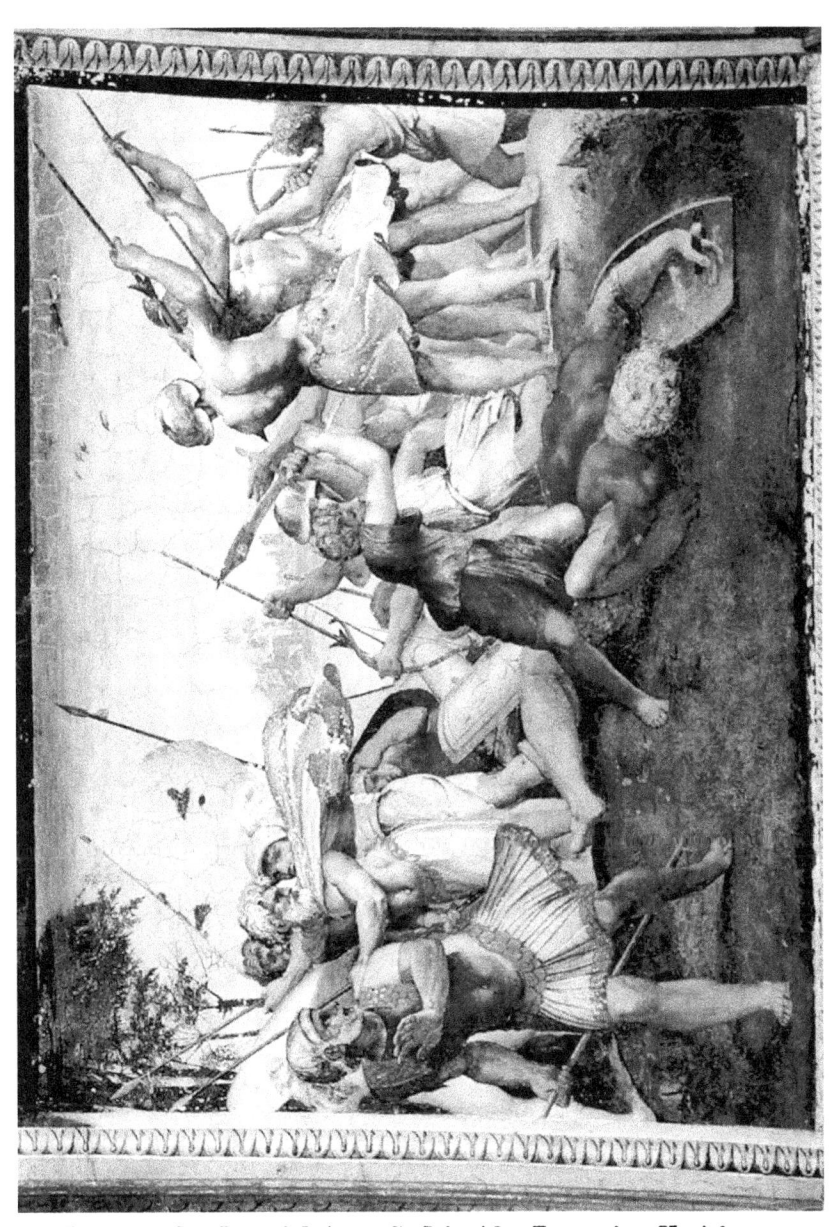

Raphaël, *David tue Goliath*, Loggis, Vatican

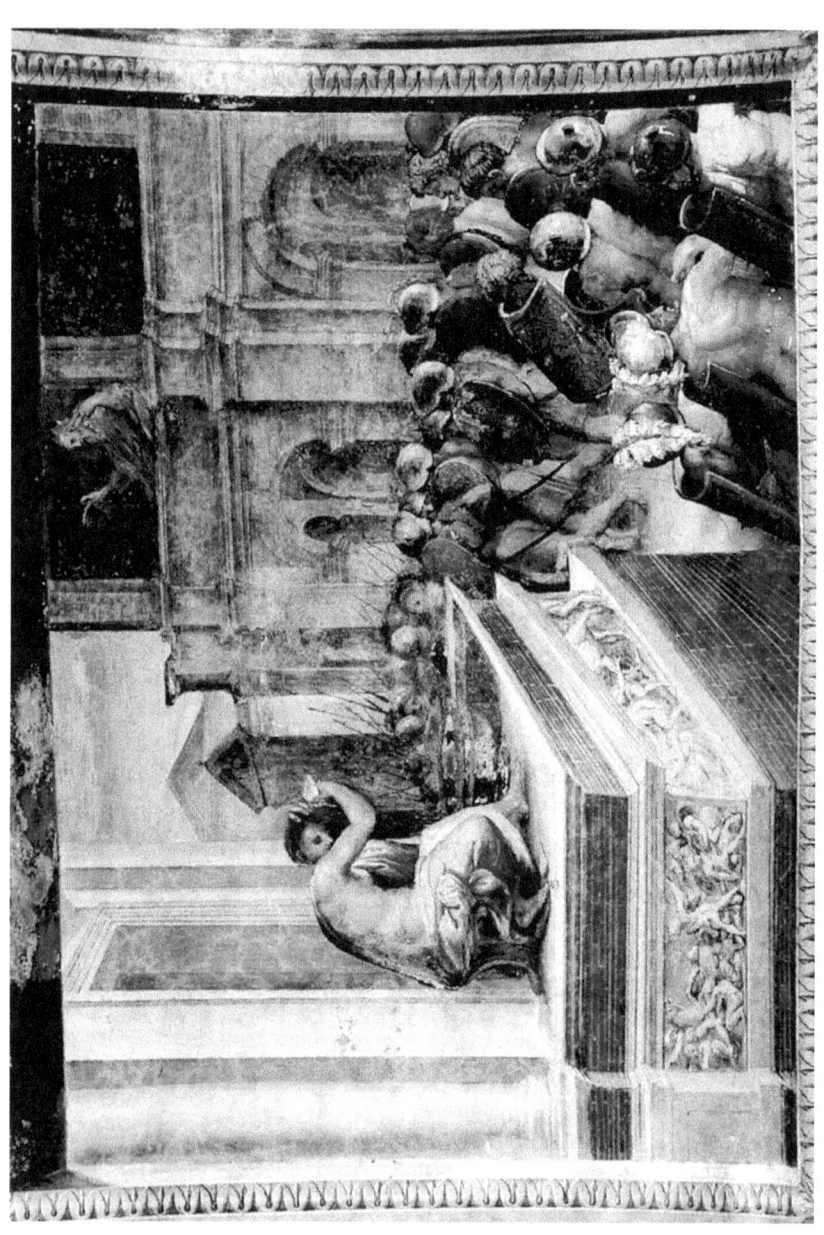

Raphaël, *David et Behtsabée*, *Loggis*, Vatican

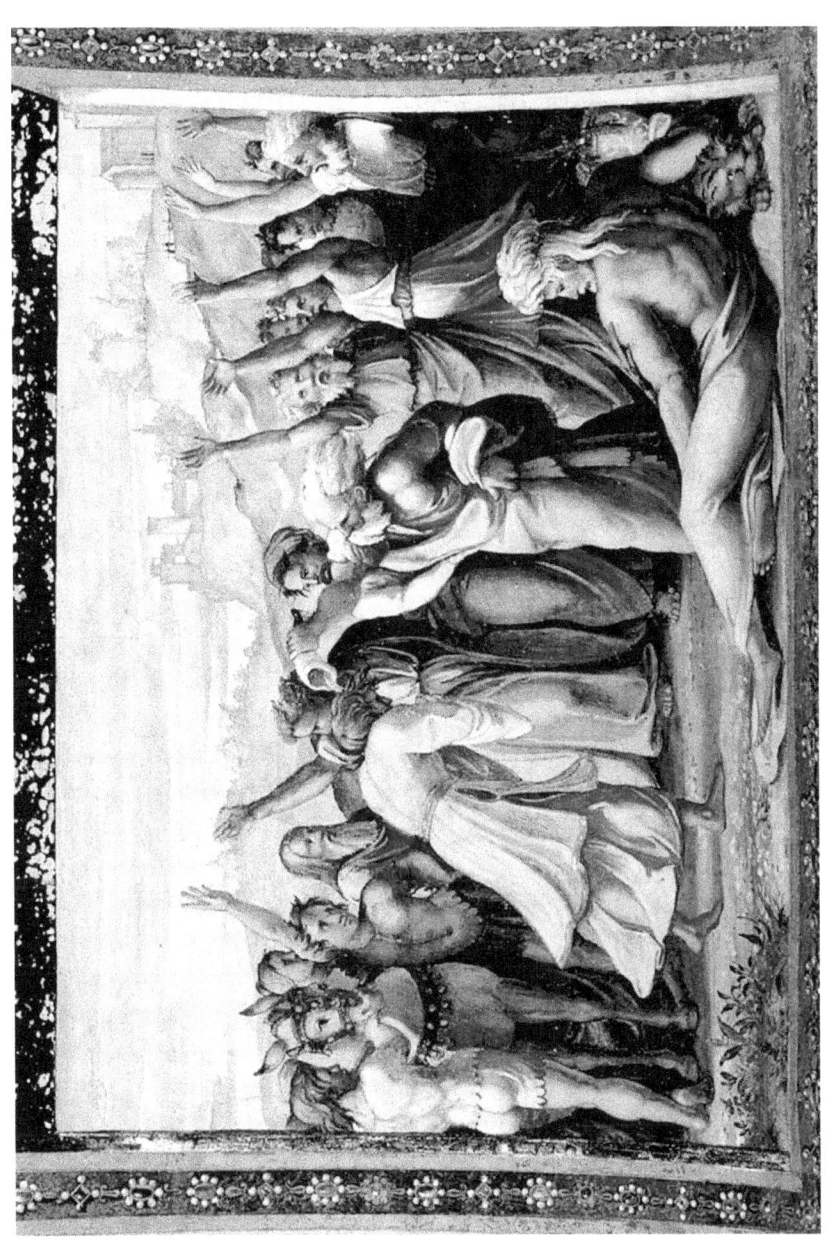

Raphaël, *Salomon sacré roi*, Loggis, Vatican

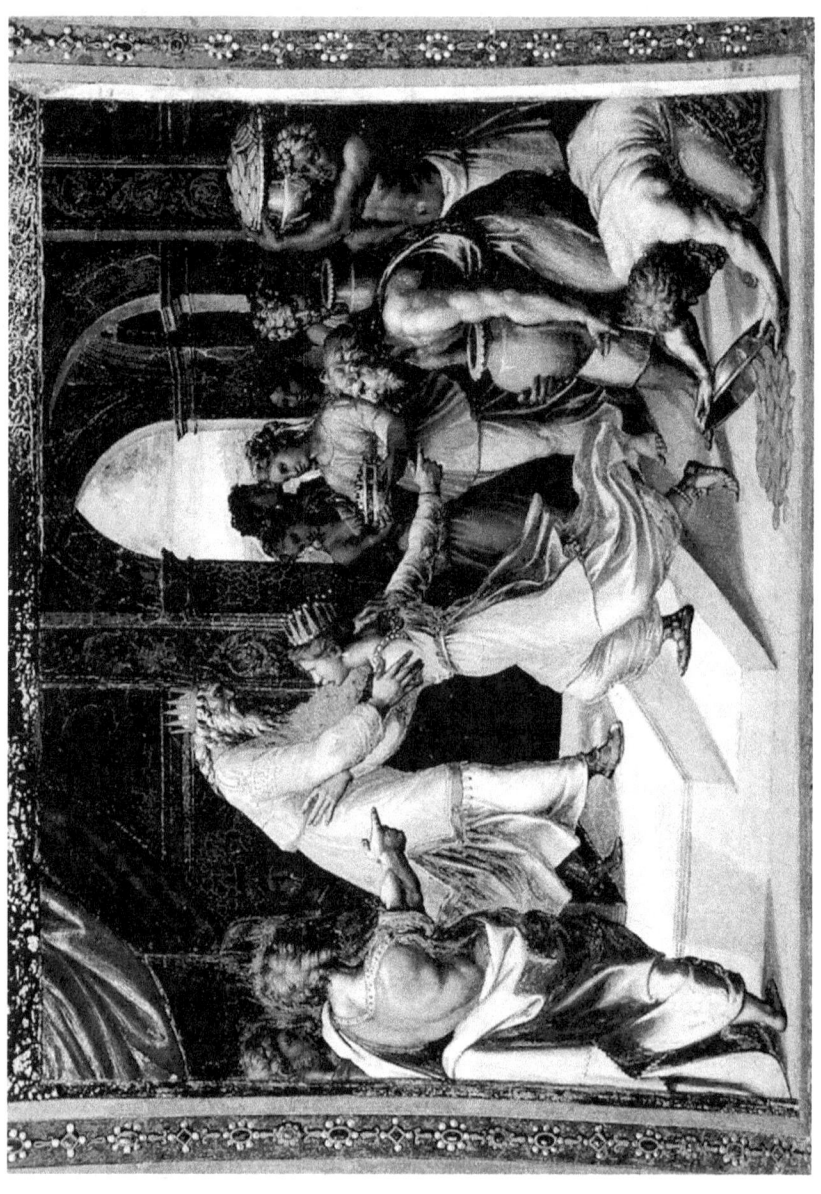

Raphaël, *La Reine de Saba, Loggis, Vatican*

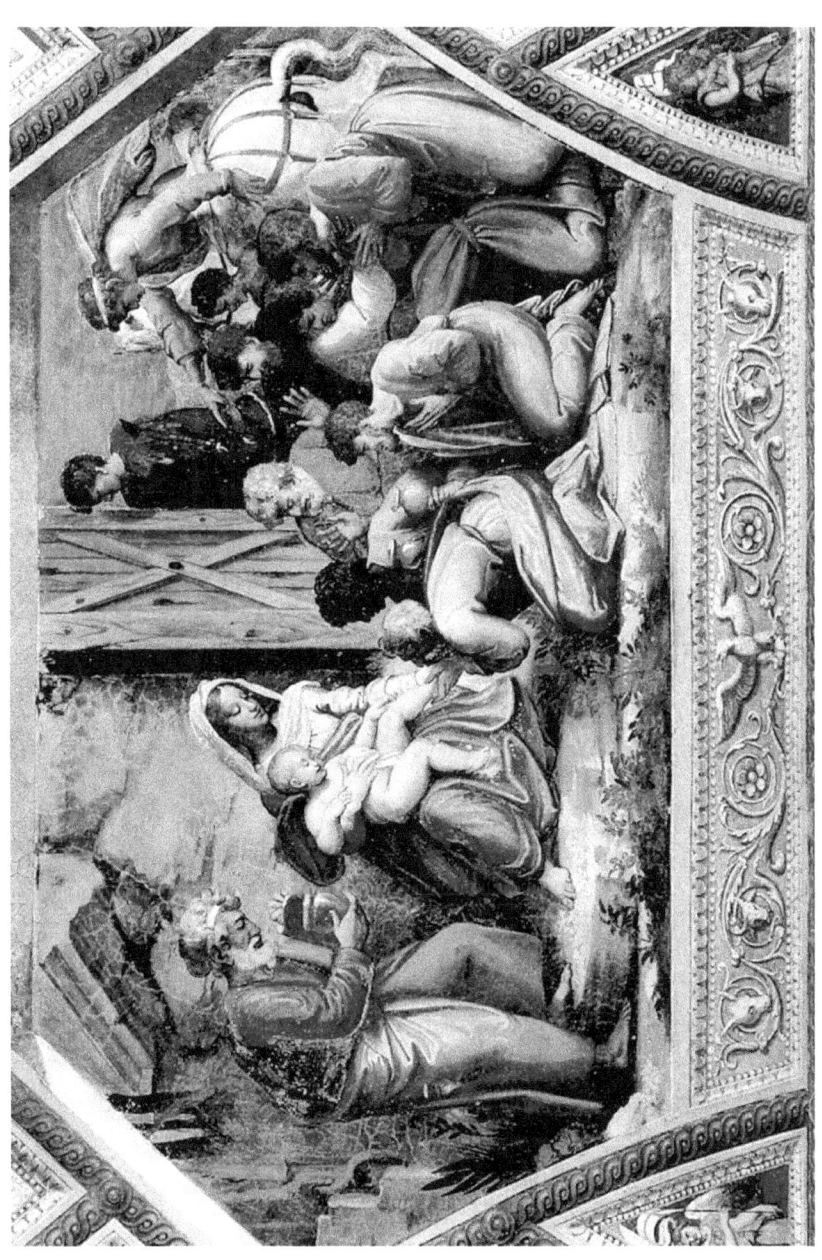

Raphaël, *L'Epiphanie de Jésus-Christ*, Loggis, Vatican

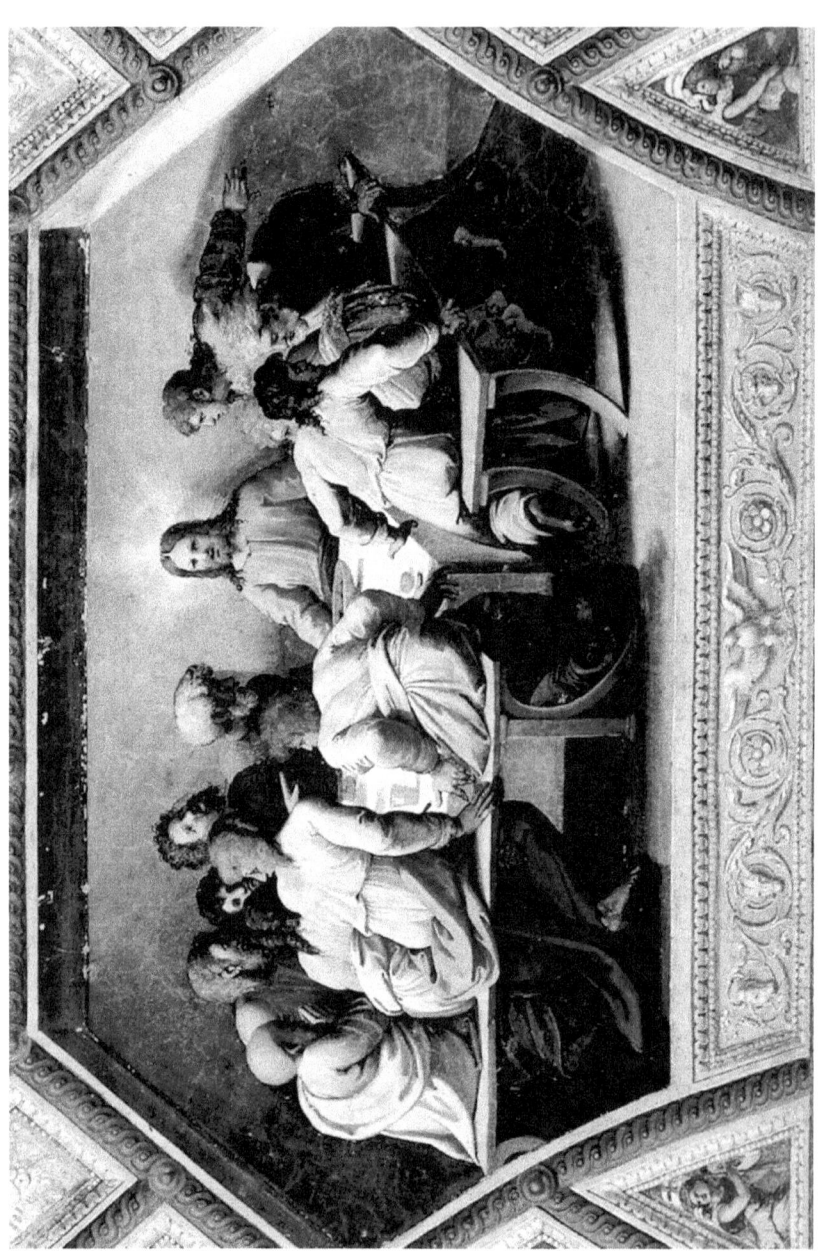

Raphaël, *La Cène*, Loggis, Vatican

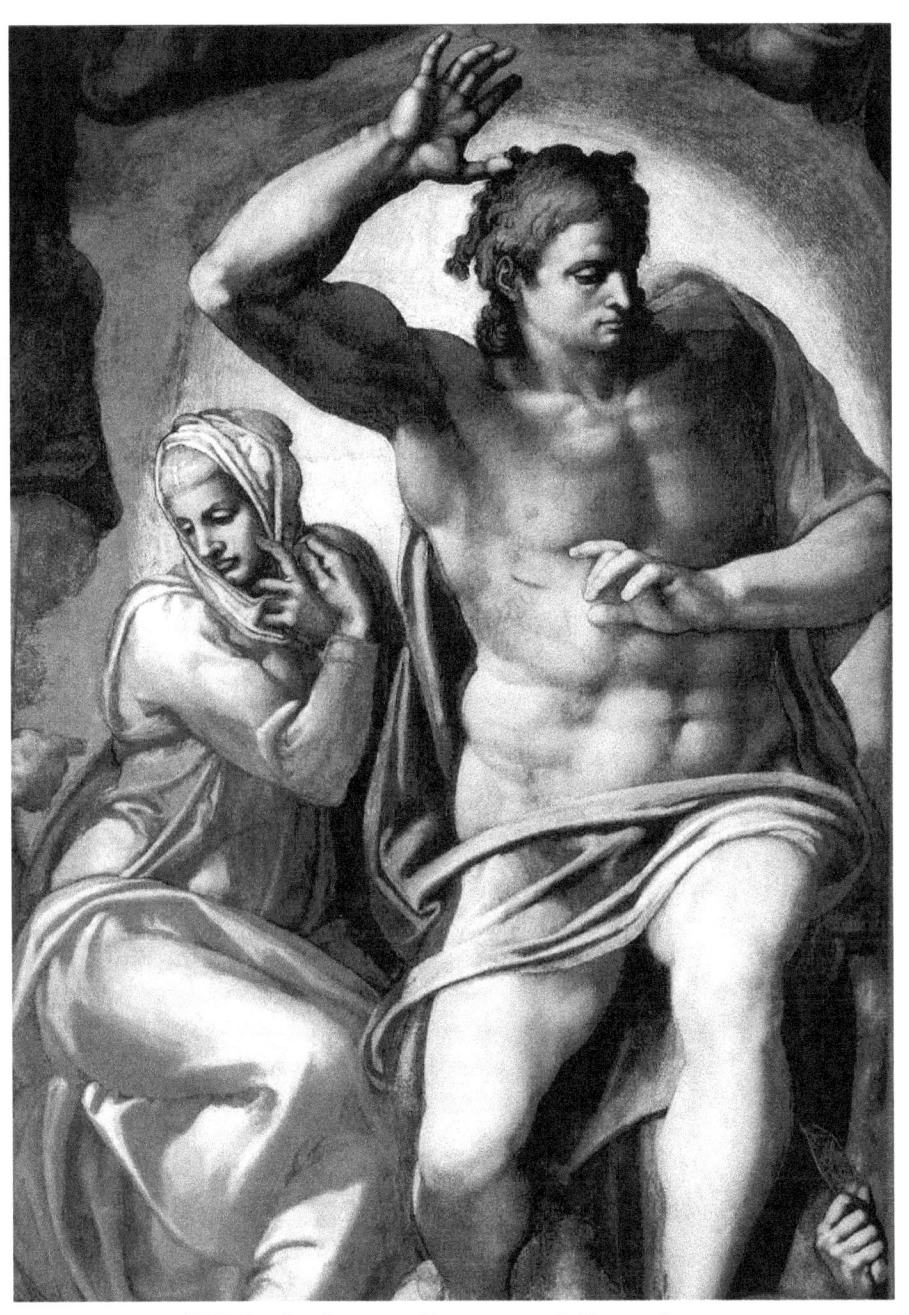

Michel-Ange, *Jugement Dernier*,
Détail: *Le Christ et la Vierge*

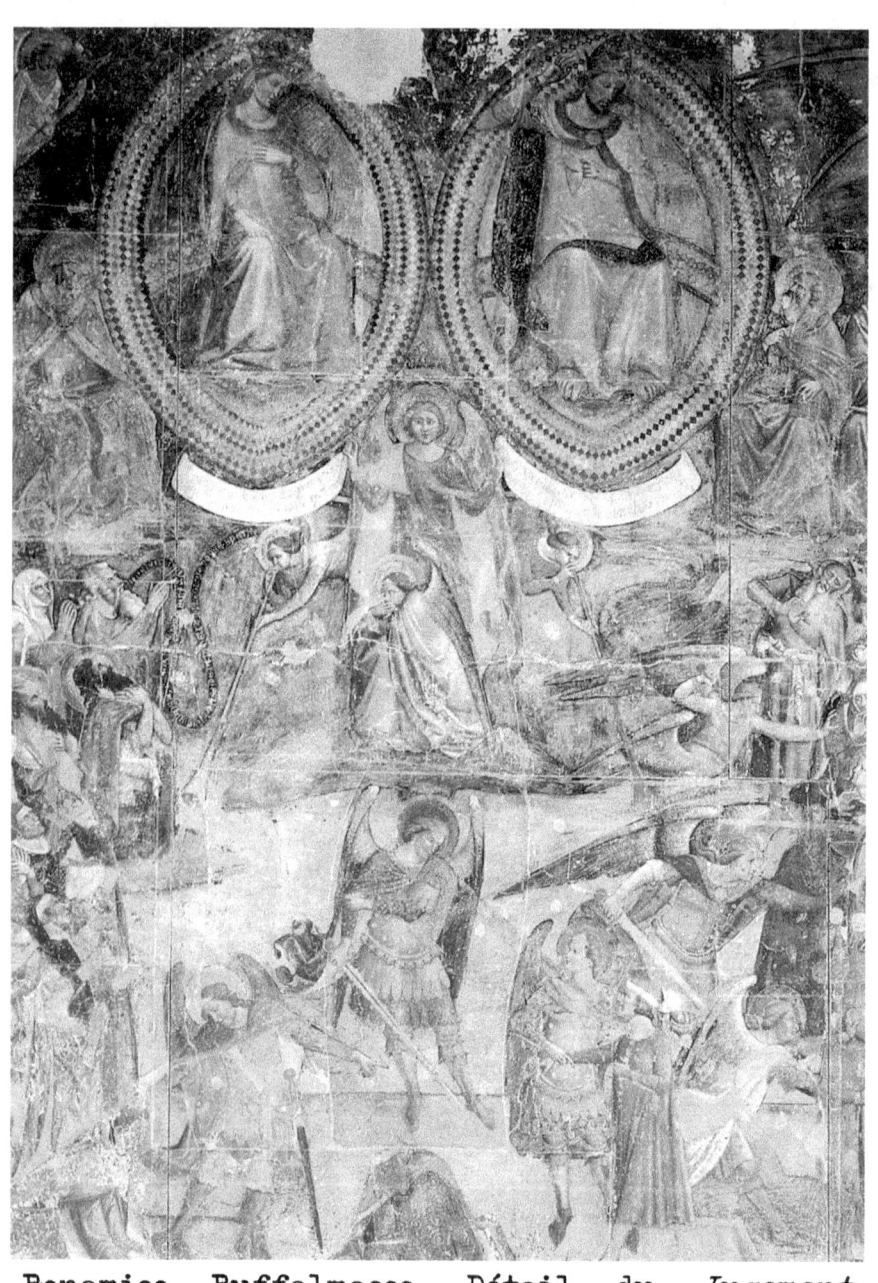

Bonamico Buffalmacco, Détail du *Jugement Dernier*, Camposanto de Pise

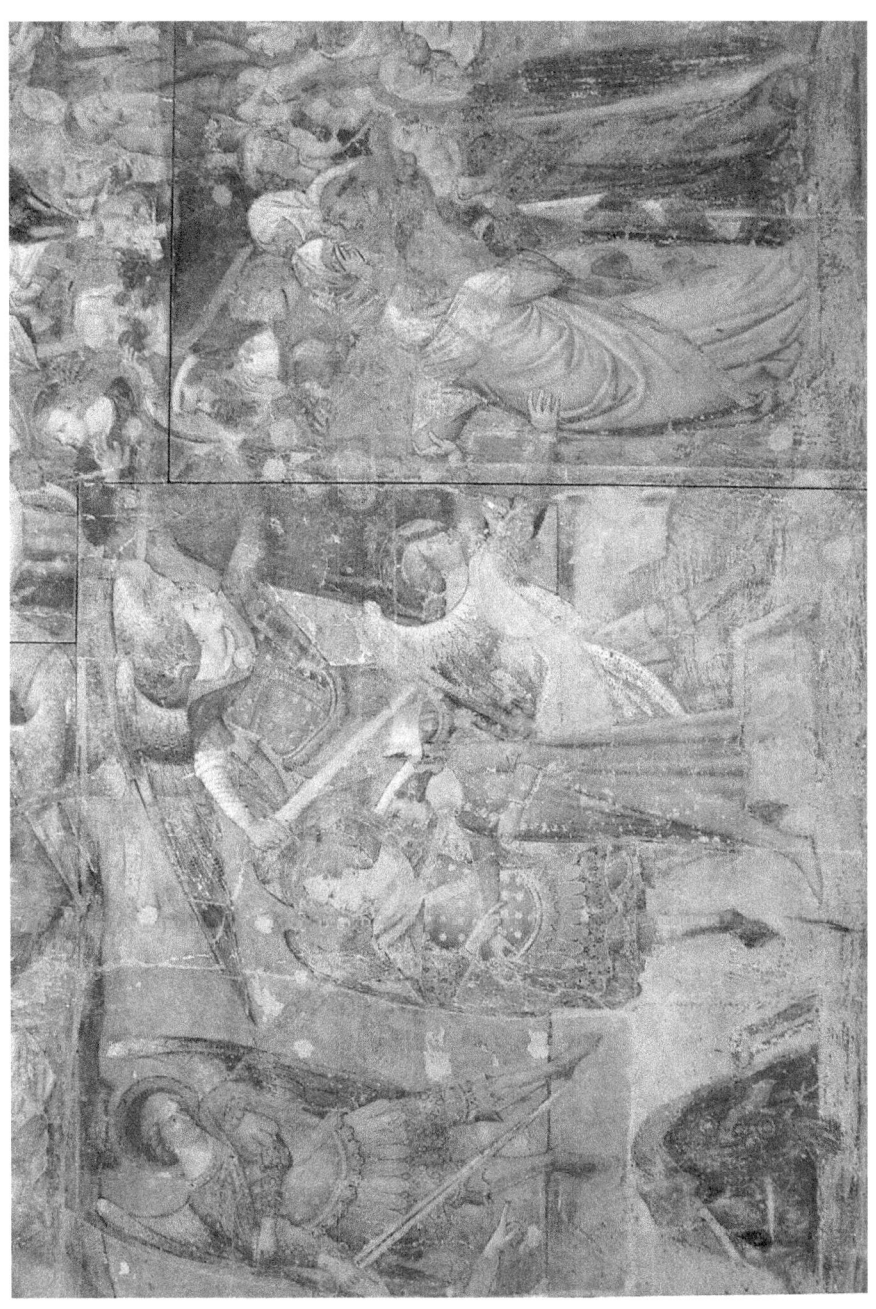

Bonamico Buffalmacco, Détail du *Jugement Dernier*, Camposanto de Pise, *Les élus et les damnés*

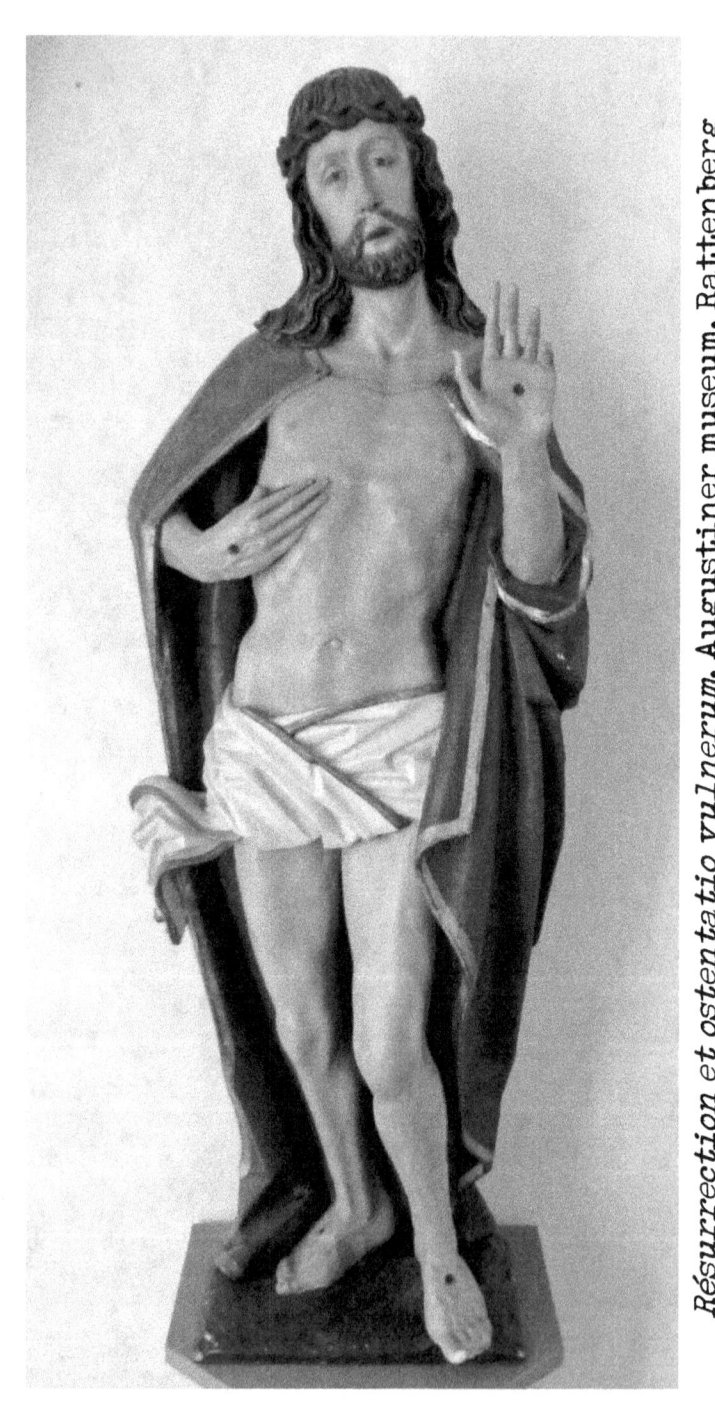

Résurrection et ostentatio vulnerum, Augustiner museum, Rattenberg

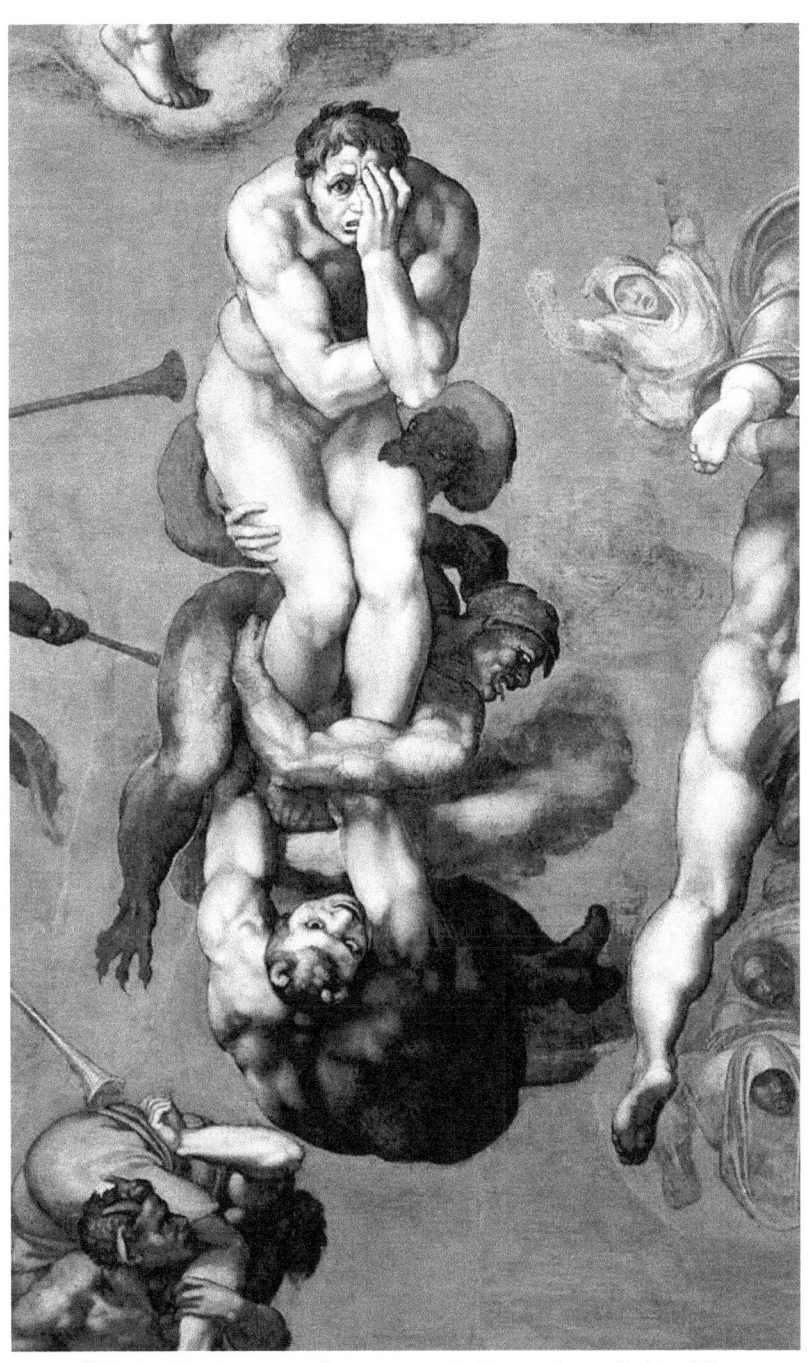

Michel-Ange, *Jugement Dernier*, Détail

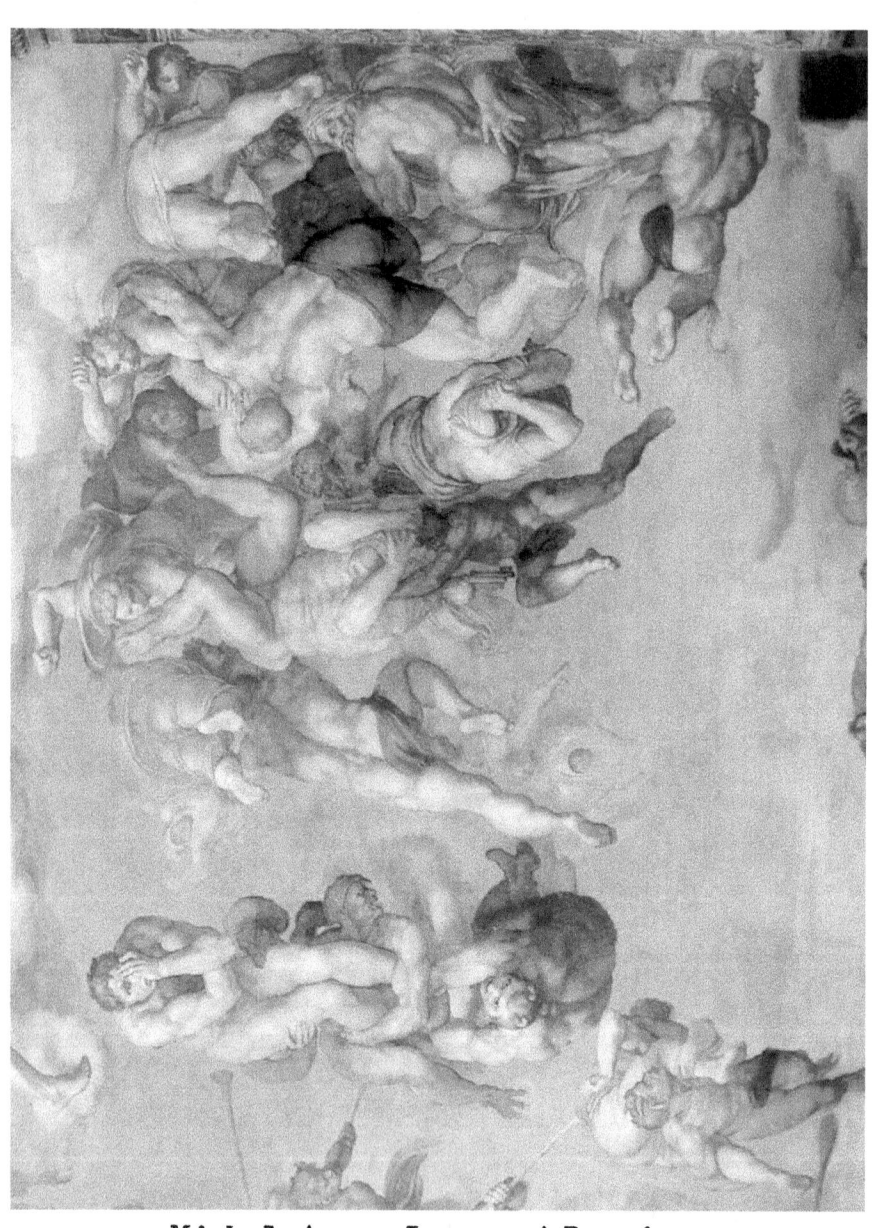

Michel-Ange, *Jugement Dernier*,
Détail: *Descente des damnés*

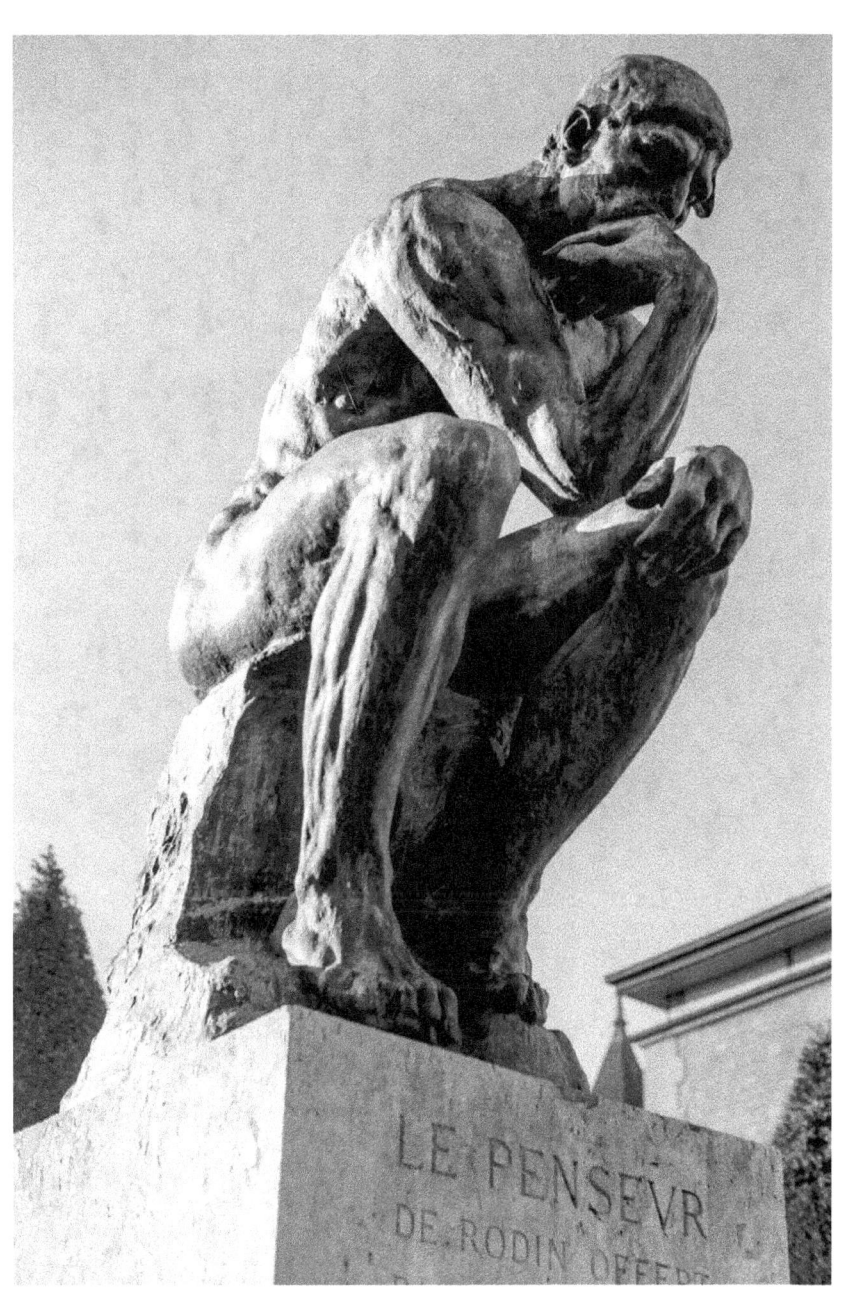

Auguste Rodin, *Le Penseur*

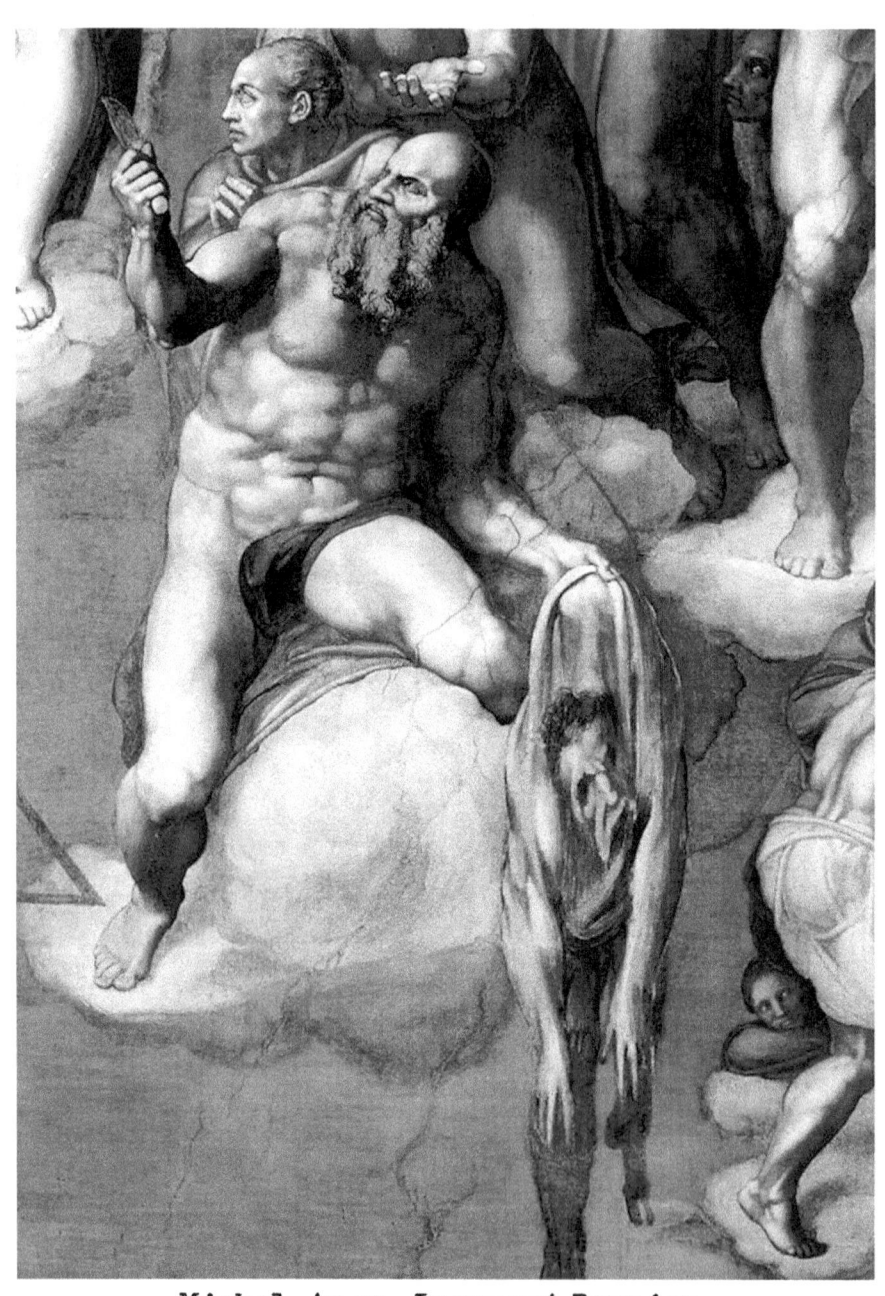

Michel-Ange, *Jugement Dernier*, Détail: *Saint Bartholomé*

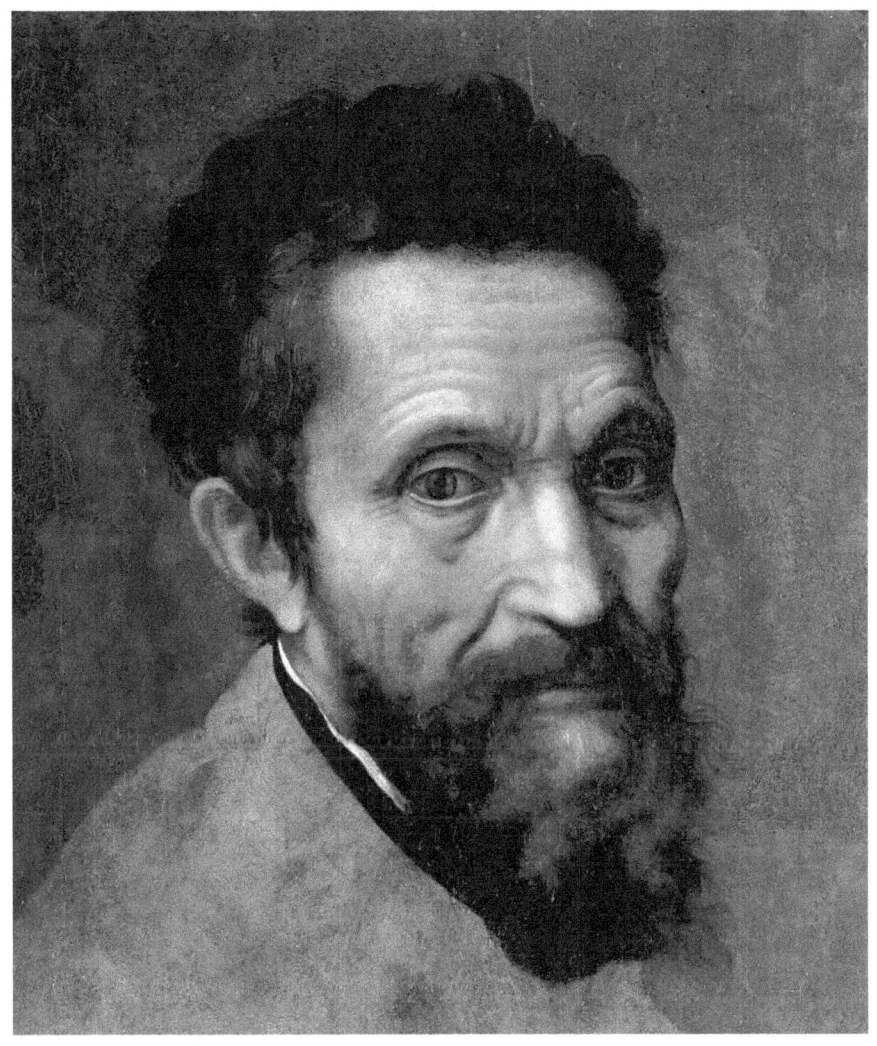
Daniele da Volterra, *Michel-Ange*, c.1544

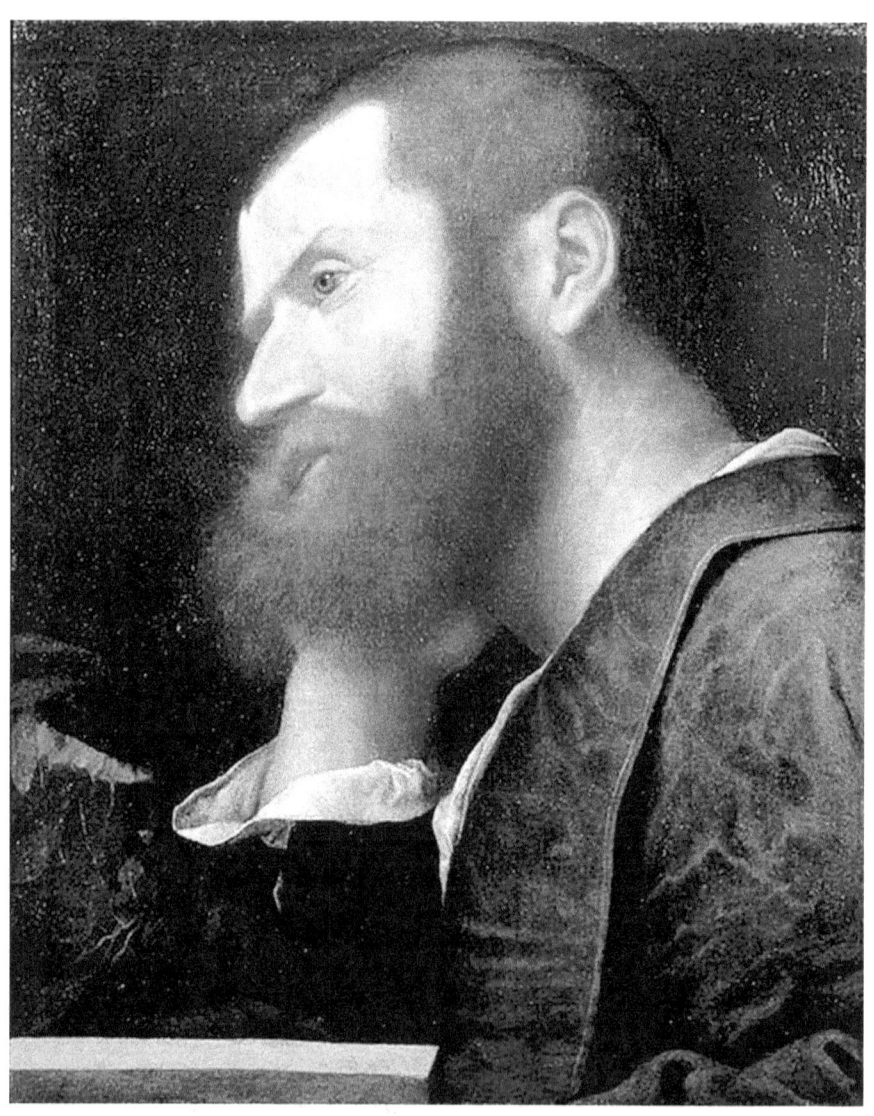

Le Titien, *Pietro Aretino*, c.1512

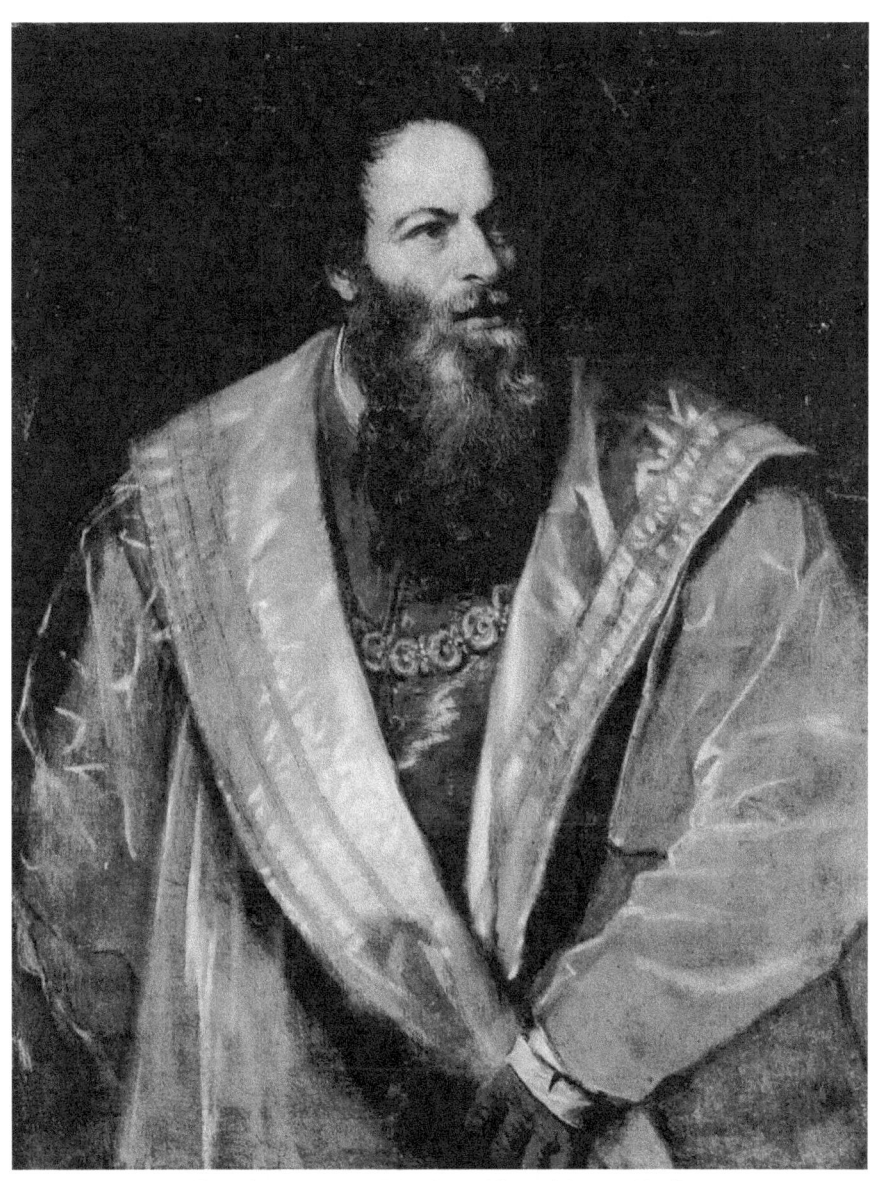
Le Titien, *Pietro Aretino*, 1545

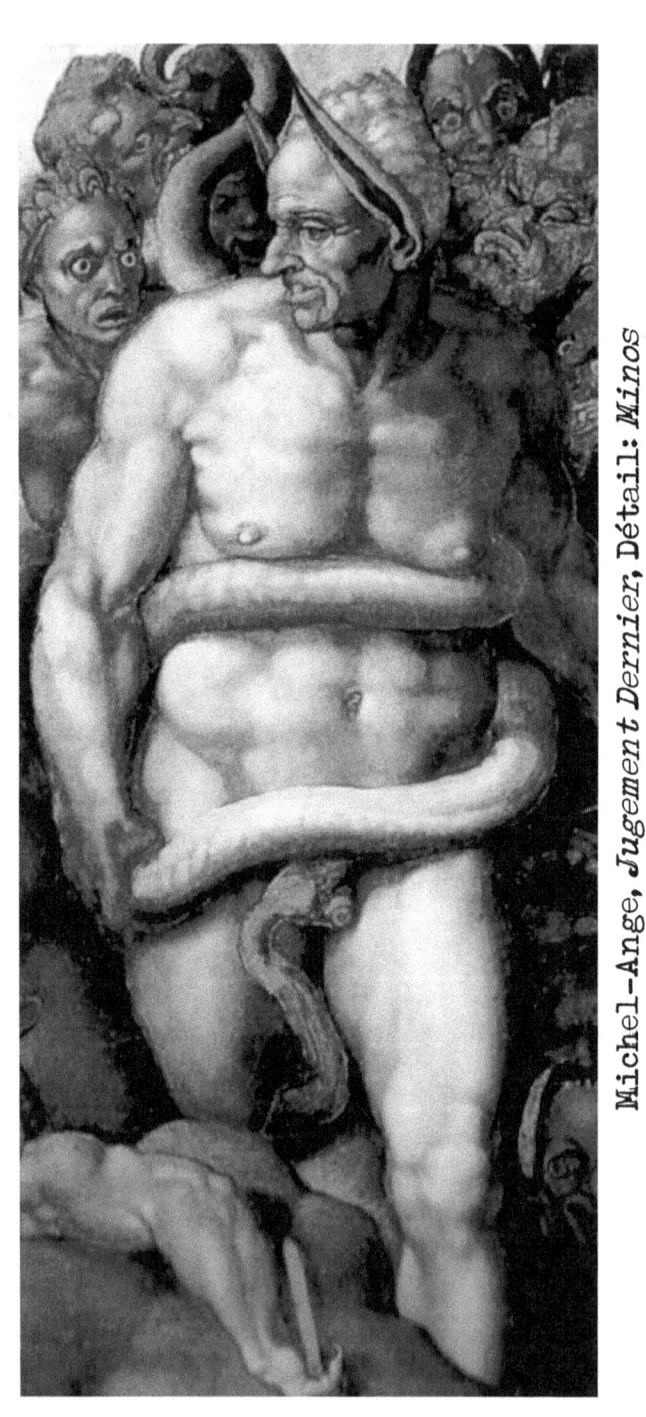

Michel-Ange, *Jugement Dernier*, Détail: *Minos*

II. ÉTUDE ICONOLOGIQUE: *LA CRÉATION D'ADAM* COMME EXPRESSION SYMPTOMATIQUE DE L'HISTOIRE DES MENTALITÉS

II.a. *De la dignité de l'homme*

C'est dans Pic de la Mirandole que nous devons la chercher, quand il écrit *De la dignité de l'homme* (*Oratio de hominis dignitate*, 1486[117], § 1, 1 a § 11, 55):

"*Très vénérables Pères, j'ai lu dans les écrits des Arabes que le Sarrasin Abdallah, comme on lui demandait quel spectacle lui paraissait le plus digne d'admiration sur cette sorte de scène qu'est le monde, répondit qu'il n'y avait à ses yeux rien de plus admirable que l'homme. Pareille opinion est en plein accord avec l'exclamation de Mercure: «O Asclepius, c'est une grande merveille que l'être humain».*
Réfléchissant au bien-fondé de ces assertions, je n'ai pas trouvé suffisante la foule de raisons qu'avancent, en faveur d'une supériorité de la nature humaine, une foule de penseurs: l'homme, disent-ils, est un intermédiaire entre les créatures, familier des êtres supérieurs, souverain des inférieurs, interprète de la nature - grâce à l'acuité de ses sens, à la perspicacité de sa raison, à la lumière de son intelligence -, situé entre l'éternel immobile et le flux du temps, copule ou plutôt hymen du monde selon les Perses, à peine inférieur aux anges selon le témoignage de David. De tels arguments sont certes de taille, mais ce ne sont pas les arguments fondamentaux, je veux dire ceux qui réclament à bon droit le privilège de la plus haute admiration. Car pourquoi ne pas admirer davantage les anges eux-mêmes et les bienheureux choeurs du ciel ?
Finalement, j'ai cru comprendre pourquoi l'homme est le mieux loti des êtres animés, digne par conséquent de toute admiration, et quelle est en fin de compte cette noble condition qui lui est échue dans l'ordre de l'univers, où non seulement les bêtes pourraient l'envier, mais les astres, ainsi que les esprits de l'au-delà. Chose incroyable et merveilleuse! Comment ne le serait-elle pas, puisque de ce fait l'homme est à juste titre proclamé et réputé une grande grande merveille, un être décidément admirable? Mais ce qu'est cette condition, Pères, veuillez l'entendre de ma bouche; prêtez-moi une oreille bienveillante et ayez la bonté de me pardonner ce discours.
Déjà Dieu, Père et architecte suprême, avait construit avec les lois d'une sagesse secrète cette demeure du monde que nous voyons, auguste temple de sa divinité: il avait orné d'esprits la région supra-céleste, il avait vivifié d'âmes éternelles les globes éthérés, il avait empli d'une foule d'êtres de tout genre les parties excrémentielles et bourbeuses du monde inférieur. Mais, son oeuvre achevée, l'architecte désirait qu'il y eût quelqu'un pour peser la raison d'une telle oeuvre,

pour en aimer la beauté, pour en admirer la grandeur. Aussi, quand tout fut terminé (comme l'attestent Moïse et Timée), pensa-t-il en dernier lieu à créer l'homme. Or il n'y avait pas dans les archétypes de quoi façonner une nouvelle lignée, ni dans les trésors de quoi offrir au nouveau fils un héritage, ni sur les bancs du monde entier la moindre place où le contemplateur de l'univers pût s'asseoir. Tout était déjà rempli: tout avait été distribué aux ordres supérieurs, intermédiaires et inférieurs. Mais il n'eût pas été digne de la Puissance du Père de faire défaut, comme épuisée dans la dernière phase de l'enfantement; il n'eût pas été digne de la Sagesse de tergiverser, faute de résolution, dans une affaire nécessaire; il n'eût pas été digne de l'Amour bienfaisant que l'être appelé à louer la libéralité divine dans les autres créatures fût contraint de la condamner en ce qui le concernait lui-même. En fin de compte, le parfait ouvrier décida qu'à celui qui ne pouvait rien recevoir en propre serait commun tout ce qui avait été donné de particulier à chaque être isolément. Il prit donc l'homme, cette oeuvre indistinctement imagée, et l'ayant placé au milieu du monde, il lui adressa la parole en ces termes: «Si nous ne t'avons donné, Adam, ni une place déterminée, ni un aspect qui te soit propre, ni aucun don particulier, c'est afin que la place, l'aspect, les dons que toi-même aurais souhaités, tu les aies et les possèdes selon ton voeu, à ton idée. Pour les autres, leur nature définie est tenue en bride par des lois que nous avons prescrites: toi, aucune restriction ne te bride, c'est ton propre jugement, auquel je t'ai confié, qui te permettra de définir ta nature. Si je t'ai mis dans le monde en position intermédiaire, c'est pour que de là tu examines plus à ton aise tout ce qui se trouve dans le monde alentour. Si nous ne t'avons fait ni céleste ni terrestre, ni mortel ni immortel, c'est afin que, doté pour ainsi dire du pouvoir arbitral et honorifique de te modeler et de te façonner toi-même, tu te donnes la forme qui aurait eu ta préférence. Tu pourras dégénérer en formes inférieures, qui sont bestiales; tu pourras, par décision de ton esprit, te régénérer en formes supérieures, qui sont divines.»
O suprême bonté de Dieu le Père, suprême et admirable félicité de l'homme! Il lui est donné d'avoir ce qu'il souhaite, d'être ce qu'il veut. Les bêtes, au moment de leur naissance, apportent avec elles «du ventre de leur mère» (comme dit Lucilius) ce qu'elles posséderont. Les esprits supérieurs furent d'emblée, ou peu après, ce qu'ils sont destinés à être éternellement. Mais à l'homme naissant, le Père a donné des semences de toute sorte et les germes de toute espèce de vie. Ceux que chacun aura cultivés se développeront et fructifieront en lui: végétatifs, ils le feront devenir plante; sensibles, ils feront de lui une bête; rationnels, ils le hisseront au rang d'être céleste; intellectifs, ils feront de lui un ange et un fils de Dieu. Et si, sans se contenter du sort d'aucune créature, il se recueille au centre de son unité, formant avec Dieu un seul esprit, dans la solitaire opacité du Père dressé au-dessus de toutes choses, il aura sur toutes la préséance.
Qui n'admirerait notre caméléon? Ou, d'une manière plus générale, qui aurait pour quoi que ce soit d'autre davantage d'admiration? Asclépios d'Athènes n'a pas eu

tort de dire que dans les mystères, en raison de sa nature changeante et susceptible de se transformer elle-même, on désigne cet être par Protée. De là les métamorphoses célébrées chez les Hébreux et les pythagoriciens.

D'une part, en effet, la plus secrète théologie des Hébreux transforme tantôt Hénoch en un saint messager de la divinité, appelé malakh ha-Shekhinah, tantôt d'autres personnages en d'autres divinités. Les pythagoriciens, d'autre part, font des hommes criminels des bêtes et, si l'on en croit Empédocle, des plantes; à leur imitation, Mahomet aimait à répéter qu'à s'éloigner de la loi divine, on tombe dans la bestialité. Et il avait raison. Car ce n'est pas l'écorce qui fait la plante, mais sa nature stupide et insensible; ce n'est pas le cuir qui fait les bêtes de somme, mais leur âme bestiale et sensible; ce n'est pas son corps arrondi qui fait le ciel, mais la rectitude d'un plan; et ce n'est pas la séparation du corps, mais l'intelligence spirituelle qui fait l'ange. Si donc vous voyez ramper sur le sol un homme livré à son ventre, ce n'est pas un homme que vous avez sous les yeux, mais une bûche; si vous voyez un homme qui, la vue troublée par les vaines fantasmagories de son imagination, comme par Calypso, et séduit par un charme sournois, est l'esclave de ses sens, c'est une bête que vous avez sous les yeux et non un homme. Si vous voyez un philosophe discerner toutes choses selon la droite raison, vénérez-le: c'est un être céleste et non terrestre; si vous voyez un pur contemplateur se retirer, sans souci de son corps, dans le sanctuaire de son esprit, il ne s'agit plus d'un être terrestre ni d'un être céleste, mais d'une divinité plus auguste enveloppée de chair humaine.

Qui donc s'abstiendra d'admirer l'homme? L'homme qui se trouve à juste titre désigné, dans les textes sacrés de Moïse et des chrétiens, tantôt par l'expression «toute chair», tantôt par l'expression «toute créature», puisque lui-même se figure, se façonne, se transforme en prenant l'aspect de n'importe quelle chair, les qualités de n'importe quelle créature. Aussi le Persan Evantes peut-il écrire, lorsqu'il expose la théologie chaldaïque, que l'homme n'a en propre aucune image innée, mais qu'il en a beaucoup d'étrangères et d'adventices. D'où la formule des Chaldéens: Enosh hou shinnouyim vekammah tebaoth baal hay, «l'homme est un être de nature variable, multiforme et voltigeante».

Mais à quoi tend tout cela? A nous faire comprendre qu'il nous appartient, puisque notre condition native nous permet d'être ce que nous voulons, de veiller par-dessus tout à ce qu'on ne nous accuse pas d'avoir ignoré notre haute charge, pour devenir semblables aux bêtes de somme et aux animaux privés de raison. Que l'on dise plutôt, avec le prophète Asaph: «Vous êtes tous des dieux et des enfants du Très-Haut»; gardons-nous d'abuser de l'extrême bienveillance du Père, en faisant un funeste usage du libre choix qu'il nous a donné pour notre salut. Qu'une sorte d'ambition sacrée envahisse notre esprit et fasse qu'insatisfaits de la médiocrité, nous aspirions aux sommets et travaillions de toutes nos forces à les atteindre (puisque nous le pouvons, si nous le voulons). Dédaignons les choses de la terre, ne nous soucions pas de celles du ciel et, pour finir, reléguant au second rang tout ce

qui est du monde, volons à la cour qui se tient au-delà du monde, près de la suréminente Divinité. C'est là, comme le rapportent les mystères sacrés, que les Séraphins, les Chérubins et les Trônes tiennent le premier rang; quant à nous, désormais incapables de battre en retraite et de supporter la seconde place, efforçons-nous d'égaler leur dignité et leur gloire. Pour peu que nous le veuillons, nous ne leur serons en rien inférieurs.
Mais de quel moyen disposons-nous, que nous faut-il faire enfin? Voyons ce qu'ils font eux-mêmes, quelle vie ils vivent."

Ainsi, l'identité créatrice entre le Dieu et l'homme, capable, par dessein, permission et élection divins, de s'auto-inventer, liberté conçue comme identité de nature avec le Créateur, ou avec les anges, c'est-à-dire avec les êtres d'essence divine, et comme possibilité absolue de choisir son destin, est ce qui valide la correspondance iconographique entre Dieu et Adam dans leur geste de graphisme commun et de salut dans la rencontre.

Cette identité s'assoit, de plus, tant dans l'*Ancien* comme dans le *Nouveau Testament*(s), comme nous le voyons dans le *Livre de la Sagesse*, 1, 13-15 y 2, 23-24:

"*1:13 Car Dieu n'a pas fait la mort, il ne prend pas plaisir à la perte des vivants.*
1:14 Il a tout créé pour l'être; les créatures du monde sont salutaires, en elles il n'est aucun poison de mort, et l'Hadès ne règne pas sur la terre;
1:15 car la justice est immortelle.
2:23 Oui, Dieu a créé l'homme pour l'incorruptibilité, il en a fait une image de sa propre nature;
2:24 c'est par l'envie du diable que la mort est entrée dans le monde ils en font l'expérience, ceux qui lui appartiennent!"

Ainsi que dans la deuxième lettre de Saint Paul aux *Corinthiens*, 8, 7-9 y 13-15:

"*8.7 De même que vous excellez en toutes choses, en foi, en parole, en connaissance, en zèle à tous égards, et dans votre amour pour nous, faites en sorte d'exceller aussi dans cette oeuvre de bienfaisance.*

8.8 Je ne dis pas cela pour donner un ordre, mais pour éprouver, par le zèle des autres, la sincérité de votre charité.
8.9 Car vous connaissez la grâce de notre Seigneur Jésus Christ, qui pour vous s'est fait pauvre, de riche qu'il était, afin que par sa pauvreté vous fussiez enrichis.
.../...
8.13 Car il s'agit, non de vous exposer à la détresse pour soulager les autres, mais de suivre une règle d'égalité: dans la circonstance présente votre superflu pourvoira à leurs besoins,
8.14 afin que leur superflu pourvoie pareillement aux vôtres, en sorte qu'il y ait égalité,
8.15 selon qu'il est écrit: Celui qui avait ramassé beaucoup n'avait rien de trop, et celui qui avait ramassé peu n'en manquait pas."

Probablement, de même, bien que, du point de vue stylistique, le bas-relief de marbre de la *Vierge de l'escalier* (c.1491, oeuvre de jeunesse de Michel-Ange, qu'il a conservée durant toute sa vie et qui est restée, par la suite, selon Vasari, chez son petit-fils Ludovico, avant de passer à la collection de Cosme II) s'inspire des "*schiacciati*" de Donatello, et, d'un point de vue référentiel, du *Livre de l'escalier du Paradis* (1477), qui développe l'idée de Saint Augustin selon laquelle la Vierge est un escalier au moyen duquel Dieu peut descendre entre les hommes et les hommes monter au ciel, la Vierge étant traditionnellement considéré comme "*Scala Coeli*", et, à partir du Trecento, l'Enfant endormi préfiguration de sa mort dans la Passion, raison pour laquelle le bas-relief fonctionne comme une représentation typologique des deux moments cruciaux de la vie de Christ: sa naissance et la Crucifixion, nous pouvons deviner une certaine relation aussi entre le passage suivant, directement consécutif (§ 11, 56 à § 18, 103) à l'antérieur (qui commence l'*Oratio*), de Pic sur "*la dignité de l'homme*" et la *Vierge de l'escalier* (Michel-Ange, membre des cercles neoplatoniques, a été l'élève de Politien):

"*Si nous menons cette vie, nous aussi (car nous le pouvons), nous aurons déjà mis notre sort au niveau du leur. Le Séraphin brûle du feu de la charité; le Chérubin brille de la splendeur de l'intelligence; le Trône se dresse dans la fermeté du jugement. Si donc, adonnés à la vie active, nous avons pris soin des choses inférieures en tenant droite la balance, nous serons affermis dans l'immuable solidité des Trônes. Si nous nous sommes mis en congé d'action pour méditer l'ouvrier dans l'oeuvre, l'oeuvre dans l'ouvrier, et si notre activité prend la forme d'un loisir contemplatif, nous resplendirons de toutes parts de l'éclat des Chérubins. Si nous brûlons d'amour pour l'ouvrier lui-même et pour lui seul, c'est de son feu, qui est vorace, qu'à l'image des Séraphins nous serons embrasés soudain. Sur le Trône, c'est-à-dire le «juste juge», Dieu s'assied, juge des siècles. Sur le Chérubin, c'est-à-dire le «contemplateur», il vole; et comme s'il le couvait, il le réchauffe. Car l'esprit du Seigneur se meut sur les eaux, j'entends celles qui sont au-dessus des cieux et qui, selon Job, louent le Seigneur dans leurs hymnes matutinaux. Celui qui est Séraphin, c'est-à-dire «aimant», est en Dieu comme Dieu est en lui, ou plutôt Dieu et lui ne font qu'un. Grande est la puissance des Trônes, à laquelle nous atteignons par le jugement, suprême la sublimité des Séraphins, à laquelle nous atteignons par l'amour. Mais comment faire porter son jugement ou son amour sur ce qu'on ne connaît pas? C'est le Dieu qu'il avait vu que Moïse a aimé; c'est de ce qu'il avait vu dans sa contemplation sur la montagne qu'il a fait, en qualité de juge, une règle pour son peuple. Intermédiaire donc, le Chérubin nous prépare par sa lumière au feu séraphique, tout comme il nous oriente par son éclat vers le jugement des Trônes. Tel est le noeud des premiers esprits, l'ordre palladien, qui préside à la philosophie contemplative: c'est celui que nous devons d'abord briguer et nous efforcer d'atteindre, celui que nous devons comprendre au point d'être ravis au faîte de l'amour, pour en redescendre bien équipés et préparés aux obligations de la vie active. En vérité, si notre vie doit se régler sur le modèle de la vie des Chérubins, il vaut la peine de garder sous les yeux et présentes à l'esprit la nature et la qualité de leur vie, ainsi que leurs actions et leurs oeuvres. Puisqu'il ne nous est pas permis d'y atteindre par nous-mêmes, à nous qui sommes de chair et qui avons le goût des choses terrestres, adressons-nous aux anciens Pères: sur ces questions qui leur sont familières et bien connues, ils peuvent nous donner une foi très riche et assurée.*
Consultons l'apôtre Paul, vase d'élection, pour lui demander ce qu'il vit faire aux armées des Chérubins lorsqu'il fut ravi au troisième ciel. Il ne manquera pas de répondre, par la voix de Denys, qu'ils se purifient, puis s'illuminent et enfin deviennent parfaits. Ainsi donc, imitant nous aussi sur terre la vie des Chérubins, bridant l'impétuosité des passions par la science morale, dissipant les brouillards de la raison par la dialectique, éliminant pour ainsi dire la crasse de l'ignorance et des vices, nettoyons notre âme, de crainte que nos passions ne se déchaînent à l'improviste ou que notre raison sans méfiance ne se mette parfois à délirer. Alors, dans notre âme convenablement disposée et purifiée, nous verserons la lumière de

la philosophie naturelle, pour finalement la rendre parfaite par la connaissance des choses divines.
Et pour ne pas nous contenter de nos propres auteurs, consultons le patriarche Jacob, dont le portrait sculpté brille au siège de la gloire. Il nous instruira, le très sage Père, qui dormait dans le monde d'en bas et veille dans celui d'en haut. Mais c'est d'une manière figurée (car tout leur était donné par figures) qu'il nous enseignera qu'une échelle, prenant appui sur le sol tout en bas, se dresse jusqu'au faîte du ciel, divisée en une série de multiples échelons; au sommet se tient le Seigneur, et les anges contemplateurs la parcourent en montant et en descendant tour à tour, alternativement.
Si nous devons nous appliquer à faire de même, nous qui aspirons à la vie angélique, irons-nous, je vous le demande, poser sur les échelles du Seigneur un pied souillé ou des mains malpropres? Il est sacrilège, selon les mystères, que l'impur entre en contact avec le pur. Mais de quels pieds s'agit-il? de quelles mains? Il s'agit bien sûr du pied de l'âme: c'est-à-dire de cette partie très méprisée qui s'appuie sur la matière comme sur la surface du sol, autrement dit de la faculté nutritive et alimentaire, foyer de la sensualité et principe de la mollesse voluptueuse. Quant aux mains de l'âme, pourquoi ne pas voir en elles la fureur qui, alliée aux appétits, combat pour eux et s'empare avec rapacité, sous la poussière et le soleil, des proies dont ils se repaîtront en sommeillant à l'ombre? Ces mains, ces pieds, autrement dit toute cette partie sensuelle en quoi réside l'attrait du corps et qui immobilise l'âme en lui serrant le cou (comme on dit), lavons-les dans la philosophie morale comme dans l'eau vive, de crainte d'être chassés de l'échelle pour cause d'impiété et de souillure. Mais cela ne sera pas encore suffisant, si nous voulons être les compagnons des anges qui parcourent l'échelle de Jacob: encore faut-il au préalable l'aptitude et la disposition nécessaires pour avancer selon les règles de degré en degré, pour ne jamais nous écarter de la voie qu'indique l'échelle et pour effectuer des parcours dans les deux sens. Lorsque nous y serons parvenus par l'art du discours ou du calcul, animés désormais de l'esprit des Chérubins, philosophant le long des degrés de l'échelle, c'est-à-dire de la nature, pénétrant toutes choses depuis le centre jusqu'au centre, alors nous pourrons tantôt descendre en démembrant avec une force titanesque l'un dans le multiple, tel Osiris, tantôt monter en rassemblant avec une force apollinienne le multiple dans l'un, comme s'il s'agissait des membres d'Osiris - jusqu'au moment où, nous reposant enfin dans le sein du Père, nous atteindrons à la perfection grâce à la félicité de la connaissance divine.
Interrogeons aussi Job, le juste, qui conclut une alliance avec le Dieu de vie avant de recevoir lui-même la vie; demandons-lui quelle est, parmi les dizaines de centaines de milliers de vertus qui se tiennent auprès de lui, la vertu que le Dieu suprême désire le plus. Il ne manquera pas de répondre que c'est la paix, conformément à ce qui est écrit dans son livre: «Lui qui fait la paix au plus haut des cieux». Et puisque l'ordre intermédiaire traduit pour les êtres inférieurs les avertissements de l'ordre supérieur, le philosophe Empédocle traduira pour nous

les paroles du théologien Job. Il nous donne à entendre qu'en notre âme se trouvent deux natures, dont l'une nous permet d'être élevés vers les choses célestes, tandis que l'autre nous précipite vers les régions infernales, suivant une procédure litigieuse ou amicale, belliqueuse ou pacifique - comme l'attestent ses poèmes, où il se plaint d'être en proie aux litiges et à la discorde, pareil au fou fuyant les dieux et ballotté en haute mer.

Nul doute, Pères, que des discordes multiples ne nous habitent et que nous n'abritions des luttes intestines plus graves encore que des guerres civiles: si nous voulons en venir à bout, si nous aspirons à cette paix qui peut nous entraîner assez haut pour nous établir parmi les plus nobles créatures de Dieu, seule la philosophie les réprimera en nous et les calmera tout à fait. En premier lieu, si c'est une simple trêve que notre homme demande à ses ennemis, la philosophie morale abattra les élans effrénés de la multiple brute, ainsi que violences, les fureurs et les audaces du lion. Si ensuite, prenant de plus rigoureuses résolutions, nous désirons la sécurité d'une paix perpétuelle, cette philosophie sera à nos côtés et comblera généreusement nos voeux: car une fois abattues l'une et l'autre bêtes, comme par le sacrifice des truies, elle garantira l'inviolabilité d'un traité de paix sacrée entre la chair et l'esprit. Il reviendra à la dialectique de calmer les troubles de la raison qui s'agite, anxieusement, entre les contradictions des discours et les pièges des syllogismes. La philosophie naturelle calmera les conflits d'opinion et les dissensions qui tirent l'âme à hue et à dia, qui la déchirent et la lacèrent. Mais si elle doit les apaiser, c'est en nous invitant à garder en mémoire que la nature, selon Héraclite, est née de la guerre: raison pour laquelle Homère l'appelle «combat». Aussi ne peut-elle, par elle-même, nous apporter le vrai repos, ni une paix solide: cette charge-là et ce privilège reviennent à sa maîtresse, je veux dire à la très sainte théologie. Celle-ci montrera la voie qui mène à celle-là et lui servira de guide, s'écriant de loin à notre approche: «Venez à moi, vous qui avez peiné; venez et je vous rendrai des forces; venez à moi et je vous donnerai la paix que ne peuvent vous donner le monde ni la nature».

Hélés d'une manière si flatteuse, invités avec tant de bienveillance, emportés par nos pieds ailés, tels des Mercures terrestres, vers l'étreinte de cette bienheureuse mère, nous jouirons de la paix désirée: paix très sainte, union indivisible, amitié unanime, grâce à quoi tous les esprits non seulement concordent en une seule intelligence au-dessus de toute intelligence, mais finissent même par aboutir, d'une certaine manière ineffable, au plus profond de l'un. Telle est cette amitié dont les pythagoriciens disent qu'elle est le but de toute la philosophie. Telle est cette paix que Dieu a établie au plus haut des cieux et que les anges, descendant sur terre, sont venus annoncer aux hommes de bonne volonté, pour qu'elle permette aux hommes eux-mêmes de monter au ciel et de devenir des anges. Cette paix, souhaitons-la à nos amis, à notre siècle, souhaitons-la à toute maison où nous entrons, souhaitons-la à notre âme pour lui permettre de devenir ainsi la maison de Dieu, afin qu'une fois débarrassée de ses souillures par la morale et la dialectique, une fois parée de la philosophie aux multiples plis comme d'un faste princier, une fois qu'elle aura couronné le dessus des portes de guirlandes théologiques, elle voie descendre le Roi de gloire et, accompagnant le Père, puisse devenir sa demeure. Si elle se montre digne d'un pareil hôte, dont la clémence est sans limite, enveloppée dans un vêtement d'or comme dans une toge nuptiale par la multiplicité des diverses sciences, elle accueillera cet hôte magnifique non plus comme un hôte, mais comme un époux; pour ne jamais se détacher de lui, elle voudra se détacher de son peuple et, oubliant la maison de son père - que dis-je: s'oubliant elle-même -, elle voudra mourir à soi pour vivre en son époux, dont la contemplation est la récompense qui à leur mort attend les saints. J'entends par là, s'il faut appeler mort la plénitude de la vie, cette mort dont les sages ont affirmé que la philosophie s'applique à la méditer."

Les éléments de la fin de l'antérieur et de ce deuxième passage de l'*Oratio* de Pic de la Mirandole révèlent un autre aspect qui nous revient d'aborder de l'iconographie du geste du Christ dans le *Jugement Dernier* de la Chapelle Sixtine: en outre de l'identité entre l'Auteur et l'Oeuvre en ce qui concerne Adam, à savoir la nécessité de s'éloigner du monde pour pouvoir entrer dans la maison du Père.

De fait, la coïncidence entre le geste du Christ et celui d'Adam dans la Sixtine découle aussi d'une correspondance en ce qui concerne le principe d'élection et de déracinement: Adam, écarté de Dieu par son élection, se protège de la colère divine; le Christ invite les croyants à abandonner les biens terrestres pour choisir ceux du ciel. Ce n'est pas un hasard si dans la période suivante, le baroque développera les *Vanités*, parmi lesquelles l'on compte les représentations de la *Mélancolie*, comme Marie Madeleine réfléchissant devant une chandelle.

Le sculpteur et peintre français Michel Lévy, Chevalier des Arts et Lettres, dans sa représentation de la *Vierge allaitant*, réalisée pour la chapelle Notre-Dame de Roiblay, la représente avec une main similairement "*écartant le monde*"[122] pour protéger l'Enfant de la vue luxurieuse d'un acte maternel et pour diviser les espaces du divin et du profane, comme le fait la colonne (symbole du Christ même) des *Annonciations*.

L'idée qu'il faut, pour arriver au ciel, abandonner les biens terrestres, est récurrente dans toute la tradition chrétienne[123].

Ainsi, les interprétations théologiques de la *Bible* abondent en ce sens. Nous citerons celle de l'épisode de *Ruth*, 1, 17, par l'Abbé Caussel[124]:

"*La Résurrection des morts que Jésus-Christ a rendu a la vie pendant la vie mortelle, est la figure de ce qu'il fait pour ressusciter les ames mortes par le péché. Nous lisons dans l'Évangile que Jésus-Christ en a ressuscité trois: la fille de Jaïre, chef d'une Synagogue; le fils de la veuve de Naïme; & Lazare, frère de Marthe & de Marie.*
Lorsque Jésus-Christ voulut ressusciter la fille du chef de la Synagogue, il fit sortir les joueurs de flûte, & une troupe de personnes qui faisoient grand bruit; il entra dans la chambre de la morte; il prit cette fille par la main; il lui cria: "ma fille levez-vous." Cette fille se leva, & Jésus-Christ commanda qu'on lui donnât à manger. Tout cela n'est qu'une figure de ce que Jésus fait, quand il donne la vie à l'ame d'une jeune personne à qui le péché a donné la mort. 1o. Il éloigne d'elle tous les obstacles qui la retiennent dans cet état de mort; il écarte le monde, dont le bruit confus l'empêchoit d'entendre la voix de Dieu; il la dégoûte des plaisirs, des vaines joies, & des fausses douceurs du siècle figurés par ces instruments de musique. 2o. Ensuite il entre dans ces ame par l'infusion de la grace & de son amour, qui y répandent des douceurs bien plus grandes que celles qu'elle goûtoit dans l'amour des créatures. 3o. Il la prend comme par la main; parce que si la main secourable de ce divin Sauveur ne prenoit celle du pécheur, jamais il ne pourroit se relever, ni rien faire pour son salut: au lieu que la main de Jésus-Christ étant jointe à celle de l'homme, c'est-à-dire, la grace & la volonté étant unies ensemble; alors cette ame reçoit la vie par le mouvement de la grace, qui fait agir librement la volonté. Enfin le Sauveur crie, parce qu'il faut que "la voix toute puissante se fasse entendre à une ame morte; qu'il parle au coeur d'un pécheur; qu'il la rende docile & qu'il lui donne la vie; après quoi ce pécheur est en état de manger le pain adorable du corps de Jésus-Christ."

C'est, donc, littéralement, la main du Christ qui éloigne le monde pour permettre d'entendre la voix de Dieu. Geste identique dans la forme mais inverse dans le sens de celui-là d'Adam qui, en s'éloignant de Dieu, a choisi de pécher et éloigne l'épée vengeresse de l'ange.

L'idée provient de *Luc*, 17, 11-37, qui, d'un fait, remémore les jours de Noé et les compare à ceux de Loth, comme suprême représentation des temps d'infidélité:

"*17.11 Jésus, se rendant à Jérusalem, passait entre la Samarie et la Galilée.*
17.12 Comme il entrait dans un village, dix lépreux vinrent à sa rencontre. Se tenant à distance, ils élevèrent la voix, et dirent:
17.13 Jésus, maître, aie pitié de nous!
17.14 Dès qu'il les eut vus, il leur dit: Allez vous montrer aux sacrificateurs. Et, pendant qu'ils y allaient, il arriva qu'ils furent guéris.
17.15 L'un deux, se voyant guéri, revint sur ses pas, glorifiant Dieu à haute voix.
17.16 Il tomba sur sa face aux pieds de Jésus, et lui rendit grâces. C'était un Samaritain.
17.17 Jésus, prenant la parole, dit: Les dix n'ont-ils pas été guéris? Et les neuf autres, où sont-ils?
17.18 Ne s'est-il trouvé que cet étranger pour revenir et donner gloire à Dieu?
17.19 Puis il lui dit: Lève-toi, va; ta foi t'a sauvé.
17.20 Les pharisiens demandèrent à Jésus quand viendrait le royaume de Dieu. Il leur répondit: Le royaume de Dieu ne vient pas de manière à frapper les regards.
17.21 On ne dira point: Il est ici, ou: Il est là. Car voici, le royaume de Dieu est au milieu de vous.
17.22 Et il dit aux disciples: Des jours viendront où vous désirerez voir l'un des jours du Fils de l'homme, et vous ne le verrez point.
17.23 On vous dira: Il est ici, il est là. N'y allez pas, ne courez pas après.
17.24 Car, comme l'éclair resplendit et brille d'une extrémité du ciel à l'autre, ainsi sera le Fils de l'homme en son jour.
17.25 Mais il faut auparavant qu'il souffre beaucoup, et qu'il soit rejeté par cette génération.
17.26 Ce qui arriva du temps de Noé arrivera de même aux jours du Fils de l'homme.
17.27 Les hommes mangeaient, buvaient, se mariaient et mariaient leurs enfants, jusqu'au jour où Noé entra dans l'arche; le déluge vint, et les fit tous périr.
17.28 Ce qui arriva du temps de Lot arrivera pareillement. Les hommes mangeaient, buvaient, achetaient, vendaient, plantaient, bâtissaient;
17.29 mais le jour où Lot sortit de Sodome, une pluie de feu et de souffre tomba du ciel, et les fit tous périr.
17.30 Il en sera de même le jour où le Fils de l'homme paraîtra.

17.31 En ce jour-là, que celui qui sera sur le toit, et qui aura ses effets dans la maison, ne descende pas pour les prendre; et que celui qui sera dans les champs ne retourne pas non plus en arrière.
17.32 Souvenez-vous de la femme de Lot.
17.33 Celui qui cherchera à sauver sa vie la perdra, et celui qui la perdra la retrouvera.
17.34 Je vous le dis, en cette nuit-là, de deux personnes qui seront dans un même lit, l'une sera prise et l'autre laissée;
17.35 de deux femmes qui moudront ensemble, l'une sera prise et l'autre laissée.
17.36 De deux hommes qui seront dans un champ, l'un sera pris et l'autre laissé.
17.37 Les disciples lui dirent: Où sera-ce, Seigneur? Et il répondit: Où sera le corps, là s'assembleront les aigles."

Elle provient ainsi aussi du passage suivant, dans *Luc*, 18, 1-30, de grande renommée, qui suit et conclut le précédent:

"*18.1 Jésus leur adressa une parabole, pour montrer qu'il faut toujours prier, et ne point se relâcher.*
18.2 Il dit: Il y avait dans une ville un juge qui ne craignait point Dieu et qui n'avait d'égard pour personne.
18.3 Il y avait aussi dans cette ville une veuve qui venait lui dire: Fais-moi justice de ma partie adverse.
18.4 Pendant longtemps il refusa. Mais ensuite il dit en lui-même: Quoique je ne craigne point Dieu et que je n'aie d'égard pour personne,
18.5 néanmoins, parce que cette veuve m'importune, je lui ferai justice, afin qu'elle ne vienne pas sans cesse me rompre la tête.
18.6 Le Seigneur ajouta: Entendez ce que dit le juge inique.
18.7 Et Dieu ne fera-t-il pas justice à ses élus, qui crient à lui jour et nuit, et tardera-t-il à leur égard?
18.8 Je vous le dis, il leur fera promptement justice. Mais, quand le Fils de l'homme viendra, trouvera-t-il la foi sur la terre?
18.9 Il dit encore cette parabole, en vue de certaines personnes se persuadant qu'elles étaient justes, et ne faisant aucun cas des autres:
18.10 Deux hommes montèrent au temple pour prier; l'un était pharisien, et l'autre publicain.
18.11 Le pharisien, debout, priait ainsi en lui-même: O Dieu, je te rends grâces de ce que je ne suis pas comme le reste des hommes, qui sont ravisseurs, injustes, adultères, ou même comme ce publicain;
18.12 je jeûne deux fois la semaine, je donne la dîme de tous mes revenus.

18.13 Le publicain, se tenant à distance, n'osait même pas lever les yeux au ciel; mais il se frappait la poitrine, en disant: O Dieu, sois apaisé envers moi, qui suis un pécheur.
18.14 Je vous le dis, celui-ci descendit dans sa maison justifié, plutôt que l'autre. Car quiconque s'élève sera abaissé, et celui qui s'abaisse sera élevé.
18.15 On lui amena aussi les petits enfants, afin qu'il les touchât. Mais les disciples, voyant cela, reprenaient ceux qui les amenaient.
18.16 Et Jésus les appela, et dit: Laissez venir à moi les petits enfants, et ne les en empêchez pas; car le royaume de Dieu est pour ceux qui leur ressemblent.
18.17 Je vous le dis en vérité, quiconque ne recevra pas le royaume de Dieu comme un petit enfant n'y entrera point.
18.18 Un chef interrogea Jésus, et dit: Bon maître, que dois-je faire pour hériter la vie éternelle?
18.19 Jésus lui répondit: Pourquoi m'appelles-tu bon? Il n'y a de bon que Dieu seul.
18.20 Tu connais les commandements: Tu ne commettras point d'adultère; tu ne tueras point; tu ne déroberas point; tu ne diras point de faux témoignage; honore ton père et ta mère.
18.21 J'ai, dit-il, observé toutes ces choses dès ma jeunesse.
18.22 Jésus, ayant entendu cela, lui dit: Il te manque encore une chose: vends tout ce que tu as, distribue-le aux pauvres, et tu auras un trésor dans les cieux. Puis, viens, et suis-moi.
18.23 Lorsqu'il entendit ces paroles, il devint tout triste; car il était très riche.
18.24 Jésus, voyant qu'il était devenu tout triste, dit: Qu'il est difficile à ceux qui ont des richesses d'entrer dans le royaume de Dieu!
18.25 Car il est plus facile à un chameau de passer par le trou d'une aiguille qu'à un riche d'entrer dans le royaume de Dieu.
18.26 Ceux qui l'écoutaient dirent: Et qui peut être sauvé?
18.27 Jésus répondit: Ce qui est impossible aux hommes est possible à Dieu.
18.28 Pierre dit alors: Voici, nous avons tout quitté, et nous t'avons suivi.
18.29 Et Jésus leur dit: Je vous le dis en vérité, il n'est personne qui, ayant quitté, à cause du royaume de Dieu, sa maison, ou sa femme, ou ses frères, ou ses parents, ou ses enfants,
18.30 ne reçoive beaucoup plus dans ce siècle-ci, et, dans le siècle à venir, la vie éternelle."

¿N'est-ce pas dans le *Paradis* même de la *Divine Comédie*, Chant XIII (v. 37-60):

"*Tu crois que, dans la poitrine d'où fut tirée la côte pour former la belle bouche dont le palais au monde entier coûta si cher, et dans celle qui, percée de la lance, et avant et après tant satisfit, que dans la balance elle pesa plus qu'aucune faute, tout ce qu'à l'humaine nature il est permis de posséder de lumière, fut infus par cette puissance qui forma l'une et l'autre; et ainsi tu t'étonnes de ce qu'auparavant dans mon narré j'ai dit, que n'eut point de second le bienheureux que renferme la cinquième lumière. Maintenant ouvre les yeux à ce que je te réponds, et tu verras ta croyance et mon dire devenir, dans le vrai, ce que le centre est dans le cercle. Ce qui ne meurt point et ce qui peut mourir, n'est que la splendeur de cette idée qu'enfante, en aimant, notre Sire; parce que cette vive lumière, qui de son générateur dérive de telle manière, qu'elle ne se sépare ni de lui ni de l'amour, lequel forme avec eux le ternaire, par sa bonté rassemble ses rayons comme en un miroir, dans neuf substances, en demeurant éternellement une."*

Et dans le Chant XXVI (v. 82-84):

"Et ma Dame: «Au dedans de ces rayons contemple avec amour son créateur la première âme que créa jamais la première vertu.»"

Que Dante rappelle deux fois la figure d'Adam, à manière, d'abord, dans le Chant XIII, de comparaison entre sa côte, d'où est sortie Ève, et celle du Christ, d'où surgit le sang pour le racheter, et, ensuite, dans le Chant XXVI, comme l'image même de la Création bénévole de lumière et de vertu divine qui a conformé son image à sa ressemblance?

Ce qui semble évident c'est que, tout au long de l'histoire chrétienne, la mort de Christ s'est assimilée par compensation avec la rédemption du Péché, et cette identité, à la fin, entre le rôle de l'homme et sa relation à Dieu crée un principe d'équivalence que nous voyons resurgir, des Pères de l'Église jusqu'aux grands réformateurs du XVIème siècle.

Si dans les deux premiers siècles de notre ère les Pères de l'Église comme Irénée et Origène voyaient dans la mort de Jésus un processus de sauvetage, rapporté sans doute au grand nombre d'esclaves qui existaient dans l'Empire Romain, en donnant ainsi validité aux mots de Jésus dans *Matthieu*, 20, 28:

"20.24 Les dix, ayant entendu cela, furent indignés contre les deux frères.
20.25 Jésus les appela, et dit: Vous savez que les chefs des nations les tyrannisent, et que les grands les asservissent.
20.26 Il n'en sera pas de même au milieu de vous. Mais quiconque veut être grand parmi vous, qu'il soit votre serviteur;
20.27 et quiconque veut être le premier parmi vous, qu'il soit votre esclave.
20.28 C'est ainsi que le Fils de l'homme est venu, non pour être servi, mais pour servir et donner sa vie comme la rançon de plusieurs."

Au contraire, à l'époque d'Anselme (XIème siècle), la théorie du rachat a été substituée, au profit d'une théorie expiatoire de la satisfaction. Ainsi, selon Anselme, le système féodal expliquait pourquoi Jésus devait mourir: Dieu, identifié avec un seigneur féodal, et le péché à une offense qui déshonora la majesté divine. Comme les péchés ne peuvent pas être pardonnés, mais doivent être compensés ou *"satisfaits"*, seul Dieu pouvait les compenser, mais la compensation devait être faite par un humain, raison pour laquelle l'ouvrage *Cur Deus Homo? (Pourquoi Dieu se fit-il Homme?)* d'Anselme affirmait que Jésus était véritablement Dieu et véritablement humain. De la même manière, au XVIème siècle, Luther et Calvin ont considéré comme *"transgression de la loi"* (1 Jean 3, 4: *"Quiconque pèche transgresse la loi, et le péché est la transgression de la loi."*[130]) et la mort comme sa conséquence (*Rom.*, 6, 23: *" Car le salaire du péché, c'est la mort; mais le don gratuit de Dieu, c'est la vie éternelle en Jésus Christ notre Seigneur."*[131]). La colère de Dieu contre le péché signifie que la peine du péché devait être payée, et *"il semble clair qu'ils [les réformistes] croyaient que l'essence de l'oeuvre salvatrice du Christ avait consisté à prendre la place du pécheur"*[132]. Cette théorie *"substitutive"* de la raison de la mort du Christ se fonde sur *Romains*, 5, 19: *"Car, comme par la désobéissance d'un seul homme beaucoup ont été rendus pécheurs, de même par l'obéissance d'un seul beaucoup seront rendus justes.*"[133]

L'autoportrait de Michel-Ange dans le *Jugement Dernier* comme écorché de Saint Bartholomé nous renvoie aussi, d'une autre manière, à l'identité de nature entre l'homme et son Créateur, autant en termes néoplatoniques, comme nous l'avons vu chez Pic de la Mirandole, que dans l'iconographie gestuelle de la Chapelle Sixtine. En ce sens de la préoccupation humaine (au moyen de sa représentation anatomique[134]), et par conséquent de connaissance et d'appropriation du corps individuel (dissection que partagèrent dans leurs études Léonard et Michel-Ange), de l'humain dans son essence divine; ce n'est certainement pas un hasard si l'autoportrait aux mains de Saint Bartholomé par Michel-Ange dans le *Jugement Dernier* a, possiblement, inspiré la première *Tab.* du *Livre second* de l'*Historia de la composición del cuerpo humano* (1556) de Juan Valverde de Hamusco[135], et encore dans la *Tab.* 88 de l'*Ontleding Des Menschelyken Lichaams* (1685) de Govert Bidloo[136].

Selon les sources bibliques, Saint Bartholomé, connu sous le nom de Natanael dans l'*Évangile de Jean*[137], est l'un des disciples à qui Jésus est apparu sur lac de Tibériade après sa Résurrection (*Juan*, 21, 2), et, selon les *Actes des Apôtres*, il a aussi été un témoin de l'Ascension de Jésus (*Actes*, 1, 13).

Dans les *Évangiles apocryphes*, Bartholomé demande au Christ qu'il lui montre Bélial, mais apeuré devant la vision, le Christ lui dit: "*Marche-lui sur la nuque et demande-lui*', à la suite de quoi, en reproduisant l'arrivée du Christ en Enfer et de sa victoire sur Hadès, Bartholomé demande à Bélial l'origine de son nom, comment il a été créé, pourquoi il est tombé en enfer, et comment il trompe les hommes. Bélial, attaché avec des chaînes de feu, répond aux questions de l'Apôtre.

Bélial, aussi appelé Bélhor, Baalial, Béliar, Béliall, Béliel, apparaît dans l'*Ancien Testament*, étant considérés les hommes impies comme ses enfants par le judaïsme. Le nom lui est aussi donné de "*Seigneur de l'Arrogance*" ou "*Seigneur d'Orgueil*" (Baal ial)[138]. Dans les premiers écrits chrétiens, Bélial était identifié comme ange de confusion, de luxure et de désir, créé après Lucifer, bien que certains le considèrent comme le père de Lucifer, ange qui l'a poussé à se rebeller contre Yahvé, et premier des anges déchus à avoir été expulsé. Depuis le Moyen Âge il a été considéré comme un puissant prince des enfers, avec huit légions de démons à son service. On dit que c'est un démon d'aspect agréable et qu'il induit à tous types de péchés, spécialement liés au sexe et la luxure. Quand l'écriture de la *Bible* reprit au Ier siècle, le terme Bélial s'employait comme appellatif de Satan, ce pourquoi Paul écrviit dans sa série de contrastes parallèles: "*Quel accord y a-t-il entre Christ et Bélial?*"[139] (*Corinthiens* II, 6, 15). On a l'habitude de considérer Bélial comme le propre Satan, et ainsi le fait la version Peshitta syriaque[140].

Les éléments antérieurs révèlent que l'autoportrait de Michel-Ange évoque:
1. La victoire sur le démon;
2. L'identité ou la similitude de la victoire du Christ sur Hadès et de celle de Bartholomé sur Bélial, dans les *Évangiles apocryphes*;

3. La nature similaire d'évocation entre Bartholomé, qui a été témoin de la Résurrection et de l'Ascension du Christ, et Adam, racheté et sauvé par le Christ, le même Adam fils et *alter-ego* de Dieu le Père. Ce que confirmerait un autre autoportrait de Michel-Ange, à l'intérieur de la Chapelle Sixtine, celui de la tête d'Holopherne.

Pour ce que, comme nous le écrivions antérieurement, la figure d'écorché de Michel-Ange-Bartholomé, conformément à la tradition, la forme d'Adam préalable au Péché et celle-là de Noé nu se rattachent comme trois représentations de l'humanité dans son caractère divin:

a) Adam comme parangon de Dieu:

"*En fin de compte, le parfait ouvrier décida qu'à celui qui ne pouvait rien recevoir en propre serait commun tout ce qui avait été donné de particulier à chaque être isolément. Il prit donc l'homme, cette oeuvre indistinctement imagée, et l'ayant placé au milieu du monde, il lui adressa la parole en ces termes: «Si nous ne t'avons donné, Adam, ni une place déterminée, ni un aspect qui te soit propre, ni aucun don particulier, c'est afin que la place, l'aspect, les dons que toi-même aurais souhaités, tu les aies et les possèdes selon ton voeu, à ton idée. Pour les autres, leur nature définie est tenue en bride par des lois que nous avons prescrites...*"

Ce qu'accepte la *Genèse*, en faisant qu'il nomme tout l'existant, partageant ainsi avec le Créateur le rôle même de la Création.

b) Noé comme Père de l'humanité actuelle, après la seconde Creation.

c) Michel-Ange, créateur de la Chapelle Sixtine (voûte et abside), identifié avec Adam en tant que co-artisan de la Création, capable d'être assimilé à la divinité au moyen du travail de l'esprit selon la dénomination de l'homme par Pic de la Mirandole.

À présent, c'est cette même valeur de la création comme travail intellectuel que Léonard et Michel-Ange ont promu pour faire entrer la peinture et la sculpture entre les arts libéraux, et, d'artisans qu'ils étaient selon la définition médiévale de leur office d'atelier, obtenir le statut d'artistes.

Benjamin Blech et Roy Doliner (2008)[141] confirment indirectement notre analyse, lorsque, depuis une interprétation judaïque de la Chapelle, ils arrivent à voir dans la *Création d'Adam*[142] la représentation, dans la cape qui couvre Dieu, de l'image d'un cerveau[143] dont ils trouvent l'origine dans les études anatomiques de l'artiste, en la femme embrassée par Dieu l'image de Sophia, la Sagesse Divine, co-créatrice dans la *Genèse*, en l'enfant qui touche la main droite de Dieu, l'âme d'Adam que Dieu se prépare à insuffler dans le corps du premier créé, ce qui, selon eux, depuis une illustration de la Cabale, représenterait le "*cerveau occulte*", qui pousse l'homme dans la volonté de créer, à l'instar de Dieu, d'où leur postulat suivant lequel la *Création d'Adam* serait un autoportrait du peintre, la main gauche d'Adam étant celle qui reçoit la bénédiction, conformément à la tradition juive, Adam représentant les émotions supérieures, l'enfant les inférieures. Ils confirment leur opinion de ce que la Chapelle Sixtine est un autoportrait de Michel-Ange dans la conclusion de leur ouvrage[144]. Ils donnent une certaine importance au caractère sexuel, en reconnaissant la valeur hautement évocatrice de la correspondance de niveau entre le sexe d'Adam et la tête d'Ève dans le *Péché* (et en rappelant par ailleurs que, selon eux, c'est la tradition hébraïque de la figue que Michel-Ange illustre - bien que nous avons vu qu'il n'en était pas précisément ainsi, la référence réapparaît même dans la littérature populaire, dans "*L'Idole Rouge*", 1918, de Jack London: "... *si innocent comme Ève avant l'aventure de la feuille de figuier*"[145] -), et en voyant dans l'apparition de Dieu de dos laissant voir son postérieur dans la *Séparation de la Terre et des Eaux* une vengeance de Michel-Ange pour ses souffrances dans la réalisation de la Chapelle, lui qui disait n'être pas peintre, puisqu'il a réalisé ce panneau, selon les auteurs, dans un moment où il subissait de sérieuses attaques d'hémorroïdes, et représenter Dieu montrant à Jules II son derrière aurait été une vengeance pour le peintre qui ne pouvait pas exprimer ses plaintes à haute voix, par peur d'être durement puni par le Pape. Il nous semble que, pour savoir à plénitude pourquoi il est été a été acceptée et laissée telle quelle la *Séparation de la Terre et des Eaux*, nous devrions nous interroger sur son sens et sur sa correspondance avec des images médiévales de fesses dans les églises, ce qui pourrait être le sujet de l'autre travail.

Terminant notre étude, ce qui n'est pas surprenant, le sens typologique de la Sixtine s'impose: l'Arche de Noé est symbole du corps, et:

"*3.18 Christ aussi a souffert une fois pour les péchés, lui juste pour des injustes, afin de nous amener à Dieu, ayant été mis à mort quant à la chair, mais ayant été rendu vivant quant à l'Esprit,*
3.19 dans lequel aussi il est allé prêcher aux esprits en prison,

3.20 qui autrefois avaient été incrédules, lorsque la patience de Dieu se prolongeait, aux jours de Noé, pendant la construction de l'arche, dans laquelle un petit nombre de personnes, c'est-à-dire huit, furent sauvées à travers l'eau.
3.21 Cette eau était une figure du baptême, qui n'est pas la purification des souillures du corps, mais l'engagement d'une bonne conscience envers Dieu, et qui maintenant vous sauve, vous aussi, par la résurrection de Jésus Christ,
3.22 qui est à la droite de Dieu, depuis qu'il est allé au ciel, et que les anges, les autorités et les puissances, lui ont été soumis." (*1 Pierre*, 3, 18-20)

Le Serpent de Bronze, les épisodes de la vie de Noé, et les autres évocations, comme la figure d'Ève, mettent au centre du programme iconographique de la Chapelle le débat entre la foi et l'infidélité. D'où un programme moral d'indéniable structure. Qui l'a pensé? Le peintre, le Pape? Dans cette rencontre de thèses philosophiques et théologiques, au moins l'artiste donne la vigueur monumentale. La séquence entre Noé et Loth dans la *Bible* amène à étudier le symbole des filles de Loth pour aborder, par typologie, la question des fils de Noé, deux épisodes autour de l'engagement, du culte et de l'ivresse rituelle. Ainsi Michel-Ange n'invente pas, mais il reproduit les thèmes classiques (nous le voyons dans l'iconographie de la *Création d'Adam*), mais en les restructurant (nous avons déjà vu que l'iconographie de la *Création d'Ève* est plus commune que celle *D'Adam*, comme on l'apprécie dans l'*Hortus deliciarum* de Bosch).

II.b. "*Magnum miraculum*" et "*prima intentio*" (entre théologie et logique)

En tous cas, l'homme est, pour la période, le centre de l'univers créé, statut que le néoplatonisme a abondamment débattu.

La première illustration de l'*Homo microcosmus, hoc est: parvus mundus, macrocosmo, id est* (1670) de Silesia Hayn et Martin Meyer, de titre hautement significatif, représente l'homme vitruvien, pris dans l'orbe du monde, sur lequel trône la Croix christique, et à l'intérieur duquel le soleil et la lune tournent autour du corps humain[147].

Saint Augustin, dans *La Cité de Dieu*, concernant l'idolâtrie, écrit (Lib. VIII, cap. XXIII):

"*Je rapporterai ici ses propres expressions, d'après la traduction d'Apulée: «Puisque nous traitons de la société qui existe entre les dieux et les hommes, considérez, je vous prie, mon cher Asclépius, quel est le pouvoir de l'homme; de même que le Seigneur et le Père, ou, pour tout dire, Dieu, a fait les dieux célestes; ainsi l'homme s'est fait les dieux qui sont dans les temples, et qui se réjouissent d'être voisins des hommes.» Et un peu après: «L'homme donc se souvenant de sa nature et de son origine, persévère à imiter la Divinité, tellement qu'à l'exemple de ce Père et de ce Seigneur qui a fait des dieux éternels comme lui, l'homme s'est formé des dieux à sa ressemblance.» Là-dessus, comme Asclépius lui eût demandé s'il entendait parler des statues: «Oui, Asclépius, répond Trismégiste, c'est d'elles que je parle, afin que vous n'en doutiez point. Voyez-vous ces statues animées, pleines d'esprit, et qui font tant et de si grandes choses; ces statues qui connaissent l'avenir; qui prédisent, en beaucoup de rencontres, ce que tous les devins ensemble ne pourraient peut-être pas savoir; qui envoient des maladies aux hommes et qui les guérissent; qui répandent la tristesse ou la joie dans les cœurs selon qu'ils le méritent? Ignorez-vous que l'Egypte est l'image du ciel, ou pour mieux dire, que tout ce qu'il y a de beau et de réglé dans le ciel y a été transporté; en un mot, que notre patrie est le temple de tout le monde? Toutefois, puisqu'un homme sage doit tout prévoir, il est bon de vous avertir qu'il viendra un temps où l'on reconnaîtra que c'est en vain que les Égyptiens se sont tant adonnés au culte de la divinité, et que leurs cérémonies les plus religieuses seront méprisées et abolies.»*
Mercure s'étend fort au long sur ce sujet, et il semble prédire ce temps où la Religion chrétienne abolit les vaines superstitions avec d'autant plus de zèle et de liberté, qu'elle est plus vraie et plus sainte, afin que la grâce du véritable Sauveur délivre l'homme des dieux qui sont l'ouvrage de l'homme, et le soumette au Dieu dont il est l'ouvrage. Mais lorsque Trismégiste fait cette prédiction, il parle comme un homme qui aime ces prestiges des démons, et il n'exprime pas clairement le nom des Chrétiens; il s'afflige au contraire comme d'un grand malheur de la

destruction future des choses qui, à son avis, conservaient en Egypte la ressemblance de l'homme avec les dieux. Il était, en effet, de ceux dont l'apôtre dit: «Malgré qu'ils aient connu Dieu, ils ne l'ont pas glorifié comme Dieu, et ne lui ont pas rendu grâce de ses bienfaits; mais se sont perdus dans la vanité de leurs raisonnemens, et leur esprit superbe a été rempli de ténèbres. En se disant sages, ils sont devenus fous, et ils ont transféré la gloire de Dieu incorruptible à la figure de l'homme corruptible.» Véritablement Trismégiste dit beaucoup de choses du seul vrai Dieu créateur de l'univers qui sont conformes à ce que nous en apprend la vérité; et je ne sais comment il est si aveuglé que de vouloir que les hommes soient toujours soumis aux dieux qu'il confesse qu'il sont faits, et de s'affliger de ce que cela doit finir un jour; comme si l'homme pouvait être plus malheureux que d'être dominé par les œuvres de ses mains. Il est, après tout, bien plus aisé qu'il ne soit plus homme en adorant les dieux de sa façon, qu'il ne l'est que les dieux de sa façon deviennent dieux par le culte qu'il leur rend; car il arrive plus facilement que l'homme, déchu de l'état glorieux où Dieu l'avait mis, devienne semblable aux brutes, que l'on ne saurait voir l'ouvrage de l'homme devenir plus excellent que l'ouvrage que Dieu a fait à son image, c'est-à-dire que l'homme même. C'est donc avec raison que l'homme tombe de l'élévation de son auteur, lorsqu'il s'assujétit à son propre ouvrage."

Débat, et mise en miroir ou en abîme, provenant de la *Genèse*, 1, 27:

"Dieu créa l'homme à son image, il le créa à l'image de Dieu, il créa l'homme et la femme."

Or:

"A cette hiérarchie de l'univers matériel et visible correspond une hiérarchie de l'univers spirituel et invisible. Dans la Théologie platonicienne, Ficin distingue cinq substances fondamentales: Le corps (défini par la quantité, c'est-à-dire par l'étendue; voir Theologia, VI, 8: «Un corps par nature est étendu»); la qualité (le chaud, le froid, le brillant et le terne, l'humide et le sec, etc.); l'âme (qui est capable par la conscience d'elle-même de s'abstraire du corps, mais qui ne peut exister que dans sa liaison à un corps. Le «connais-toi toi-même» est en effet la vertu propre de l'âme, comme Socrate fut le premier à le reconnaître. Ce retour sur soi marque selon Ficin l'excellence du cercle, conscience de soi dans le monde intelligible ou orbite des planètes dans le monde sensible); l'ange (une âme déliée de tout corps

mais dont la connaissance reste finie, enfin Dieu (l'esprit infini et omniscient). L'âme humaine, trait d'union entre le corps matériel et l'esprit divin, est ainsi vincula ou copula mundi (Theologia , III, 2). L'homme est placé au milieu des extrêmes: il peut déchoir vers la bête (qui est l'âme ensevelie dans la matière) ou s'élever vers l'ange (qui est l'âme affranchie du corps). L'homme, ou plutôt l'âme humaine, est ainsi le plus grand miracle de la nature (Theologia, III, 2; t. I p. 141 et 142: «L'âme humaine [que Ficin nomme "tierce essence" d'après Timée 35 a] (13) est le plus grand miracle de la nature, maximum est in natura miraculum [...] si bien qu'on peut l'appeler justement le centre de la nature, le milieu de toutes choses, l'enchaînement de l'univers, le visage de toutes choses, le nœud et le lien de l'univers.».. On retrouve ici le souvenir de l'Asclépius, ou traité XIV du Corpus hermeticum (l'Asclépius est le seul des traités du Corpus connu par le moyen âge; Augustin le cite longuement dans la Cité de Dieu, VIII, 23-27: «C'est donc, ô Asclépius, une grande merveille (magnum miraculum) que l'homme, un animal digne de respect et d'adoration. Car il passe dans la nature divine, comme si lui-même était Dieu...» (Asclépius, § 2). Miracle, puisque c'est avec l'âme humaine que le matériel se sublime dans le spirituel et qu'une ouverture est pratiquée, dans la création, vers la connaissance du divin. C'est pourquoi l'homme, c'est-à-dire l'âme humaine, est revêtu d'une dignité particulière au sein de l'univers: c'est à lui qu'il appartient de s'arracher au sensible et de s'élever vers l'intelligible. Les anges habitent le règne du spirituel, comme les bêtes habitent le règne du matériel. L'homme seul s'élève sur la frontière, et lui seul est susceptible de s'arracher à l'un pour s'élever à l'autre. C'est cette dignité de l'âme humaine qui lui confère l'immortalité. Le sous titre de la Théologie platonicienne est: De l'immortalité de l'âme."

Il nous semble que cette symétrie entre l'homme et son Créateur favorise la représentation de l'universalité suprême de l'humanité, dont l'essence, comme celle de Dieu, se répartit en tout:

"Cette médiation va de pair avec une totalisation. L'âme contient en elle la totalité de l'être, compris dans son unité multipliée. L'âme est tous les êtres en puissance. Le thème est manifestement issu du De anima d'Aristote, III, 6,431 b 21. l'âme est tous les êtres en quelque façon, c'est-à-dire en puissance; ce qui ne veut rien dire d'autre sinon que l'âme, pour recevoir les formes intelligibles, doit n'être au départ aucune d'entre elles : elle doit être amégéthès – sans mélange – et sans nature sinon

d'être la puissance de toutes les natures, De anima, III, 4,429 à 18-22. Mais Ficin comprend cette dynamis non plus au sens de la puissance passive qu'Aristote comparait à celle de la tablette vide à recevoir l'écriture ou de la cire molle à recevoir l'empreinte du cachet, mais au sens d'une puissance active et protéiforme (la figure de Protée est d'ailleurs plusieurs fois invoquée dans la Theologia platonica, X, 1) d'auto-transformation universelle. C'est moins, en effet, à travers la noétique «active» de Platon ou de Plotin (pour qui l'âme recèle la totalité de l'être en elle – Ennéades, II, 5 [25], 3 – ...) qu'à travers l'anthropologie du très fameux chapitre 6 de l'Asclépius, selon lequel l'homme est à la fois tout et partout («omnia idem est et ubique idem est»), que Ficin relit les grands textes de la noétique aristotélicienne."[151]

D'ailleurs, dans le Lib. I de la *Genèse contre les manichéens*, contemporain du Lib. I *Du libre arbitre*, Saint Augustin insiste sur le lien entre le fait que l'homme ait été fait à l'image de Dieu et la supériorité qu'il lui donne sur les autres espèces en lui commandant de régner sur elles (*Gen.*, 1, 26)[152].

La contrepartie, moderne, est que Jésus attend le jugement de Dieu en "*sur la Terre, où il attend mon arrêt en Homme-Dieu*"[153], dérivation d'équivalence qui se ressent parfaitement chez De Boulogne, lorsqu'il écrit:

"*Ainsi la morale de Jésus-Christ est la lumière de nos esprits, la vertu de nos âmes, et la joie de nos cœurs: avec elle il n'y a plus de doutes; avec elle il n'y a plus de vices; avec elle il n'y a plus de peines. Et maintenant qui pourrait ne pas s'écrier comme ces Juifs dont parle 1 Evangile (Joan., VII,.46): Non, jamais homme n'a parlé comme cet homme; jamais homme n'a élevé si haut nos sentiments, n'a plus agrandi le domaine de la morale; jamais homme n'a creusé plus avant dans l'âme pour y découvrir ce poison subtil qui se cache jusque dans le bien et qui corrompt jusqu'à la vertu même; jamais homme n'a élargi davantage le cœur et ne l'a fait aimer autant qu'il lui est possible d'aimer. Tous les préceptes de morale qu'on avait ébauchés avant lui, cet homme les a achevés; tous ceux qui n'avaient été qu'entrevus, cet homme les a dévoilés; tous ceux que la main seule n'avait fait que tracer, cet homme les a réalisés: et à lui seul appartenait de donner à la fois la leçon et l'exemple. Quoi donc! et où cet homme a-t-il puisé tous ces renseignements, et si simples et si grands, et si hauts et si populaires, et toutes ces leçons inouïes, cachées jusqu'à lui à la pensée de l'homme? Unde huic sapientia haec? (Matth., XIII, 54.) N'est-ce donc pas ce fils d'un artisan qu'une étable a vu naître; n'est-ce pas ce fils de Marie sans éducation et sans culture, qui jamais n'apprit rien, et qui jamais n'écrivit rien ? Nonne hic est faber, filius Mariae? (Marc, VI, 3.) Mais comment cet homme, qui jamais n'apprit rien, a-t-il donc mieux parlé que tous ceux qui ont tant appris; et comment cet homme, qui jamais n'écrivit rien, a-t-il donc mieux parlé que tous ceux qui ont tant écrit et qui écriront jusqu'à la fin des siècles? Quomodo scit litteras, cum non didicerit? (Joan., VII, 15.) Chrétiens, faudrait-il encore vous le dire? Et qui de vous ne sentira donc pas que cet homme n'est pas un pur homme? mais le docteur venu de Dieu, le Verbe fait chair, mais le Verbe de vie; que sa doctrine n'est pas de lui, mais de celui qui l'a envoyé: et que, s'il n'a rien appris ici-bas, c'est qu'il a tout appris dans le sein de son Père? Voilà donc ce qui m'attache particulièrement à la religion de l'Evangile. C'est l'Evangile lui-même: c'est le Testament véritablement nouveau, puisqu'il a tout renouvelé, et qu'avant lui, comme après lui, on ne voit rien qui lui ressemble; c'est ce charme divin qui dispose à devenir meilleur quiconque sait le lire avec droiture; c'est cette impression de vertu qui sort de toutes ses pages, ainsi qu'elle sortait de la personne même du Sauveur du monde : Virtus de illo exibat (Luc, VI, 19); c'est cet air d'innocence et de candeur qui y brille à chaque ligne, ainsi qu'il remisait sur la face céleste de son divin auteur; c'est ce baume d'une onction indéfinissable qui porte tellement en mon cœur la lumière et la conviction que, quand je n'aurais que ce livre seul pour titre de ma foi, ce titre seul me suffirait pour être chrétien. Oui, quand la religion ne s'annoncerait point par la voix des miracles, quand le sang des martyrs n'aurait pas fécondé le champ où elle a pris naissance, ce livre tout seul ne m'apprendrait pas moins que le doigt de Dieu l'a tracé; il ne me dirait pas moins que, s'il n'était l'ouvrage de Dieu, il ne serait jamais entré dans la pensée d'aucun homme: je n'en resterais pas moins convaincu que, si le Très-Haut a dû nous envoyer son Fils, son Fils a dû parler comme a t'ait Jésus-Christ :je n'en publierais pas moins qu'il a été puissant en œuvres et en paroles. De sorte que, comme la vérité de ses œuvres justifie ses paroles, la beauté de ses paroles, par un admirable retour, justifie la vérité de ses œuvres; et je n'en conclurais pas moins que sa morale est le plus grand et le plus beau de ses miracles; qu'elle se manifeste par sa propre lumière, ainsi que le soleil par ses propres rayons; que si la raison humaine n'a pas pu la découvrir, la fraude et l'artifice n'ont pas pu l'inventer; et que telle est sa perfection et sa grandeur que, si cet admirable code était l'ouvrage de l'homme, Dieu lui-même l'envierait au sublime mortel qui en serait l'auteur."*

La preuve en est la coïncidence entre la terminologie employée par *Le Pimandre* (chap. I, Sect. XVI), traduit en 1463 par Ficin[155] pour Côme de Médicis[156], et, contemporainement, par Lodovico Lazzarelli (1447-1500)[157], pour se référer à l'homme, où:

"*Mercure dict que nature foy meflant à l'homme, a produict le miracle trefmerueilleux*"[158]

Et la "*beauté célefte*", symbole du sacrifice du Christ:

"*Lors qu'eftant feulement âgé de quinze ans j'eftois encore en l'Ifle de Cypre je vis vne nuit en fonge vne jeune fille dont la beauté estoit plus éclatante que le foleil, & qui eftoit plus parée que l'on ne fçauroit fe l'imaginer: Elle s'arrefta devant mon lict & me pouffa par le cofté: Ce qui m'ayant éveillé je reconnus que cette vifion n'eftoit nullement vn fonge, & creus que c'estoit vne femme. Ainsi après avoir fait le figne de la croix je luy dis; Qui eftes-vous, & comment avez-vous ofé venir icy lors que je dormois? J'oubliois à dire qu'elle avoit sur la tefte vne couronne d'olivier. Elle me répondit en foûriant & avec vn vifage fort gay; Ie fuis la fille aînée du Roy. A ces mots je me profternay pour l'adorer, & elle ajoûta; Si vous m'avez pour amie, je vous ameneray en la prefence de ce grand Monarque; car perfonne n'a tant de pouvoir que moy auprés de luy, & c'eft moy qui l'ay fait defcendre du ciel en la terre pour fe faire homme afin de fauver les hommes. En achevant ces paroles elle difparut. Lors que je fus revenu à moy je compris quelle eftoit cette vifion & dis; Ie croy que cette beauté celefte eft la Compaffion des affligez, & l'Aumofne: Ce qui eft caufe qu'elle a la tefte couronnée de branches d'olivier, puis qu'il eft fans que c'eft la compaffion & la bonté de Dieu envers les hommes qui ont fait qu'il s'eft reveftu d'vne chair humaine.*"[159]

Laquelle "*beauté célefte*" qui correspond au "*O quam magnum miraculum*" (D 155r-v, R 467rb-va[160]) sur le miracle que la Vierge porte au monde, de l'*Ordo Virtutum* d'Hildegarde de Bingen[161], comme le "*Magnum Miraculum*"[162] est, aussi, en sens augustinien:

"*Magnum miraculum homo eft, animal honorandum, & adorandum, hoc in Dei naturam tranfit. In Afel.*"[...]

Idée fondée, nous l'avons dit, sur le cap. 6 de l'*Asclepius*: "*Magnum miraculum, o Asclepi, est homo*"[164], ici citée presque littéralement[165], si ce n'est pour l'oubli de l'interpellation.

Cornélius Agrippa reprend cette idée au cap. V de son sermon *De triplici ratione cognoscendi Deum* (c.1515[166], époque où il donna un cours sur *Le Pimandre* de Ficin à Padoue[167]):

"*O magnum miraculum, homo, praecipue autem Christianus, qui in mundo constitutus, ea quae supra mundum sunt, ipsiusque mundi auctorem cognoscit, tum in eo ipso inferiora quaeque cernit et intelligit: non solum ea quae sunt, et quae fuerunt, sed et illa quae non sunt, et quae ventura sunt. Magnum certe miraculum est homo Christianus, qui in mundo constitutus, supra mundum dominatur, operationesque similes efficit ipsi Creatori mundi, quae opera vulgo miracula appellantur, quorum omnium radix et fundamentum fides est in Jesum Christum.*"[...]

Comme Saint Augustin lui-même (*La Cité de Dieu*, Lib. X, cap. XII), reprenant son idée, et sa critique, précédemment évoquée (Lib. VIII, cap. XXIII), mais en l'orientant ici plus directement à cette considération de la qualité particulière du genre humain:

"*L'homme voit arriver des choses extraordinaires & il les admire, tandis que lui-même admirateur est un grand miracle, & un miracle plus grand que tous ceux qui se font par l'entremise d'un homme.*"[...]

Et encore, Lib. XII, cap. XXIII "*De la nature de l'âme humaine créée à l'image de Dieu*":

"*Dieu a fait l'homme à son image, puisqu'il lui a donné une âme qui, douée de raison et d'intelligence, l'élève au-dessus de toutes les bêtes de l'air, de la terre et des eaux.*

Après la lui avoir donnée, soit qu'il l'eût déjà créée auparavant, ou plutôt en soufflant sur la face de l'homme qu'il avait formé de la poussière, il lui donna aussi une femme pour la génération, en la formant d'un os qu'il avait tiré de son coté par un effet de la toute-puissance divine : car il ne faut pas concevoir ceci grossièrement, comme si Dieu s'était servi de mains pour cela, ainsi que nous voyons tous les jours les artisans se servir des leurs pour faire leurs ouvrages. La main de Dieu est sa puissance, qui fait in visiblement les choses visibles. Mais cela passe pour une fable dans l'esprit de ceux qui mesurent par ce qu'ils voient journellement la puissance et la sagesse de Dieu, qui peut produire les semences mêmes sans aucune semence; comme si les choses même qu'ils connaissent, telles que la conception et la naissance des hommes, ne leur paraîtraient pas encore plus incroyables, s'ils n'en avaient l'expérience; quoique la plupart d'entre eux attribuent plutôt ces effets aux causes naturelles qu'à la vertu de Dieu."

Et dans son *Sermon* sur le *Psaume XVIII*[71]. Même idée, encore, chez Robert Recorde:

"*The excellencie of mans nature being fuch, as it is by Gods diuine fauor (moft mighty Prince) not onely created in highnes of degree far aboue all other corporal things, but by perfection, reafon & fearch of wit, much approaching toward the Image of God, as not only the holy Scriptures due teftifie, but alfo thofe naturall Phylofophers, which exactly did confider the nature of man, and namely the far reach & infinit compaffe of the works of the mind, were inforced to confes, that man fcarcely was able to know, himfelfe. And if he would duely ponder the nature of himfelfe, hee would finde it fo ftrange, that it might feeme vnto him a very myracle. And thereof fprang that faying: Magnum miraculum eft homo: maximum miraculum fapiens homo. For vndoubted, as man is one of the greateft myracles that euer God wrought, fo a wife man is plainely the greateft.*
And therfore was it that fome did account the head of a man the greateft miracle in the worlde, becaufe not onely of the ftrange workmanfhip that is in it, but much more of the efficacie of reafon, witte, memorie, imagination, and fuch other powers, & works of the mind, which can more eafily conceyue any thing in a manner, then vnderftand it felfe."

Chez Girolamo Clodinio d'après Hieronymus Kłodzinski[173], qui en donnent pour source, là encore, à Saint Augustin; chez Giordano Bruno[174] (à la fin du premier chapitre du poème *De immenso, innumerabilibus et infigurabilibus*[175], 1591[176]), qui la reprend d'Hermès; comme aussi Pic de la Mirandole, où elle ouvre *De la Dignité de l'homme*, en en concluant le premier paragraphe:

"Très vénérables Pères, j'ai lu dans les écrits des Arabes que le Sarrasin Abdallah, comme on lui demandait quel spectacle lui paraissait le plus digne d'admiration sur cette sorte de scène qu'est le monde, répondit qu'il n'y avait à ses yeux rien de plus admirable que l'homme. Pareille opinion est en plein accord avec l'exclamation de Mercure: «O Asclepius, c'est une grande merveille que l'être humain»."[...]

Chez Juan Eusebio Nieremberg, qui, lui, cite comme référence à Platon:

"Plato lib. I. de legibus. Homo miraculum eft animalium diuinorum."[...]

Ou encore, par exemple, dans *La Clavicule de la Science Hermétique écrite par un Habitant du Nord dans ses heures de loisir*[179].

L'association que nous avons notée entre l'infinie bonté de Dieu et son suprême miracle s'exprime aussi, dans *Le Pimandre* par l'expression sur l'*"excessif amour"* de Dieu (Lib. II, 19), dont le débordement donne naissance à l'humanité[180], et le concept fait écho à *Éphésiens*, 3, 20:

"3.20 Or, à celui qui peut faire, par la puissance qui agit en nous, infiniment au delà de tout ce que nous demandons ou pensons,
3.21 à lui soit la gloire dans l'Église et en Jésus Christ, dans toutes les générations, aux siècles des siècles! Amen!"[...]

C'est, donc, cette unité entre l'Homme dans sa suprématie au centre de la Création et Dieu dans l'excellence de son amour qui se rejoignent pour symétriser la créature et son créateur, ainsi qu'on le lit dans le *Traité des noms divins* de Denys l'Aréopagyte:

> "*Quelquefois nous la voyons louée, comme origine de tout, parce que tout a été produit par fa bonté, caufe efficiente de tous les Etres: quelquefois comme revêtue de fageffe & de beauté, parce que tous les Etres, qui conferrent conftamment leurs propriétés, fans donner atteinte à l'integrité de leur nature, forment cet ordre harmonieux, où l'on remarque des traces de la fageffe d'un Dieu, prefentent aux yeux des veftiges de la beauté celefte: quelquefois auffi, & cela par éminence, on la loue, comme aimant les hommes, & du côté de cette communication d'amour, qui donne au monde un Homme-Dieu: communication de grace en vertu de laquelle une des trois Perfonnes divines s'eft unie veritablement, pleinement nous, élevant jufqu'à la prééminence du Trône de Dieu la baffeffe de nôtre nature, & l'y faifant refider. Cette Perfonne c'eft le Verbe, devenu par l'Incarnation, le CHRIST. Jesus-CHRIST, la fimplicité même par fa nature divine, eft devenu par l'Incarnation un divin compofé: prodige qui furpaffe tout éloge, qui épuife toute admiration. Quoi de plus prodigieux en effet, que de voir l'Eternel, fujet au temps: que de voir celui, qui par la fupenorité de fon Etre, eft au-deffus de tout ordre naturel, ajufter l'immenfité de fort Etre a l'étroite mefure du corps d'un enfant! Tout cela, furcroît de prodige, tout cela, fans intereffer fes divines perfections, fans changement, fans confution des natures.*"[..]

Ainsi, la Rédemption par le Christ, non seulement nous sauve, mais nous fait redevenir le centre chéri de la Création comme avant le Péché d'Adam, d'où la double identification iconographique dans la Sixtine entre Adam-Dieu dans la *Création d'Adam*, et Adam-Jésus dans la *Péché* et le *Jugement*[183].

C'est sans doute pourquoi, aussi bien chez Agrippa que chez Lazzarelli, le parcours hermétique de cet "*ars miraculum*" catégorisé par Johannes Reuchlin s'identifie à l'accès au "*suprême arcane*", révélé uniquement par le Christ, "*le Verbe du Père fait chair*" du *De occulta philosophia libri tres*, qui le conclut (3, 36), en suivant en cela le *Crater Hermetis* de Lazzarelli[184].

Le débat sur l'identité du fils comme second Dieu provenant de Lactance, Eusèbe et Astérius d'Amasée, contre Marcel d'Ancyre, qui leur impute, précisément, s'être fondés sur l'Hermès Trismégiste, modifié cependant par Lactance[185], dans un sens assez similaire aux propos que l'on trouve dans l'*Apocryphon de Jean*[186], dont on note, sans vouloir en tirer de conclusion définitive, que l'association entre le Christ-Dieu Autogène (sachant que Dieu "*ne fait pas partie des éons*"[187]) et les douze éons (d'origine, sans doute, zodiacale et mithriaque), plus la Mère, permettraient de comprendre le nombre de personnages dans le nuage de Dieu, entre lesquels l'apparition de la figure féminine, d'identique taille que Dieu le Père, dans la *Création d'Adam* de la Sixtine.

De fait, similairement, une preuve peut-être de cette dérivation pourrait être le rapprochement entre, d'un côté, le premier moment de la Création[188] en tant que contenue dans le Seigneur[189], selon *Le Pimandre*, qui trouve un parallélisme dans l'*Apocryphon*[190], et de l'autre, l'identité gestuelle du Dieu de la *Séparation de la Terre et des Eaux* et du Christ du *Jugement Dernier* dans la Sixtine; une autre duplication étant, en ce même sens, l'accompagnement, dans le *Jugement Dernier*, du Christ par la Vierge, comme l'est le Dieu de la *Création d'Adam* d'une figure féminine.

De même que l'association entre l'origine rédemptrice en Jésus, les douze éons (ici mois, tribus d'Israël et apôtres) et l'impossibilité pour n'avoir pas été validée par Dieu de la feuille de l'Arbre-figuier du Paradis (en lieu et place de la malédiction provoquée par la Création de la Mère sans le Père) de couvrir Adam dans l'*Heptaplus* (1489[191]) de Pic de la Mirandole[192].

Si l'on accepte l'hypothèse du symbolisme solaire de Valerie Shrimplin (2000[193]) du *Jugement Dernier* dans la Sixtine, il est intéressant de constater que le Jour, sous l'apparence d'un jeune éphèbe apollonien, dans le *Jour Un* de la série de *La Création du Monde* (1589) de Jan Harmensz Muller, d'après Hendrick Goltzius, le représente dans une iconographie, également, christique, notamment par comparaison à son hypostase dans l'*Apocryphon*:

"«Alors 10 le grand Esprit invisible se réjouit à cause de la lumière qui avait été manifestée par la première puissance, sa Pronoia, Barbélô. Et il 15 oignit ce (Fils) de sa Bonté/Messianité, afin qu'il devienne parfait et qu'il soit sans besoin étant devenu bon/Christ, puisqu'il l'a oint de la Bonté/Messianité que l'invisible Esprit a versée sur lui. Et 20 (le Fils) reçut l'onction de l'Esprit virginal 31 et se tint en sa présence glorifiant 3-4 l'invisible Esprit ainsi que celui par qui il a été manifesté."[194]

Dans le cadre de christianisation par les auteurs de la période des thèses antiques, socratiques, hermétiques, et gnostiques[195], c'est dans le *De verbo mirifico* (1494)[196] de Reuchlin, que l'on trouve l'idée de la divinisation de l'homme et de son unification avec Dieu par la révélation du Pentagramme du nom du Christ[197] en tant que "*verbum mirificum*":

"*Hoc est illud verbum mirificum, quod iam pridem expectatis, verbum portentificum, verbum deificum, immo deus verbum et verbum deus, et nomen verbi Ihsuh, et verbum nominis Ihsuh, et idem Ihsuh verbum et nomen, qui est dominus dominantium.*"[198]

Il nous semble que l'idée, liée au problème nominaliste[199], et aux commentaires de l'*Organon* (*Logique*) d'Aristote[200], que l'"*homo est prima intentio*", que l'on retrouve nommée à l'envie, chez Juan Sanchez Sedeño[201], Guiral Ot[202], Hervé Nédellec[203], Francesco da Prato[204], relève (même si elle ne prétend s'appliquer qu'au cadre lingüistique et sémantique de la dénotation des substantif) de cette identique conception qui associe l'homme à la divinité, comme cela apparaît dans la partie des "*§ 18 - Distinctio 23*" sur la *Trinité* de Johannes de Ripa[205], qui, essayant d'y représenter la difficulté des trois "*personis divinis*"[206] (206vb 1-7), utilise la figure conceptuelle de l'expression aristotélique de l'"*homo est prima intentio*" (206vb 8) pour la résoudre[207], posture qui sera critiquée par Pierre Lombard[208].

Se contredisant, de fait, dans la relation homme-cheval (qu'il considère avoir "*en Dieu des raisons formatrices diverses*", ce pourquoi "*Dieu peut former l'homme dans l'être sans former dans l'être le cheval et l'homme et le cheval sont réellement distincts*"[209])/homme-ange:

"*11. L'acte substantiel ultime de toute espèce inférieure est en l'espèce supérieure acte potentiel ordonné à un acte substantiel ultérieur. En effet l'acte substantiel ultime d'une espèce inférieure est en elle la réitération ultime de l'unité divine: cette réitération correspond à l'espèce supérieure qui ajoute une dernière réitération à la précédente, au titre de perfection essentielle et d'acte postérieurs. Ainsi, l'actuation ultime en l'être essentiel de l'espèce de l'homme est l'être rationnel. Si donc l'ange est une espèce supérieure à l'homme, il communique avec lui en cet être qui lui correspond ou ne lui correspond pas comme perfection essentielle ultime. S'il lui correspond, l'espèce de l'ange n'ajoute aucune réitération de l'unité divine et de perfection essentielle à l'espèce de l'homme et l'ange n'est pas d'une autre espèce que celui-ci. L'homme diffère donc seulement de l'ange parce que l'être rationnel corres-pond plus intensément à ce dernier; mais ceci ne suffit pas pour que les espèces varient, car un individu de l'espèce humaine ou de l'espèce angélique peut posséder plus intensément l'être rationnel qu'un autre. S'il ne lui correspond pas, à l'être rationnel l'ange ajoute à l'homme perfection essentielle qui est une réitération de l'unité divine et par conséquent une dénomination de perfection absolue qui a) existe dans l'espèce de l'ange, b) commence au non-degré, c) est son acte essentiel ultime; la perfection antérieure, par exemple l'être rationnel, est donc potentielle par rapport à celle-ci, comme c'est le cas pour être par rapport à vivre, pour vivre par rapport à sentir, etc. (112b)."*

Il en conclut que:

"Si l'on se donne en effet deux concepts, ceux par exemple d'animal et d'homme, on ne peut avoir le concept univoque de l'homme et ne pas connaître distinctement la raison formelle en laquelle tous les hommes se rencontrent en l'être de l'homme"

Et, se faisant:

"3. Il est contradictoire que l'essence divine soit le terme formel de la génération paternelle et qu'en Dieu le Fils soit produit de la substance du Père. Si, en effet, le Fils est produit de cette substance et ne l'est pas de rien, ce n'est pas parce que la substance du Père est la même que dans le Fils et parce qu'elle existe d'abord dans le Père. Si en Dieu l'essence divine en tant qu'elle est dans le Fils est le terme formel de la génération du Père, le Fils est produit de rien et il n'est pas produit de la substance du Père. Il y a là contradiction. En outre, pourquoi le Fils par génération ne dépend-il pas essentiellement du Père? En effet s'il reçoit tout son être essentiel du Père par production, il dépend plus de celui-ci que s'il en tenait par pro-duction la même essence spécifique et une autre numé-rique. Il en dépendrait alors; il en dépend donc maintenant. On ne peut l'expliquer en recourant à l'identité d'essence, car si par impossible dans les créatures celui qui produit introduisait par production en ce qu'il produit sa propre raison spécifique, celui-ci ne dépendrait pas moins selon cette raison de celui qui produit. D'autre part, à l'homme assumé correspond l'être divin par union. En effet ce qui est assumé est vraiment Dieu. Selon cet être cependant il dépend vraiment de Dieu et de la Trinité entière. Cet homme assumé est Dieu par un influx divin suprêmement gratuit. Pour dire que le Fils dépend du Père et qu'il n'est d'aucune manière créé en l'ordre de la durée et en l'ordre de la nature, il faut admettre logiquement que l'essence divine n'est pas le terme formel de cette génération (133d)."

(Nous soulignons par les gras, retrouvant, une fois encore, ici, l'association tripartite: Dieu-le Fils [Jésus]-l'Homme, dans laquelle, implicitement, le Fils sert de lien entre les deux autres termes de cette équation.)

Jean Gerson, à sa suite, confirme cette impression, lorsqu'il associe, dans sa recherche nominale du sens entre l'objet dénoté et ses connotations, l'opposition entre l'"*homo*" et les anges, et, dans ce cadre, l'homme aux valeurs superlatives déjà rencontrées du "*magnum miraculum*", même si c'est pour les contredire, en opposant, pour sa part, la cause (ou "*ratio*") à la substance, l'essence aux créatures qui en découlent, supposant toujours, cependant, qu'elles continuent d'être en relation avec elle, qui les contiendrait, d'une manière ou d'une autre:

"*O quàm in fuppofitionibus fuis ponit exprefsè ipfam diftinctionem, & exemplificat de ipfa, Homo eft digniffima creaturarum. Rofa eft pulcherrima flor florum. In fenfo enim quem facit illa: Homo eft digniffima creatura, falfa eft: quia ratio eft nobilior fubstantiis feparatis; fed eft digniffima fuper omnes creaturas corporales, feparatis Seraphicis, Cherubicis, & fic de aliis: & vocatur ferius litteralis primus fenfus quem littera de fe facit, & offert & ifta eft grammaticalis, &, per confequens, litteralis, perlocum à nominis interpretatione ad interpretatum: gramma enim eft littera; &, per confequens, grammaticale dicitur litterale, per locum à conjugatis.*"

Jan Harmensz Muller, d'après Hendrick Goltzius, série de *La Création du Monde*

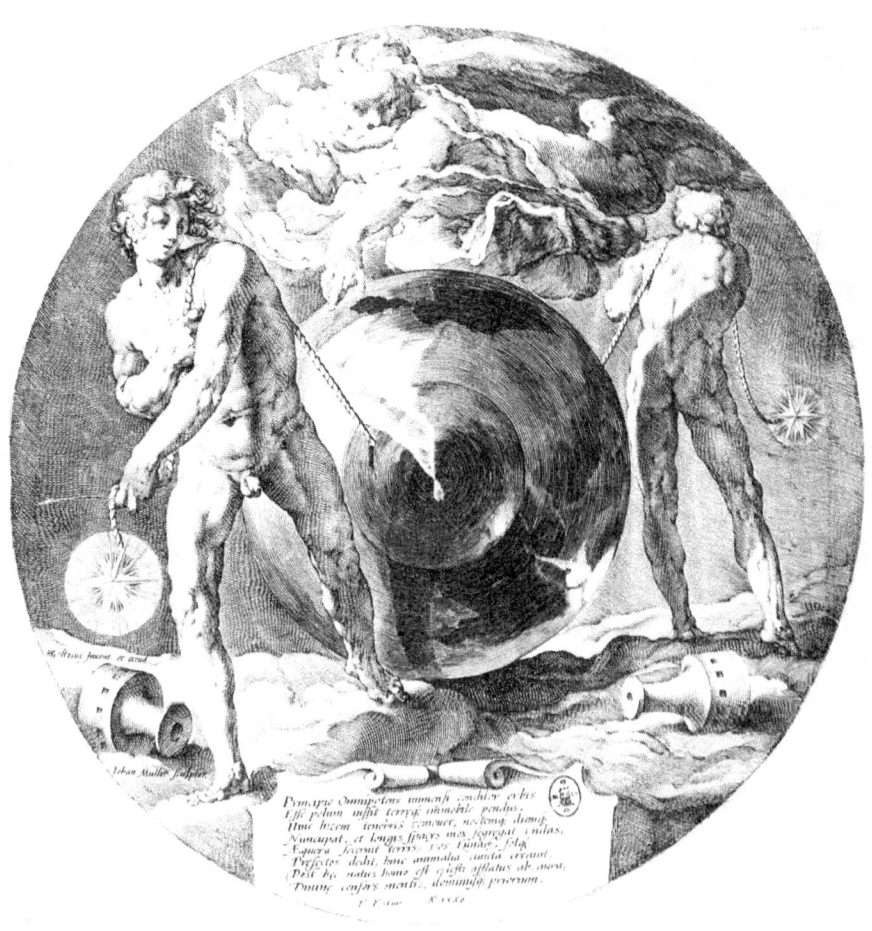

Page de Titre

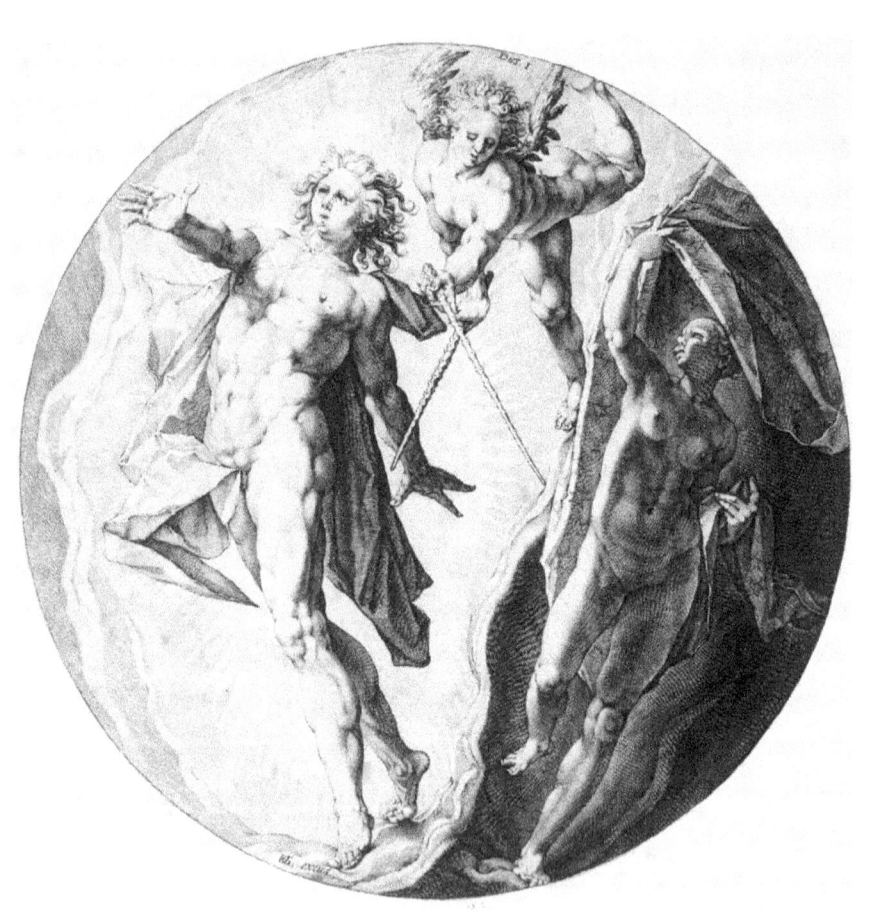

Jour Un: Séparation de la lumière d'avec les ténèbres

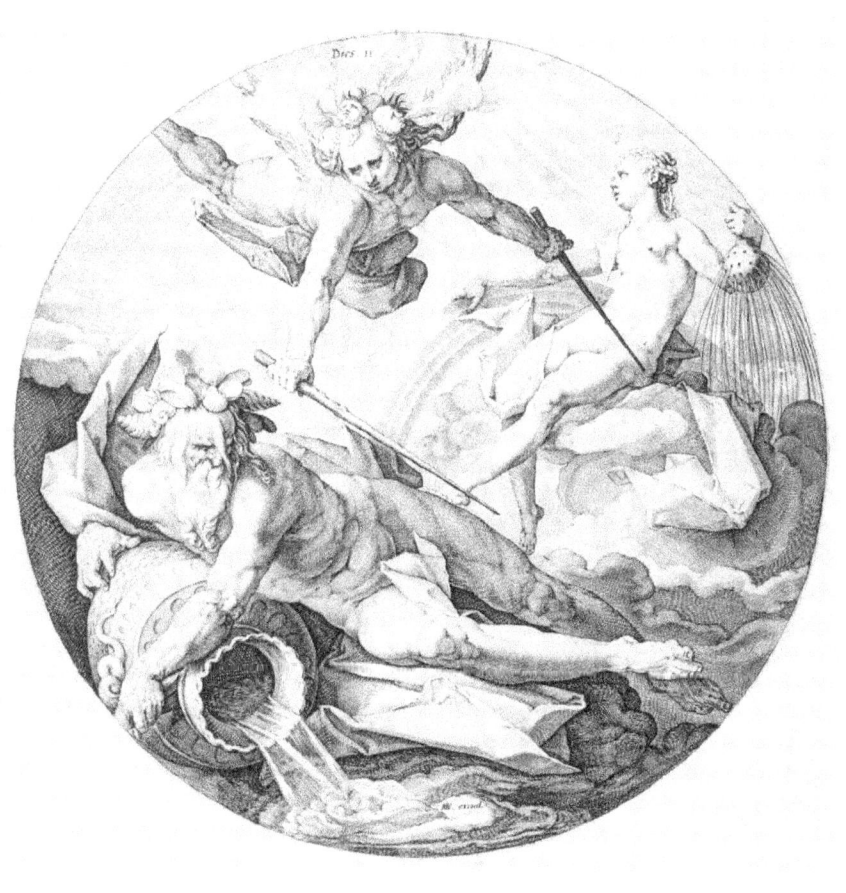

Jour Deux: Séparation de l'Air et des Eaux

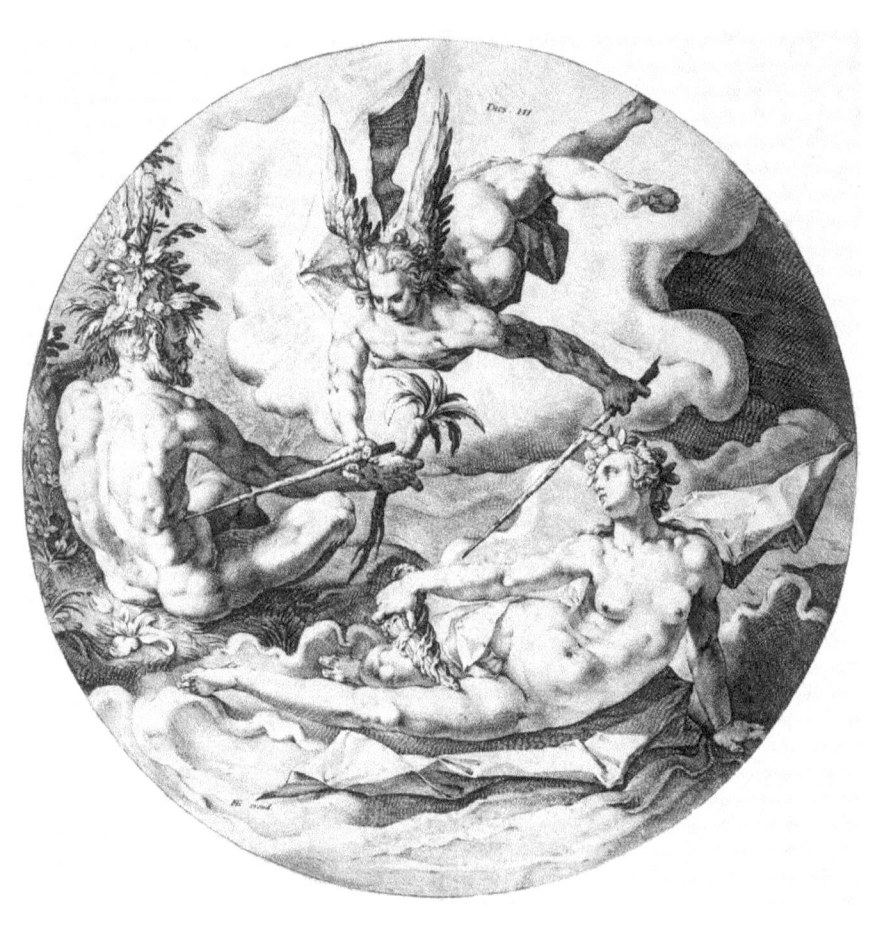

Jour Trois: Séparation des Terres et des Eaux

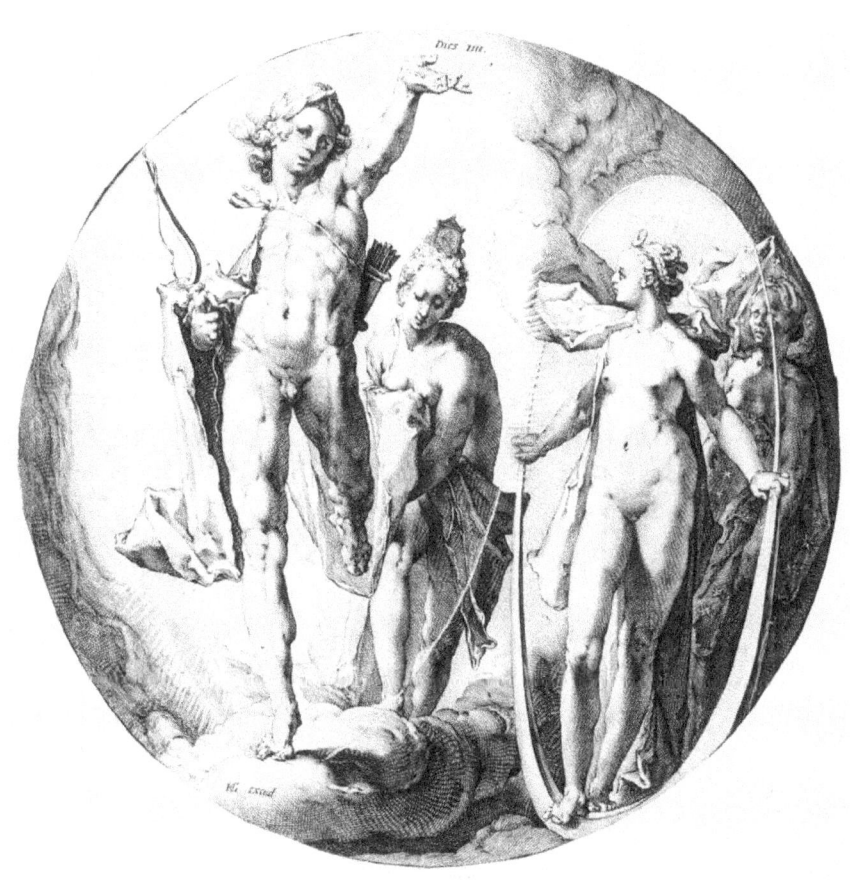

Jour Quatre: Création du Soleil, de la Lune et des Étoiles

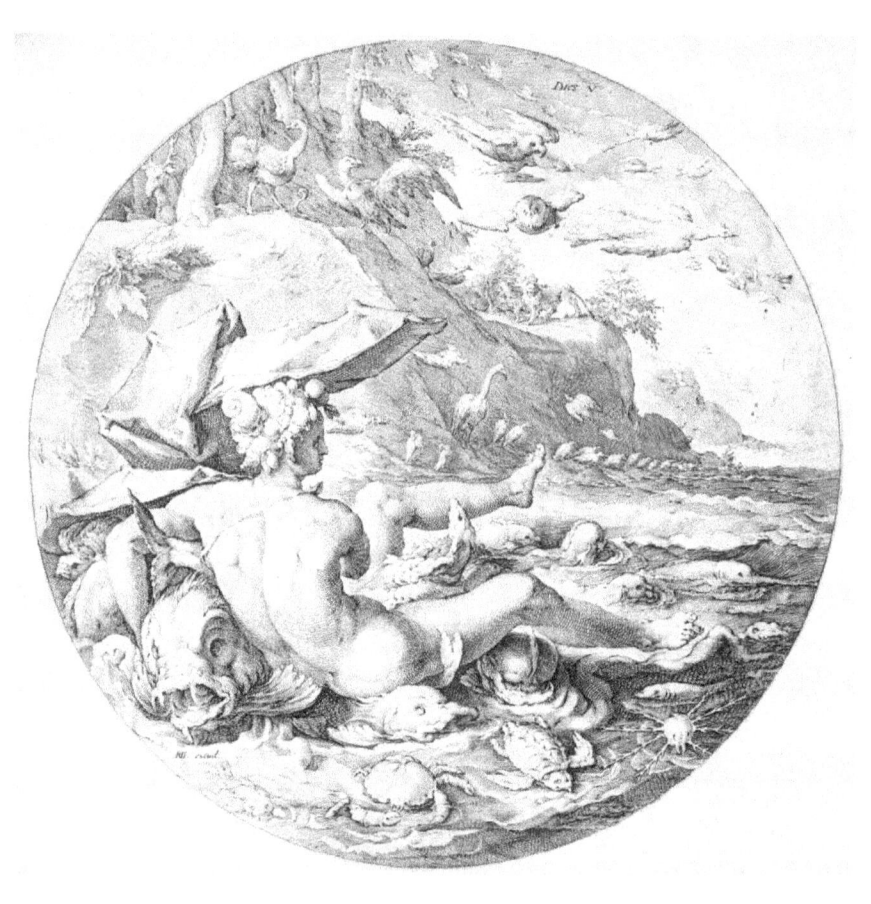

Jour Cinq: Création des Bêtes,
des Oiseaux et des Poissons

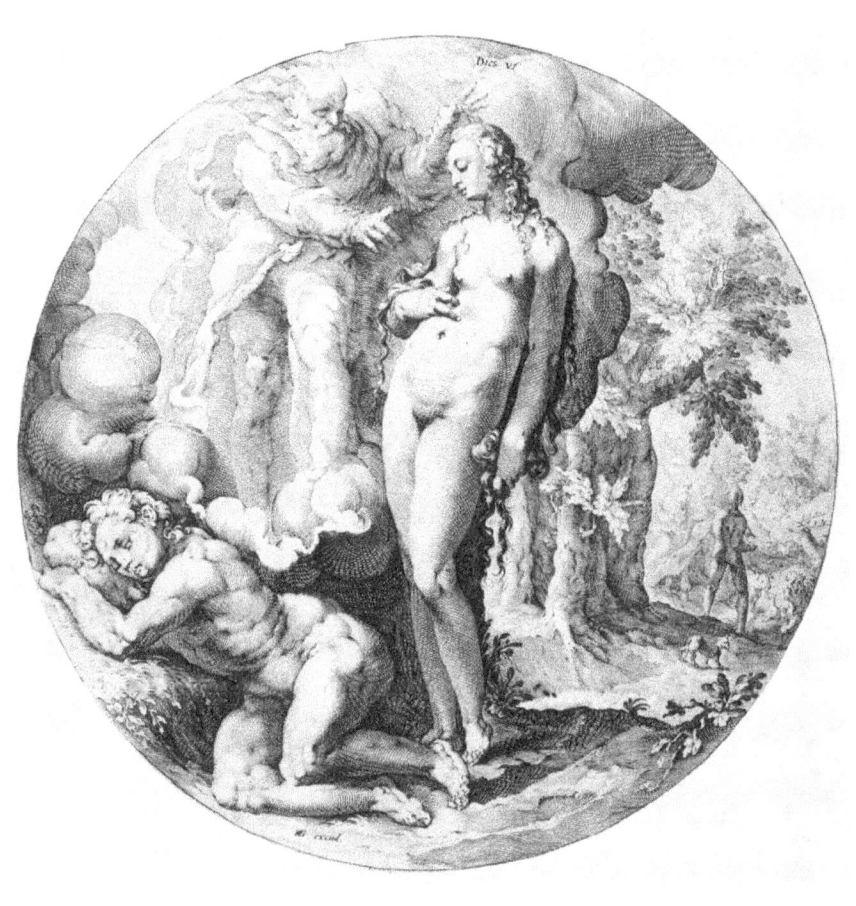

Jour Six: Création d'Adam et d'Ève

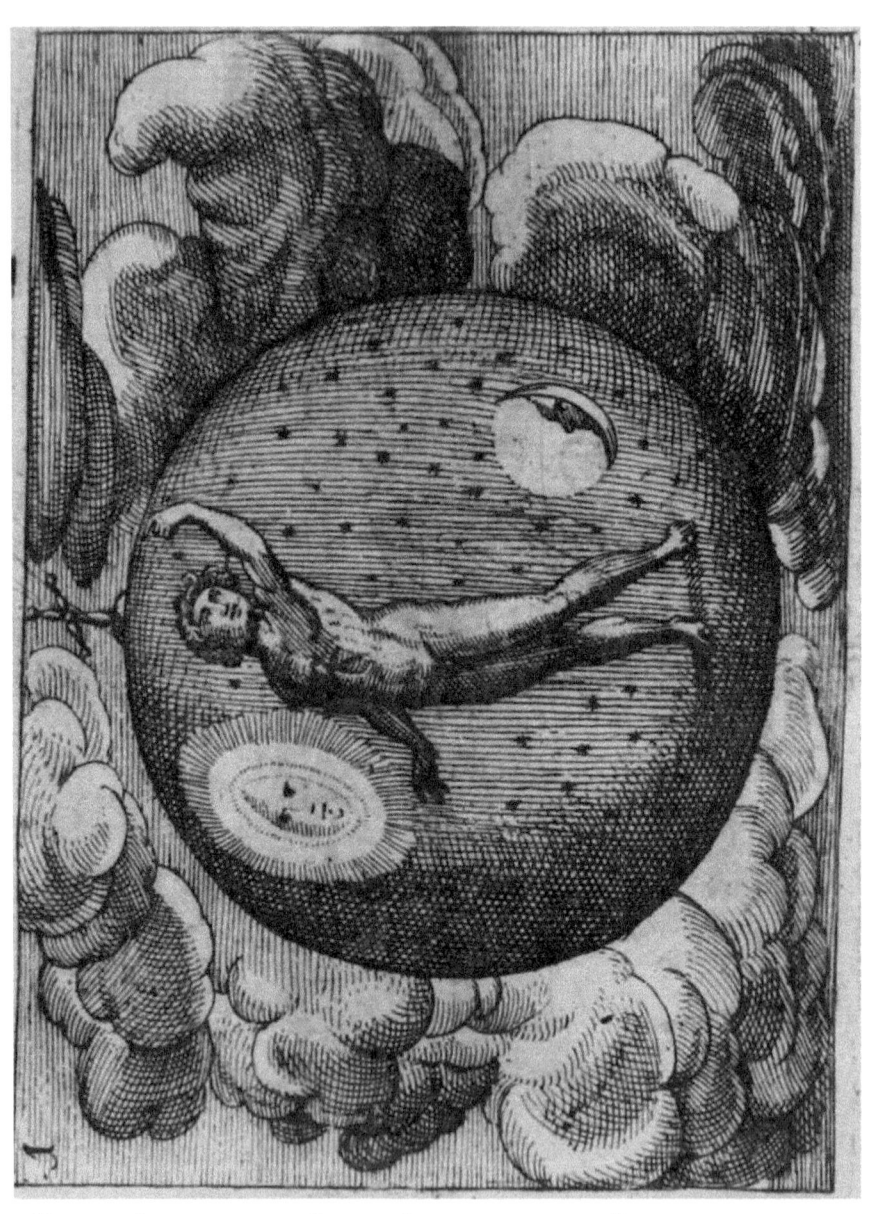

Homo microcosmus, hoc est: parvus mundus, macrocosmo, id est

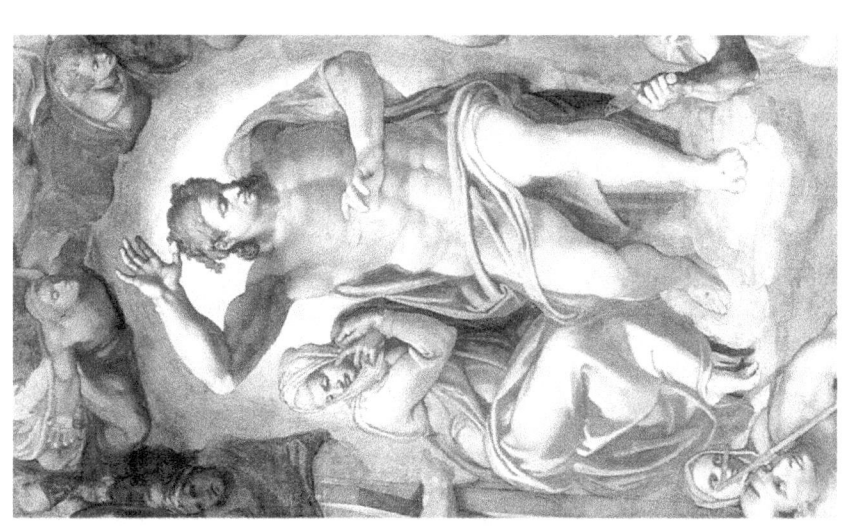
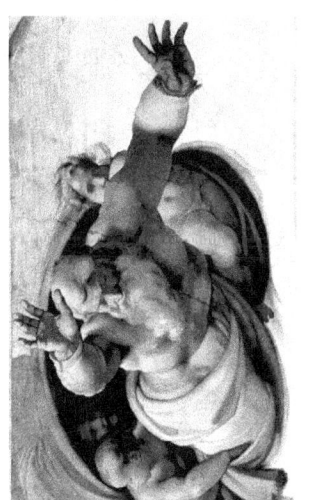
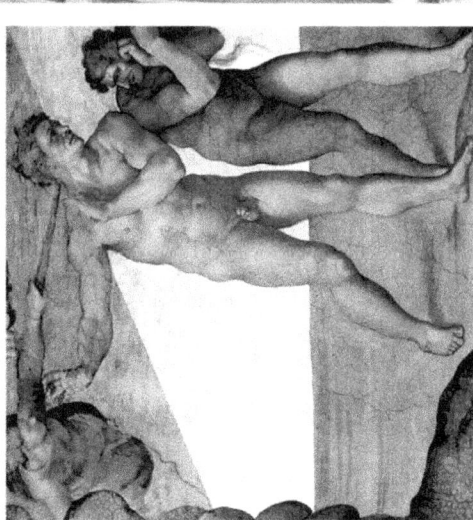

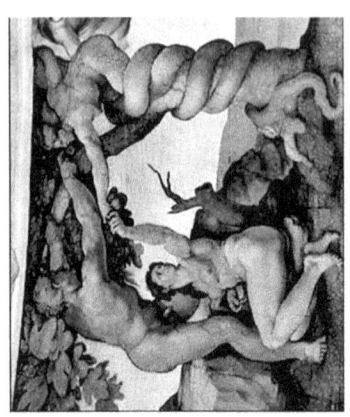
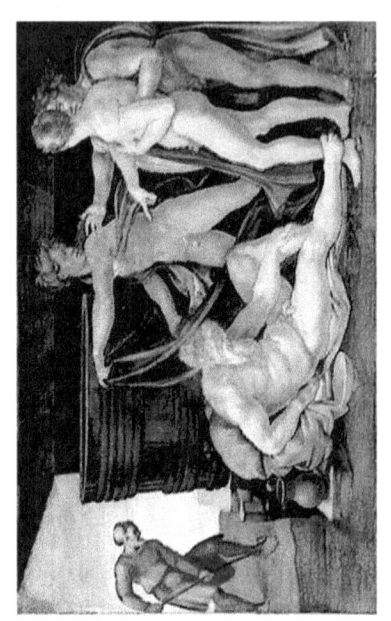
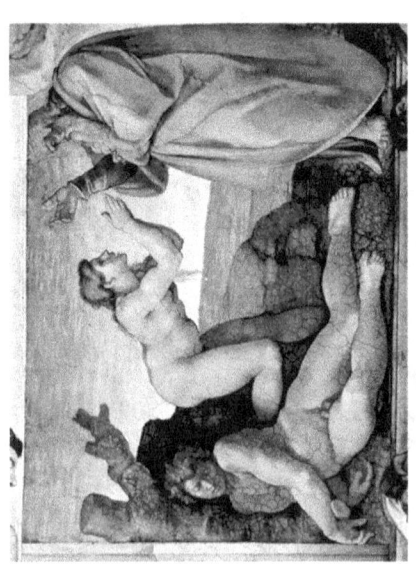
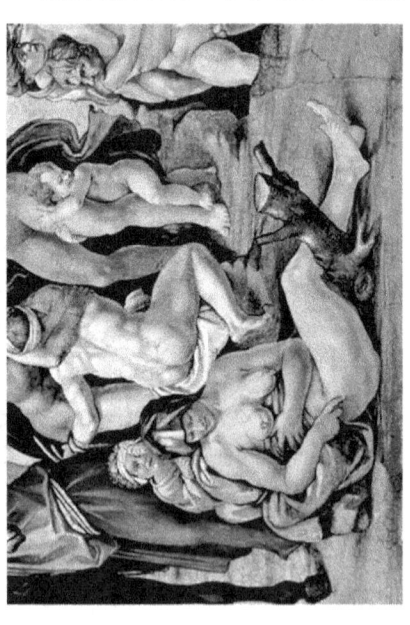

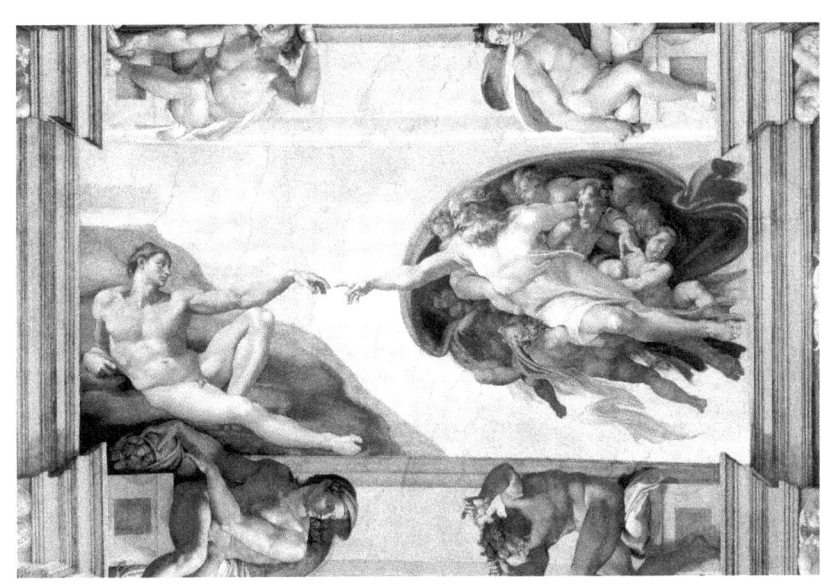

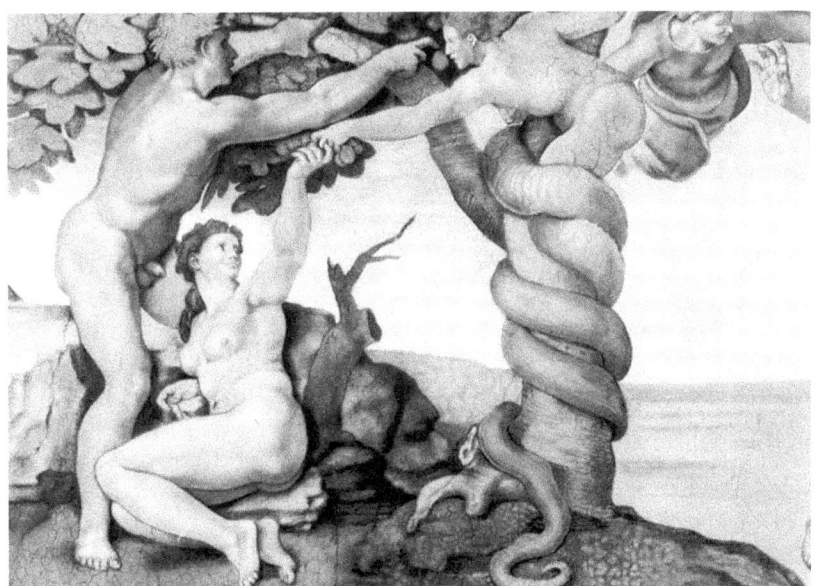

III. COMMENTAIRES FINAUX

III.a. Appendice: Les fresques latérales

Il faut mentionner que, si les fresques latéraux de la Chapelle Sixtine ont aussi une valeur typologique (sur les deux côtés se répondent les fresques sur la vie de Moïse de l'*Ancien Testament* d'une part, et sur la vie du Christ du *Nouveau Testament* par l'autre), bien qu'à l'intérieur du même cadre général, sa proposition générale est d'un autre caractère.

Ainsi, sur le registre médian de la Chapelle, est représentée *La Circoncision de Moïse* et de l'autre côté *Le Baptême du Christ* (les deux sont fresques du Pinturicchio). Suivent des fresques de Botticelli, qui sont, respectivement, se faisant face, l'*Histoire de Moïse* (des épisodes de sa jeunesse) et *La Tentation du Christ*. De Cosimo Rosselli, assisté par Piero di Cosimo, suit *Le Passage de la Mer Rouge*, qui fait face à *L'Appel aux premiers Apôtres*, fresque de Ghirlandaio. À nouveau de Cosimo Rosselli, *Dieu donnant les Tables de la Loi à Moïse* (accompagné par *Le Veau d'Or*) d'un côté, et *Le Sermon sur la montagne*, avec deux scènes: le *Sermon* et *La Guérison du Lépreux*, de l'autre. Suit *Coré, Dathan et Abiron*, fresque de Botticelli, qui illustre un événement contemporain: Andrés Zamomelic, archevêque de Carniola, après n'avoir pas été élu cardinal, réunit à Bâle un Concile contre le Pape, mais fut incarcéré dans une prison, où il se suicidât. Le cycle finit avec la fresque de *La Remise des clefs à saint Pierre* par le Christ, du Pérugin. La dernière fresque latérale, peinte par Cosimo Rosselli, est *La Cène*.

Au-dessous de ces fresques pendaient parfois dix tapisseries spéciales dessinées par Raphaël, représentant *Les Actes des Apôtres* et commandés par le Pape Léon X vers 1515, qui furent tissés dans l'atelier de Pieter Coecke à Bruxelles. Les "*arazzi*" ou tapisseries originales ont été soustraites de la Chapelle Sixtine lors du pillage de Rome de 1527, et ont été rendus au Vatican seulement au XIXème siècle. Quant aux cartons à taille réelle, peints comme modèles pour les tisseurs, ils ont eu une grande influence aux Pays-Bas, et sept d'entre eux se conservent au Victoria and Albert Museum de Londres.

Similairement, de la même manière que l'on peut évoquer *La Délivrance de saint Pierre*, également reprise des *Actes des Apôtres*, de la *Chambre d'Héliodore* (1511-1514) comme contrepoint aux tapisseries pour la Sixtine, on peut comparer les Loggia (1514-1519) de Raphaël avec le cycle de la voûte et des murs de la Sixtine, ce qui permet de marquer les similitudes et les différences, en relevant la permanence des mêmes scènes, souvent, donc d'une préoccupation papale identique, et d'un code de représentations de l'époque, ainsi que le systématique intérêt typologique, puisqu'on y retrouve la correspondance entre la vie de Moïse et celle du Christ, dans la séquence des fresques.

Toutefois, la longueur de l'ensemble, le passage par différents personnages, comme dans la voûte de Michel-Ange, commencé avec la *Séparation de la terre et des eaux*, mais plus elliptiquement, puisque c'est le seul épisode de la Création qui y apparaît, directement suivi par le *Péché* et l'*Expulsion*, continué par Noé, puis Loth, mais encore par Jacob, Joseph, Moïse, Samuel, David et Salomon, pour terminer sur le Christ, marque ici, au contraire, un particulier accent sur la question généalogique, avec la superposition implicite entre la succession Saint Jean Baptiste-Jésus dans l'épisode où *Samuel sacre David roi*, directement suivi de *David tuant Goliath* (cycle qui renvoie à l'intronisation du Christ dans son rôle messianique et à sa victoire finale sur Hadès dans sa Descente aux Limbes après son sacrifice), couronnement de David, préfiguration du Baptême du Christ[214], avec ici l'intermédiaire *Salomon sacré roi*. On retrouve encore en pendant direct de Goliath, dans la séquence, Bethsabée, figure généalogique également présente dans la voûte de la Sixtine.

III.b. Conclusion

Nous conclurons comme nous avons commencé, avec une citation, cette fois de Joris-Karl Huysmans, dans *La Cathédrale* (1898, V).

Bien qu'elle traite non de la Chapelle Sixtine, mais de la Cathédrale de Chartres, et bien qu'il ne s'agisse pas, comme dans le cas de Reinach, d'un texte d'histoire, mais d'un roman, il nous semble que, tant dans l'image que cet extrait perçoit du parcours de l'humanité, depuis la figure d'Adam, comme dans l'interconnexion des parties du programme qu'il devine, il résume la valeur de l'iconographie chrétienne, en tant que celle-ci se base à la fois sur le souvenir historique de moments fondateurs, et les associe typologiquement pour en faire le symbole d'un avènement perpétuellement promis et désiré, d'une salvation, d'une rédemption et d'une réunification:

"Tout est dans cet édifice, reprit-il en enveloppant d'un geste l'église, les Ecritures, la théologie, l'histoire du genre humain résumée en ses grandes lignes; grâce à la science du symbolisme on a pu faire d'un monceau de pierres un macrocosme.
Oui, je le répète, tout tient dans ce vaisseau, même notre vie matérielle et morale, nos vertus et nos vices. L'architecte nous prend dès la naissance d'Adam pour nous mener jusqu'à la fin des siècles. Notre-Dame de Chartres est le répertoire le plus colossal qui soit du ciel et de la terre, de Dieu et de l'homme.
Toutes ses figures sont des mots; tous ses groupes sont des phrases; la difficulté est de les lire.
— Et cela se peut?
— Certes. Qu'il y ait dans nos versions quelques contresens, je le veux bien, mais enfin le palimpseste est déchiffrable; la clef, c'est la connaissance des symboles.
Et voyant que Durtal l'écoutait, attentif, l'abbé vint se rasseoir et dit:
— Qu'est-ce qu'un symbole? D'après Littré, c'est "une figure ou une image employée comme signe d'une autre chose"; nous autres, catholiques, nous précisons encore cette définition en spécifiant, avec Hugues de Saint-Victor, que "le symbole est la représentation allégorique d'un principe chrétien, sous une forme sensible"."[113]

IV. NOTES

¹Cité dans *Michel-Ange*, Barcelone, Teide, 1978, vol. 2, p. 439. La traduction que nous présentons est celle de Michel Leyris dans Michel-Ange, *Poèmes*, Gallimard, 1992.
²Salomon Reinach, *Cultes, Mythes et Religions*, Paris, Ernest Leroux, 1906, Tome III, pp. 343-363.
³Lise Wajeman, *La Parole d'Adam, le corps d'Eve. Le péché originel au XVIe siècle*, Genève, Librairie Droz, 2007, p. 60.
⁴"*De toute façon, la figue apparaît dans l'iconographie des trois territoires considérés ici. En Espagne, on la voit sur les fresques de San Justo de Ségovie et Maderuelo, dans la peinture sur bois de Sagàs et dans les sculptures de Barrio Santa Maria et de Butrera. En France, elle est figurée sur les chapiteaux de Barret, de Lavaudieu et de la Sauve-Majeure, et sur l'archivolte de Saint-Martin de Besse. En Italie, elle est présente dans les mosaïques d'Otrante, de Monreale et de Trani, dans les sculptures en pierre et en métal de San Zeno à Vérone, ainsi que dans l'enluminure de l'Exultet 3 de Troia. À l'abbatiale de Sainte-Marie de Cruas (Ardèche), la mosaïque du pavement du chœur, datant du premier quart du XIIe siècle, représente sous les mains de Dieu le patriarche Enoch et le prophète Élie, ce dernier étant placé à la gauche de l'observateur et donc au-dessous de la droite divine. Entre les deux hommes apparaissent deux arbres stylisés avec des inscriptions, Lignum sur celui du côté d'Élie, et Ficus sur celui du côté d'Enoch, ce qui a amené à identifier le premier comme l'arbre de la vie et le deuxième comme celui de la connaissance du bien et du mal.*
Cette solution iconographique au problème de l'identification du fruit est suggérée par le récit même de la Genèse, selon lequel peu après avoir commis le péché, honteux, Adam et Ève se couvrirent de «feuilles de figuier». Un autre texte biblique renforce cette idée: présentant cet arbre comme un lieu de méditation, il l'associe à la connaissance et suggère ainsi qu'il s'agit de l'arbre défendu. Une telle interprétation se fondait encore sur le fait que le Christ avait maudit le figuier, l'arbre qui, selon des traditions populaires, aurait été celui sous lequel Jean-Baptiste fut décapité et à la branche duquel Judas se pendit, tel que le figure une enluminure allemande du IXe siècle. Cette association entre l'arbre du péché d'Adam et l'arbre de la punition du péché de Judas – tous les deux des traîtres au Seigneur – se retrouve à la cathédrale d'Autun: une sculpture y montre Judas pendu à un arbre similaire à celui qui couvre le sexe d'Ève dans la scène célèbre du linteau du portail nord, actuellement déposé au musée Rolin.
À partir de ces éléments, on a plusieurs fois considéré la figue comme étant le fruit défendu de l'Éden. Tout au moins, c'est ce que fit un commentaire rabbinique. La même démarche apparaît dans quelques apocryphes chrétiens. La version grecque de la Vita Adae et Evae, par exemple, dit qu'immédiatement après la faute, toutes les feuilles des arbres du Paradis tombèrent, à l'exception de celles, affirme Ève, «de la plante que j'ai mangée», le figuier 24. Dans un autre texte, c'est Adam qui, répondant à une question de son fils Seth, affirme que le fruit défendu était une figue. Un autre texte suggère la même chose, en disant qu'après l'expulsion du Paradis, les primi parentes se nourrirent d'abord de figues envoyées par Dieu, des fruits avec saveur «de pain et de sang». Quelques auteurs chrétiens orientaux ont été dans le même sens, par exemple Théodoret de Cyr (vers 393-vers 458). Parmi les théologiens occidentaux qui glosèrent le texte biblique dans le même sens, on trouve Tertullien, Hugues

de Saint-Victor et Pierre Comestor. Les exemples littéraires sont rares, mais existent, même à une époque plus avancée, comme chez Gottfried de Strasbourg.

De toute manière, l'exégèse qui voyait la figue comme le fruit défendu avait des traits nettement archaïsants. En effet, malgré son importance pour l'alimentation des régions méditerranéennes, le figuier était considéré comme un arbre impur par les Grecs et les Romains. Or, au moins depuis le XIIe siècle, on croyait que la croix du Christ avait été fabriquée avec le bois de l'arbre défendu; cela renforçait l'idée qu'il s'agissait du figuier, considéré par les Anciens comme l'arbre de Dionysos, divinité qui présentait de claires analogies avec le Christ (tous les deux sont les fils de la divinité et d'une mortelle; les deux meurent et ressuscitent; le sang-vin des deux est consommé rituellement par les fidèles; les deux descendent en Enfer).

Plus probablement, l'identification de la figue avec le fruit défendu était associée au symbolisme du foie. Pour les Hébreux, cet organe avait des connotations sacrées, d'où la prescription de brûler sur l'autel, lors des sacrifices à Yaveh, le foie et les reins de l'animal, avec la graisse qui les entoure; d'où aussi la croyance qu'en brûlant le foie d'un poisson, la fumée avait le pouvoir d'expulser le démon. Pour les Grecs, cet organe était le centre vital du corps humain. C'est précisément ce que rappelle, à titre d'exemple, le mythe de Prométhée, dont la punition pour avoir donné le feu aux hommes fut d'avoir son «foie immortel» (symbole de lui-même) quotidien- nement dévoré par un aigle (symbole du monde olympien). Dans le mythe d'Éros, ce dieu, pour séduire les humains, visait leur foie de ses flèches, d'où la conviction d'Horace que c'est le foie qui fait aimer. De son côté, Platon établit un rapport étroit entre âme et foie, voyant en celui-ci une création divine qui permet à celle-là d'exercer l'activité de divination. Ce n'est que dans les versions tardives du mythe d'Éros (les peintures murales de Pompéi, par exemple), expressions d'un changement culturel plus vaste, que les flèches touchent le cœur. Encore au XIIIe siècle, le foie n'avait pas perdu définitivement sa signification antérieure: la somme hagio- graphique la plus connue de l'époque, bien qu'elle attribuât presque toujours le rôle principal au cœur, faisait encore du foie, au moins dans un passage, le centre vital de l'être humain.

Cette interprétation est demeurée inscrite dans les langues romanes alors en formation, comme le montre le sens figuré de «courage» que le mot garde en italien, en castillan, en catalan et en galicien (ici au pluriel, foies), ainsi que le sens d'«intime», «profond», «entrailles», «viscéral», présent dans le mot portugais figadal (dérivé de fígado, «foie»). En français, des significations similaires apparaissent par inversion, l'absence figurée du foie signifiant la peur: du mot classique ficatum, le latin populaire avait fait feticare, «avoir l'aspect du foie», duquel sortit au XIIe siècle fegier, devenu vers 1225 figer, au sens de «coaguler [le sang]»; en 1592, alors que depuis longtemps le cœur avait remplacé le foie dans le rôle d'organe central, ce mot gagnerait l'acception de «rendre immobile».

Dans les langues germaniques aussi, le mot a conservé cette double acception de partie du corps humain et de valeur morale positive. C'est le cas de l'anglais liver (attesté depuis la fin du IXe siècle), dont la première graphie, lifer, ne laisse pas de doute quant à sa dérivation de life, «vie». D'où le fait que liver signifie, outre «foie», «vivant» (et, par extension, «habitant»). Comme le foie a une couleur foncée, on parle du white liver comme carac- téristique du lâche. En plus d'indiquer le foie, le mot allemand Leber a également conservé sa charge positive, avec l'acception de «courage», «caractère», «sincérité», comme dans l'expression frei von der Leber reden («parler en toute franchise»). La même racine et le même sens profond apparaissent dans Lebewesen, «être vivant».

En latin classique, «foie» était dit iecur jusqu'à l'apparition, au premier siècle, du terme ficatum («foie plein de figue»): basé sur le modèle grec (sykon, d'où heper sykoton), ce dernier désignait le résultat d'une ancienne pratique, l'engraissement de certaines volailles avec des figues. Les Égyptiens auraient été les premiers à remarquer, trois mille ans avant notre ère, que les oies et les canards passaient, avant leur migration, par une période d'alimentation excessive, pendant laquelle ils constituaient une réserve énergétique pour leur voyage, ce qui rendait leur foie particulièrement savoureux. Pour reproduire artificiellement le phénomène, les Égyptiens en seraient venus à gaver les volailles avec des figues sèches, pratique qu'auraient connue puis répandue les Hébreux. Terme médical ou culinaire à l'origine, ficatum en vint à signifier «foie d'animal» et, dès le IIIe siècle, «foie» en général. C'est de ce mot latin un peu christianisé qu'ont dérivé, quelques siècles plus tard, ses correspon- dants dans les divers parlers romans: le français «foie», l'italien fegato, le castillan hígado, le portugais fígado, le roumain ficat, le provençal et le catalan fetge, le gascon hitge, le picard fie, le wallon féte, le vénitien figa, le frioulan fiyat, le piémontais fidegh, l'abruzzien feteche, le campanien figau, le sarde figadu, le sicilien ficatu, le galicien figado, l'asturien fegadu. Aucun de ces mots n'est en relation avec le péché originel. Il en subsiste toutefois un vestige dans l'italien vulgaire: fica («vagin» et, par métonymie, «femme attrayante»), sens dérivé de fica, forme vulgaire du latin classique ficus («figue»); ce mot, déjà féminin dans la langue classique, semble marquer dans la physiologie féminine la conséquence du péché originel; il a pour correspondant masculin le pomo d'Adamo, le cartilage thyroïde qui rappelle le fruit défendu resté bloqué dans la gorge du premier homme puis de ses descendants." (Hilário Franco Júnior, "*Entre la figue et la pomme: l'iconographie romane du fruit défendu*", Revue de l'histoire des religions, 1 | 2006, pp. 35-43)

[5]Comme chez Aristophane: "*L'agriculture*
Il est bien plus agréable, vois-tu, Phalès, Phalès,
de surprendre en maraude une jeune fagotière en fleur,
Thratta, l'esclave de Strymodôre du Phellée (Le Phellée est un plateau rocailleux de l'Attique, choisi ici pour sa consonance en situation.),
de la ceinturer, la soulever,
la renverser et l'épépiner (Toutes les traductions sont tirées de mon édition du Théâtre complet d'Aristophane (Thiercy 1997).).
Le verbe καταγιγαρτίσαι *(Acharniens, v. 275),* qui est un hapax, pourrait se traduire en termes choisis par cueillir sa fleur, mais il s'agit ici de fruit et le langage métaphorique est plus leste.
Au fragment 510, nous rencontrons une expression identique:
ainsi, tu vas ôter les pépins à une grenade aigre-douce.
Κόκκος serait alors synonyme de κύσθος et la phrase aurait la signification de «déflorer une jeune fille impubère».
Le laurier n'offre pas d'image, mais il est d'un précieux secours pour garder l'équilibre pendant l'acte sexuel comme le démontrent les Thesmophorieuses, v. 488-489:
Alors, je me suis fait baiser en levrette, près de l'Apollon de la rue,
cramponnée au laurier.
Un petit autel, ou une pierre représentant le dieu Apollon Agyieus, ou Apollon des rues, était souvent dressé aux coins des rues, près d'un laurier, arbre consacré à Apollon. Mnésiloque accumule à dessein obscénité, adultère et sacrilège.
Enfin, le verbe γεωργέω «labourer» est parfois employé dans des expressions érotiques comme dans Lysistrata (v. 1173):

L'AMBASSADEUR ATHÉNIEN:
Je veux tout de suite me déshabiller et aller biner tout nu!
L'AMBASSADEUR SPARTIATE
Oui, et mouâ, récolter ingontinent du crottin, bâr les Chémeaux!
Dans les Acharniens, v. 994 sq., le coryphée exprime le retour aux activités normales:
Mais tu me trouves peut-être bien délabré?...
Pourtant, si je t'ai à moi, je me sens capable de mener encore triple assaut:
d'abord, planter une longue rangée de jeunes plants de vigne,
puis, à côté d'elle de tendres boutures de figuier,
et troisièmement une jeune pousse de vigne cultivée... voilà pour le vieux bonhomme!
et même, pour enserrer complètement ce lopin, des oliviers,
si bien que nous pourrions toi et moi nous oindre d'huile pour les Nouménies.
Tout ce passage contient évidemment des métaphores agricoles obscènes, comme cela arrive souvent chez les Comiques attiques, en particulier dans la Paix: le triple assaut amoureux est toujours considéré comme une preuve de grande virilité (Pisétaire déclare également dans les Oiseaux, v. 1256: «tout vieux que je suis, je pointe trois fois l'éperon» (οὕτω γέρων ὢν στύομαι τριέμβολον).); ἐλαύνειν, planter a un sens obscène; ὄρχος, rangée de ceps de vigne = ὄρχις, testicules; συκίς, bouture de figuier correspond au membre masculin; ὄσχος, jeune pousse = ὄσχις = ὄρχις; χωρίον, champ, correspond au sexe de la femme; ἀλείφεσθαι pourrait aussi faire allusion à des sécrétions corporelles (Voir Henderson 1975, 61 et ad versum.).
D'une manière générale, la vigne n'est jamais citée de manière anodine chez Aristophane, le vin autorise toute licence, et la vigne elle-même y fait songer. Ainsi, dans la Paix, v. 1340:
LE CHŒUR
Que lui ferons-nous?
TRYGÉE
Nous la vendangerons!
Il est vrai que son nom signifie «vendangeur».

Les produits agricoles
Les grains d'orge sont très suggestifs: κριθή représente un grain d'orge, mais aussi, au vu de sa forme, une tige velue, d'où le πέος, le membre viril. On retrouve cette ambiguïté à plusieurs reprises, notamment dans la Paix, v. 965. Ainsi, dans les Oiseaux (v. 565), des grains d'orge sont offerts à l'oiseau de Phalaris. Si l'on considère que cet oiseau a été choisi pour sa ressemblance phonétique avec le phallos, et qu'Aphrodite est également citée, ce vers n'est certainement pas anodin.
Ces pois chiches sont des légumes très fortement sexués. Nous en avons un exemple dans les Acharniens, où Dicéopolis pose cette question à des fillettes qu'on fait passer pour des «cochonnettes»: Τρώγοις ἂν ἐρεβίνθους, Tu avalerais des pois chiches? (v. 801) L'image de Dionysos se caressant le pois chiche n'est pas moins équivoque (τοὐρεβίνθου δραττόμην, Grenouilles, v. 545.).
Quant au concombre, σίκυος (fr. 581), sa forme est suffisamment parlante pour qu'il ne soit pas nécessaire de s'y attarder davantage.
On consommait également couramment des poireaux, πράσα (Grenouilles, v. 621.), de petites raves rondes, γογγυλίδες (fr. 581), des tiges de choux, καυλοί, des lentisques (sorte de pistaches), σχῖνοι (Ploutos, v. 720, fr. 266.), et du raifort ou radis noir, ῥαφανίς (Fr. 111, fr. 264.). Cette plante vivace à longue et grosse racine, pouvant atteindre un mètre, possède une saveur forte

et brûlante rappelant celle de la moutarde: on l'enfonçait dans le cul des hommes adultères à titre de châtiment, après leur avoir épilé le derrière à la cendre chaude (Nuées, v. 1083 sq.). Les tendres boutures de figuier, μοσχίδια συκίδων *(Acharniens, v. 996.) représentent le sexe des jeunes garçons:* θρῖα διφόρου συκῆς, *les feuilles de figuier à deux fruits (Femmes à l'Assemblée, v. 707 sq.). De même, le suc de figuier,* ὀπός, *du Ploutos, v. 706, semble pour le moins suspect, et Lamachos prête à rire quand il demande une feuille de figuier pour emballer sa vieille salaison (Acharniens, v. 1101.). Ce ne sont pas les seuls cas où* σῦκα *ou* ἰσχάδες *sont employés argotiquement, puisque les figues de Phibalis font pendant aux pois chiches parmi les «friandises» offertes aux petites filles dans les Acharniens (V. 801 sq.). Le gland a la même double signification en français et en grec (Lysistrata, v. 410.).*
Les fruits représentent aussi souvent le sexe de la femme. Les coings sont le symbole de l'amour, selon Solon lui-même (Nuées, v. 997.). Par leur forme ou leur peau, ils sont la métaphore d'une belle poitrine ou de velouté: sur leurs organes fleurissait la rosée duveteuse des coings. Les noix ont à peu près le même emploi que les coings. Les baies et plus précisément les baies de myrte, τὸ μύρτον, *représentent parfois le sens de* κύσθος *sexe féminin (Lysistrata, v. 1004, Oiseaux, v. 1100, etc.).*
Les figues donnent lieu à des métaphores presque aussi nombreuses que la vigne. Nous avons déjà vu ce que signifie le verbe συκολογέω. *Mais les vers 707 à 709 des Femmes à l'Assemblée offrent un autre exemple de la signification des figues:* ὑμᾶς δὲ τέως θρῖα λαβόντας διφόρου συκῆς ἐν τοῖς προθύροισι δέφεσθαι *«en attendant, vous n'aurez qu'à prendre les feuilles de figuier à deux fruits et vous branler dans l'antichambre».* θρῖον *(Le thrion était un mets recherché, une feuille de figuier farcie de cervelle, de fromage, de lait, de farine, mijotée ou rôtie. Au vers 1101 des Acharniens, Lamachos, lui, ne demande qu'une feuille de figuier pour emballer sa vieille salaison, ce qui recouvre également une plaisanterie salace.) se disant au sens large de toute enveloppe, on passe argotiquement au prépuce. On retrouve ce sens dans le verbe* ἀποθριάζειν, *au vers 158 des Acharniens."* (Pascal Thiercy, "*Cuisine et sexualité chez Aristophane*", *Kentron*, 19 | 2003, pp. 19-22 et notes 6 à 21 correspondantes)

[6]https://in.pinterest.com/pin/384565255658533027/?lp=true; https://in.pinterest.com/pin/328059154077319860/ et http://safactoria.tumblr.com/post/95747853424/monjas-y-el-%C3%A1rbol-del-pene-roman-de-la-rose

[7]https://en.wikipedia.org/wiki/File:Augustinermuseum_Rattenberg_018.JPG

[8]https://upload.wikimedia.org/wikipedia/commons/b/b5/Buonamico_buffalmacco_Camposanto.jpg

[9]https://commons.wikimedia.org/wiki/File:Bonamico_Buffalmacco_Giudizio_Universale_detail_The_redeemed_and_the_damned.jpg

[10]https://it.wikipedia.org/wiki/Giudizio_finale_e_Inferno

[11]https://it.wikipedia.org/wiki/File:Michelangelo,_Giudizio_Universale_24.jpg

[12]"*Discesa dei dannati*
Sul lato opposto la scena è bilanciata dalla zuffa dei dannati che, lottando contro la loro condanna, sono respinti inesorabilmente verso l'inferno. Si tratta di uno dei punti più dinamici e violenti dell'intera rappresentazione, con grappoli di figure che sono in lotta ora affiorando nel primo piano, investiti da una luce incidente, ora scompaiono nello sfondo in penombra. Gli angeli picchiano coi pugni i reprobi, mentre i demoni li trascinano verso l'abisso con ogni modo.
In alcuni casi alcuni attributi manifestano la colpa: così ad esempio l'uomo al centro del gruppo a testa in giù mostra appesi al mantello una borsa con denari e due chiavi, simbolo

dell'attaccamento ai beni terreni fino all'ultimo, mentre quello a destra, un dannato col capo coperto che è preso per i testicoli, è un simbolo del peccato di lussuria.
Isolato a sinistra si trova il gruppo con un dannato seduto che si copre il volto, mentre i diavoli lo trascinano in basso. Egli è probabilmente un emblema della disperazione. Un serpente mostruoso lo morde, simbolo del rimorso, e un perfido demone gli stringe le gambe, col corpo colorato di blu e rosso: un omaggio probabile ai diavoli di Luca Signorelli nella Cappella di San Brizio a Orvieto. Accanto ad esso, un demonio appena visibile è fatto in forma di vapore.
In questa zona si arrivano a contare ventisei figure." (https://it.wikipedia.org/wiki/Giudizio_universale_(Michelangelo)#Discesa_dei_dannati)

[13] http://www.musee-rodin.fr/collections/sculptures/le-penseur

[14] https://fr.wikipedia.org/wiki/Le_Penseur

[15] http://www.musee-rodin.fr/collections/sculptures/le-penseur

[16] "*Le visage du saint serait celui de Pierre l'Arétin jaloux et critique de l'œuvre de Michel-Ange. Le visage de l'écorché serait la représentation du peintre lui-même, un autoportrait de Michel-Ange, âgé alors de 70 ans et traversant une période de doutes. Cette hypothèse a été avancée en 1925 par Francesco La Cava (Il volto di Michelangelo scoperto nel Giudizio Finale) et fait désormais consensus chez les historiens d'art. D'après Rémi Maghia, «L'art dans la peau - Écorché vif»: voici pendre la peau...», Dermato Mag, vol. 5, no 3, 2017, p. 195-196.*" (https://fr.wikipedia.org/wiki/Le_Jugement_dernier_(Michel-Ange)#cite_note-1)

[17] "*Secondo Vasari, nella figura di Minosse Michelangelo ritrasse il Maestro di Cerimonie del Papa, Biagio da Cesena, che, da "persona scrupolosa", dopo aver osservato l'opera in corso di completamento, rimase sconvolto dal turbinio di corpi nudi e contorti che "sì disonestamente mostran le loro vergogne" e li definì adatti "da stufe (bagni termali) e d'osterie" piuttosto che la cappella pontificia. Michelangelo, che come si sa non praticava volentieri il ritratto, fece allora un'eccezione effigiandolo nel giudice infernale, per di più con orecchie da asino e con una serpe che, invece di aiutarlo nel giudizio dei dannati, lo punisce mordendogli l'organo sessuale. Biagio, umiliato, se ne lamentò col papa che replicò di non avere alcuna autorità sull'Inferno, disinteressandosi alla questione."* (https://it.wikipedia.org/wiki/Giudizio_universale_(Michelangelo)#Inferno)

"*Messer Biagio da Cesena maestro delle cerimonie e persona scrupolosa, che era in cappella col Papa, dimandato quel che gliene paressi, disse essere cosa disonestissima in un luogo tanto onorato avervi fatto tanti ignudi che sì disonestamente mostrano le lor vergogne, e che non era opera da cappella di papa, ma da stufe e d'osterie. Dispiacendo questo a Michelagnolo e volendosi vendicare, subito che fu partito lo ritrasse di naturale senza averlo altrimenti innanzi, nello inferno nella figura di Minòs con una gran serpe avvolta alle gambe fra un monte di diavoli.*" (Giorgi Vasari, *Vita di Michelangelo*, Pordenone, Studio Tesi, 1993, p. 64)

[18] "*Nell'arte gotica la rappresentazione del Giudizio Universale segue uno schema canonico: in alto è la "Gerusalemme Celeste", con le schiere ordinate dei santi e dei beati che contemplano il "Cristo giudicante". Con gesto pacato ma sicuro Cristo divide la scena in due settori: a destra gli eletti; a sinistra i reprobi, travolti da un fiume di fuoco che li fa precipitare all'inferno. Se questa è l'idea generale, l'artista deve poi fare i conti con lo spazio pittorico a disposizione. Per esempio nella Cappella degli Scrovegni a Padova, Giotto aveva tutta la controfacciata della chiesa a disposizione, qui Buffalmacco può contare solo sull'altezza dei muri che recintano il Camposanto. Anziché rimpicciolire le figure opta per una soluzione in lunghezza, affiancando il Giudizio alle scene dell'Inferno.*

Uno sguardo d'insieme al Giudizio finale ci consente di rilevare elementi di forte originalità iconografica nell'affresco di Buffalmacco e la sua autonomia rispetto allo stile di Giotto. Il Giudizio, cosa insolita, è condotto congiuntamente da Cristo e dalla Vergine, entrambi assisi nell'arcobaleno di due "mandorle" adiacenti. Misericordioso è l'atteggiamento della Vergine, con una mano al seno; severo quello di Cristo, con il braccio alzato in segno di condanna (gesto che ci induce a pensare che il Michelangelo della Sistina dovesse conoscere gli affreschi del Camposanto di Pisa)." (https://it.wikipedia.org/wiki/Giudizio_finale_e_Inferno#Descrizione_e_stile)

[19] Cf. http // www.vaticano.va / holy_father / john_paul_ii / public / 1990 / documents / hf_jp-ii_aud_19900110_sp.html

[20] *Introduction à l'Ancien Testament*, sous la dir. de Jean-Daniel Macchi, Christophe Nihan, et Thomas Römer, Genève, Labor et Fides, 2009, p. 539.

[21] "*C'est notamment un personnage de l'évangile selon Luc, de la Nativité de Marie appelée protévangile de Jacques et du Coran. Il est le père de Jean le Baptiste et l'époux d'Élisabeth, parente ou cousine de la Vierge Marie.*
Le Coran le mentionne comme prophète de l'islam et prêtre sous le nom de Zakariyā. Dans la tradition musulmane, sa femme et mère de Yahyâ (Jean Baptiste), est appelée Ashâ. Elle est aussi parente de Maryam (la vierge Marie), mère d'Îsâ (Jésus)." (https://fr.wikipedia.org/wiki/Zacharie_(p%C3%A8re_de_Jean_le_Baptiste))

[22] Cf. par ex. Guillaume Belèze, Dictionnaire des noms de baptême, Paris, Librairie de L. Hachette et Cie., 1863, p. 236; http://moinesdiocesains-aix.cef.fr/index.php/homelies-sp-15820/lectio-divina/ancien-testament/livres-prophetiques/jonas/1369-lincroyable-mission-de-jonas-la-colombe; https://oratoiredulouvre.fr/predications/enquete-sur-jonas.php

[23] C'est le fameux épisode de la courge, que Dürer met en scène au premier plan de son *Saint Jérôme à son étude*, dans la seconde version de 1514. Cf. à ce sujet, dans la présente Collection, notre ouvrage sur Mantegna.

[24] Voir notre précédente.

[25] https://www.info-bible.org/lsg/40.Matthieu.html#12 (Sauf indication contraire, tous les extraits cités dans le présent Volume sont de la traduction de Louis Segond 1910, https://www.info-bible.org/lsg/INDEX.html)

[26] https://www.info-bible.org/lsg/04.Nombres.html#21

[27] https://www.biblegateway.com/passage/?search=Ester+griego+1&version=DHH; https://www.vidaalterna.com/paz/ester_capitulo_1_ol_sueno_de_mardoqueo.htm

[28] Sur la question de la position du songe selon les différentes versions, voir Pierre-Maurice Bogaert, "*Les formes anciennes du livre d'Esther. Réflexions sur les livres bibliques à traditions multiples à l'occasion de la publication du texte de l'ancienne version latine*", Revue théologique de Louvain, 40e année, Fasc. 1, 2009, pp. 68-71: "*I. Formes anciennes ayant autorité aujourd'hui et formes sorties de l'usage*
1. La forme hébraïque (TM) se caractérise négativement par l'absence des suppléments propres au grec qui se retrouvent, en tout ou en partie, dans les autres formes. On peut tenir que toutes les refontes dont il sera question plus loin en dépendent. Il ne semble pas que, dans le cas d'Esther, le grec permette de remonter à un modèle hébreu différent de celui que nous possédons. Tel est le texte reçu dans le judaïsme et, depuis la Réforme, dans les Bibles protestantes.
2. La plupart des manuscrits grecs présentent une forme longue du livret (o' = LXX) qui se distingue du TM, non seulement par des suppléments (le songe initial et sa réalisation en finale, les prières, les édits de condamnation et de réhabilitation, le colophon), mais aussi par

des différences ponctuelles3. C'est la raison pour laquelle la Traduction Œcuménique de la Bible (TOB) a proposé deux traductions intégrales du livre d'Esther, l'une selon l'hébreu, l'autre selon le texte grec reçu. Cette forme grecque courante peut être dite canonique dans la tradition byzantine et orthodoxe.

3. Jérôme a choisi un parti original pour sa traduction latine. Selon le principe de la vehtas hebraica qu'il défend bec et ongles, il a traduit l'hébreu (TM), mais il a fait suivre sa traduction de l'hébreu de celle des divers suppléments selon le grec (LXX), plus précisément selon la forme origénienne ou hexaplaire du grec. Il va de soi qu'ainsi coupés de leur contexte narratif ces suppléments ne sont ni intelligibles ni très utiles. Pour pallier cet inconvénient, certains manuscrits ont utilisé un système de renvoi ou inséré les suppléments à leur place logique, mais ces façons de faire n'ont pas prévalu. C'est donc la formule de Jérôme qui s'est diffusée dans le monde latin, et de façon générale à partir du IXe siècle, lorsque la vêtus latina sortit de l'usage.

Il est utile, à ce stade, de faire l'inventaire des suppléments selon les diverses formes grecques ou dérivées d'un modèle grec. Ils sont traditionnellement désignés par des capitales.

A 1-17: le songe initial (LXX, VL, L)
B1-7: l'édit royal de condamnation (LXX, VL; secondaire dans L)
H 1-5: prière des juifs (propre à la VL: 3,15; 4,3; H 1-5; 3,15; 4,1-2; 4,4)
C1 -30: prières de Mardochée et d'Esther (LXX, VL avec une longue addition en C; secondaire dans L)
D1-16: la démarche d'Esther auprès du roi (LXX, secondaire dans L, VL assez différent)
E1-24: l'édit royal de réhabilitation (LXX, VL; secondaire dans L)
F1-10: l'explication du songe (LXX, VL, L)
FI 1: le colophon (LXX).

A côté de ces trois formes textuelles anciennes que l'on peut dire canoniques, dans le judaïsme et la Réforme, dans les Églises orthodoxes et dans l'Église latine, il en existe deux autres qui ont eu une diffusion suffisante dans le passé pour affirmer qu'elles ont été reçues et donc canoniques, mais elles n'ont pas prévalu.

1. Le texte dit lucianique (L ou antiochien ou alpha) est transmis par quelques manuscrits grecs. Le fait qu'on y a introduit secondairement les deux longs édits royaux (suppléments B et E), les prières (supplément C) et le supplément D atteste le souci de rapprocher de la normale ce type de texte. Par rapport aux autres types, il vise évidemment à la brièveté: il est la «narration commune très abrégée encadrée par le songe de Mardochée suivi de la dénonciation par celui-ci du complot des eunuques (supplément A) et par l'interprétation du songe de Mardochée (supplément F)». Mardochée y a partout un rôle déterminant. «En définitive, le texte L aurait dû s'appeler le livre de Mardochée. D'ailleurs, en 2 M 15,36, la fête de Pourim n'est-elle pas désignée par les mots 'Jour de Mardochée'?».

2. La vêtus latina, utilisée certainement à Rome dès le troisième quart du IVe siècle et vraisemblablement plus ancienne (on ne peut malheureusement rien dire d'Esther en Afrique, faute de citations), est la traduction littérale d'un modèle grec. Elle présente tous les suppléments de la LXX sauf le colophon, mais elle allonge la prière d'Esther et présente d'autres suppléments plus courts; elle se caractérise par une longue omission au chapitre 9 (le massacre). Elle représente fidèle¬ment la plus ancienne forme du grec. Nous allons y revenir.

II. Trois formes primaires et quatre hybrides

L'existence simultanée de diverses formes en grec et la possibilité d'une comparaison avec l'hébreu ont été très tôt à l'origine de formes hybrides. La distinction entre les formes

primaires et les hybrides se fait essentiellement à partir de la logique narrative, naturelle dans les premières, faussée dans les secondes. Les travaux de Haelewyck met- tent en évidence trois formes primaires:
1. Le texte hébreu (TM).
2. Le modèle grec de la vêtus latina (selon le texte du ms. VL 151 [Paris, BNF, lat. 1 1549] en cas de divergence).
3. Le texte dit lucianique (L), sans les deux édits ni les prières (suppléments B, C, D et E), qui dépend du modèle grec de la vêtus latina, mais l'abrège.
On peut énumérer ensuite les hybrides:
1. Le texte grec reçu (LXX) est le résultat d'une contamination à grande échelle entre le modèle grec de la vêtus latina et le texte hébreu.
2. Le texte lucianique (L) tel qu'il est transmis dans les manuscrits a été contaminé par l'addition de quatre suppléments du texte grec reçu (LXX).
3. Autre cas intéressant de contamination, la version arménienne, faite sans conteste sur la forme commune du grec (LXX), a cependant été gonflée d'une partie de la prière d'Esther (Cl 6) conservée dans tous les témoins de la seule vêtus latina9.
4. On peut remonter beaucoup plus haut. Le papyrus d'Oxyrhynque 4443, partie d'un rouleau copié autour de l'an 100 de notre ère, donne pour l'essentiel le texte grec reçu (LXX), mais il contient deux expressions typiques qui ne se lisent que dans la vêtus latinaH\ On doit donc placer bien antérieurement le modèle grec de la vêtus latina d'Esther, puisque celui-ci a contaminé le texte reçu (LXX) qui est lui-même un hybride. Si le colophon (d'après E. Bickerman, 78-77 avant J.-C.) se rattache bien au texte reçu (LXX) qu'il suit dans les manuscrits, ce dernier est de la première moitié du Ier siècle av. J.C, et le modèle de la vêtus latina doit remonter encore plus haut."

[29] *La Sainte Bible traduite sur la Vulgate,* trad. de Louis-Isaac Lemaistre de Sacy, Bruxelles, Société biblique britannique et étrangère, 1855, pp. 293-294.
[30] *Ibid.,* p. 293.
[31] *Ibid.*
[32] Cf. par ex. http://www.babynamespedia.com/meaning/Urie/m, http://www.babynamespedia.com/meaning/Uriel/m et https://es.wikipedia.org/wiki/Uriel
[33] https://www.info-bible.org/lsg/01.Genese.html#8
[34] https://www.info-bible.org/lsg/10.2Samuel.html#3
[35] https://www.info-bible.org/lsg/04.Nombres.html#35
[36] https://www.info-bible.org/lsg/12.2Rois.html#10
[37] https://es.wikipedia.org/wiki/B%C3%B3veda_de_la_Capilla_Sixtina#Antepasados_de_Christ
[38] *Ibid.*
[39] https://www.info-bible.org/lsg/44.Actes.html#3
[40] Omar Calabrese, *Cómo se lee una obra de arte,* Madrid, Cátedra, 1993, pp. 81-88.
[41] Sur la récurrence du parcours de l'humanité, depuis le Péché adamique jusqu'à la Salvation par le Christ dans les ouvrages et les oeuvres de la période (de Jean-Jacques Boissard à Otto van Veen, en passant par Jérôme Bosch ou Lucas Cranach l'Ancien et le Jeune), voir nos ouvrages, dans la présente Collection, respectivement sur Bosch et Andrea Mantegna. Cf. aussi, dans le même sens, en marge des nombreuses séries gravées des *Sept Péchés Capitaux* de la période (que nous sur lesquelles nous nous attardons longuement dans notre ouvrage sur Mantegna), la série, originale entre ces autres, de *La Création du Monde* (1589) de Jan Harmensz Muller, d'après Hendrick Goltzius: *Page de Titre* (http://www.harvardartmuseums.org/collections/object/59210?position=12); *Jour Un:*

Séparation de la lumière d'avec les ténèbres (http://www.harvardartmuseums.org/collections/object/59231?position=13); *Jour Deux: Séparation de l'Air et des Eaux* (http://www.harvardartmuseums.org/collections/object/59230?position=14); *Jour Trois: Séparation des Terres et des Eaux* (http://www.harvardartmuseums.org/collections/object/248030?position=23); *Jour Quatre: Création du Soleil, de la Lune et des Étoiles* (http://www.harvardartmuseums.org/collections/object/59327?position=15); *Jour Cinq: Création des Bêtes, des Oiseaux et des Poissons* (http://www.harvardartmuseums.org/collections/object/59326?position=16); *Jour Six: Création d'Adam et d'Ève* (http://www.harvardartmuseums.org/collections/object/5307?position=9 et http://www.philamuseum.org/collections/permanent/20818.html?mulR=689823830l15).

[42]Cf. encore au XXIème siècle, la centralité du débat autour de l'importance de la figure féminine, concrètement mariale, et de ses pendants, entre le catholicisme et le protestantisme, comme en rend compte le *Da Vinci Code* (2003) de Dan Brown.

[43]https://www.info-bible.org/lsg/01.Genese.html#10

[44]https://www.info-bible.org/lsg/01.Genese.html#9

[45]https://www.info-bible.org/lsg/03.Levitique.html#18

[46]https://www.info-bible.org/lsg/03.Levitique.html#20

[47]Paul H. Freedman, *Images of the Medieval Peasant*, Standford University Press, 1999, p. 87.

[48]*Ibid.*, p. 88.

[49]Cf. notre ouvrage sur Mantegna, dans la présente Collection, et l'iconographie de la Mort accompagnant Adam et Ève, après leur expulsion du Paradis terrestre.

[50]http://www.christianiconography.info/sicily/sarcAdelphia.adamEve.html

[51]Freedman, pp. 91-93.

[52]*Ibid.*, p. 94.

[53]*Ibid.*, pp. 97-98.

[54]*Ibid.*, p. 98.

[55]*Ibid.*, p. 99.

[56]*Ibid.*, p. 101.

[57]*Ibid.*

[58]*Ibid.*, pp. 101-103.

[59]*Ibid.*, p. 102.

[60]Raphael Patai, *The Jewish Mind*, New York, Charles Scribner's Sons, 1977, pp. 433ss.

[61]*Ibid.*, p. 434.

[62]*Ibid.*, pp. 434-447.

[63]Stephen R. Haynes, *Noah's Curse: The Biblical Justification of American Slavery*, New York, Oxford University Press, 2002, p. 24.

[64]*Ibid.*, pp. 24-25.

[65]*Ibid.*, p. 25.

[66]*Ibid.*, p. 26.

[67]*Ibid.*, pp. 26-27.

[68]*Ibid.*, p. 27.

[69]*Ibid.*, p. 28.

[70]*Ibid.*, p. 29.

[71] *Ibid.*, pp. 30-31.
[72] *Ibid.*, p. 32.
[73] *Ibid.*, p. 31.
[74] Il faut relever qu'entre beaucoup d'autres auteurs, Erwin Panofsky a dédié, spécifiquement, plusieurs travaux au néoplatonisme florentin, et à l'oeuvre de Michel-Ange, associant les deux dans au moins un texte. Ce sont: "*The Neoplatonic Movement in Florence and North Italy*" et "*The Neoplatonic Movement and Michelangelo*" avec son "*Appendix: The Clay Model in the Casa Buonarroti*", respectivement pp. 129-170, 171-230 et 231-233 de ses *Studies in Iconology*, 1939, New York, Harper and Row, 1972 (le texte sur Michel-Ange se fondant sur l'article de Panofsky, "*The first two projects of Michelangelo's Tomb of Julius II*", *The Art Bulletin*, Vol. 19, No. 4, Décembre 1937, pp. 561-579.) Le court ouvrage, No 8 de la Collection "*Bibliothek der Kunstgeschichte Herausgegeben von Hans Tietze*", intitulé: *Die Sixtinische Decke*, Leipzig, Von E. A. Seemann, 1921. "*The Mouse that Michelangelo failed to carve*", *Essays in memory of Karl Lehmann*, Institute of Fine Arts, New York University, 1964, pp. 242-251. Un texte, récemment retrouvé, doit encore être ajouté à cette liste: *Die Gestaltungsprincipien Michelangelos, besonders in ihrem Verhältnis zu denen Raffaels*, 1920, Berlin, De Gruyter, 2014.
[75] Robert M. Polhemus, *Lot's Daughters - Sex, Redemption, and Women's Quest for Authority*, Standford Universtiy Press, 2005.
[76] *Ibid.*, p. 73.
[77] *Ibid.*, p. 74.
[78] *Ibid.*, pp. 74-75.
[79] *Ibid.*, pp. 84-85.
[80] *Ibid.*, p. 74.
[81] *Ibid.*, p. 85.
[82] Mickey Leland Mattox, *Defender of the Most Holy Matriarchs: Martin Luther's Interpretation of the Women of Genesis in the Enarrationes in Genesin, 1535-1545*, Leiden, Brill, 2003, pp. 102-105.
[83] Max Engammare, "*Les Figures de la Bible. Le destin oublié d'un genre littéraire en image (XVIe-XVIIe s.)*", *Mélanges de l'Ecole française de Rome. Italie et Méditerranée*, Année 1994, Volume 106, Numéro 2, p. 587.
[84] *Ibid.*, pp. 581-582.
[85] *Ibid.*, note 138 p. 582.
[86] Timothy D. Finla, *The birth report genre in the Hebrew Bible*, 2005, Tübingen, Mohr Siebeck, p. 250.
[87] http://www.avakesh.com/2008/11/number-6-lots-daughters-and-marriage.html
[88] Cf. notre livre sur *Bosch Brueghel l'Ancien*, Bès Éditions, 2006.
[89] https://www.info-bible.org/lsg/46.1Corinthiens.html#7
[90] Lise Wajeman, *La parole d'Adam, le corps d'Ève - Le péché originel au XVIème siècle*, París, Droz, 2007
[91] Dante Alighieri, *La Divine Comédie*, trad. de Félicité Robert de Lamennais, Paris, Flammarion, 1910, p. 47.
[92] *Ibid.*, pp. 47-48.
[93] Cf. notre ouvrage sur cette oeuvre, également publié dans la présente Collection.
[94] Cf. notre ouvrage sur *Le Baiser*, également publié dans la présente Collection.
[95] Cf. Ernest et Margaret Marriage, *Sculptures of Chartres Cathedral*, Cambridge University Press, 1909, 2003, p. 138.

[96] Rudolf Wittkower, "*El lenguaje del gesto de El Greco*", en *La alegoría y la migración de los símbolos*, 2006, Madrid, Siruela, pp. 220-233.
[97] Antonio Orbe, *Introducción a la teología de los siglos II y III*, Editrice Pontificia Università Gregoriana, Roma, 1987, Volume 1, pp. 565-566 et 795.
[98] Robert Farrar Capon, *Between Noon and Three: Romance, Law, and the Outrage of Grace*, Grand Rapids, Win. B. Eerdmans Publishing, 1997, pp. 34-36ss.
[99] https://www.info-bible.org/lsg/49.Ephesiens.html#5
[100] "*Un gavit (en arménien Գավիթ) est une sorte de narthex (le narthex est l'entrée de l'église) que l'on retrouve exclusivement dans l'architecture arménienne. Il est souvent accolé à l'ouest d'une église dans un monastère. Il servait aussi parfois à des réunions.*" (https://fr.wikipedia.org/wiki/Gavit)
[101] "*Le jamatoun est un édifice religieux typiquement arménien compris dans un monastère, parfois rattaché à l'église principale. Il s'est développé aux alentours des xiie et xiiie siècles. Il pouvait servir de lieu de rencontre des ecclésiastiques. Architecturalement, il est assez similaire au gavit. Le fait que celui-ci soit accolé à l'église alors que le jamatoun peut en être écarté demeure la principale différence. Il y a parfois de la confusion entre ces deux éléments: ainsi Jean-Michel Thierry tend à les qualifier plutôt comme une seule forme, alors que d'autres historiens de l'art arménien les distinguent.*
Les exceptions sont nombreuses, comme à Geghard où le jamatoun est dans la roche. L'un des plus beaux est sans doute celui de l'église des Saints-Apôtres de l'ancienne capitale arménienne de l'an mille, Ani." (https://fr.wikipedia.org/wiki/Jamatoun)
[102] https://fr.wikipedia.org/wiki/Noravank#Sourp_Karapet_et_son_gavit
[103] Selon l'iconographie typique de la féménité de la fin du bas Moyen Âge, cf. notre ouvrage sur Mantegna, dans la présente Collection.
[104] Marriage, p. 137.
[105] *Ibid.*, pp. 148-149.
[106] *Ibid.*, p. 152.
[107] *Ibid.*, p. 158.
[108] *Ibid.*, p. 162.
[109] *Ibid.*, pp. 174-180. On pourra comparer cette association entre des scènes typologiques et le cycle zodiacal au *Calendrier des Bergers* et, en général, à celle des *Livres d'Heures*, et des nombreux programmes de fresques de la Renaissance de symbolisme zodiacal, jusqu'au Vatican.
[110] *Ibid.*, p. 180.
[111] *Ibid.*, p. 184.
[112] *Ibid.*, p. 186.
[113] *Ibid.*, p. 188.
[114] *Ibid.*, p. 192.
[115] *Ibid.*, p. 194.
[116] *Revista Katharsis*, Universidad de Málaga, No 11, Janvier-Avril 2012, *Edición especial Artículos y Ensayos*: *La representación: Problema iconográfico central del Arte Contemporáneo*, pp. 114-224, Sixième essai, http://www.revistakatharsis.org/Revista_katharsis_n_11_2012_ensayos.pdf
[117] "*Pico's modern fame comes mainly from a speech that he never gave, the Oration on the Dignity of Man that got its title only after he died. He wrote the Oration in 1486 to introduce his 900 Conclusions, having chosen the capital of Christendom as just the place to dispute the outrageous theological novelties advertised by them—including the claim that magic and*

Kabbalah are the best proofs of Christ's divinity. The Pope quashed Pico's rash project, but not before the Conclusions were already in print. To make matters worse, Pico then defended them in an unsubmissive Apology that printed half of the original, and not yet published, Oration—though not the half that later became famous. As a whole, and mainly because its language is enigmatic, the Oration was less inflammatory than the Conclusions; it first appeared in the collection of his uncle's works (Commentationes) published by Gianfrancesco Pico in 1496. Gianfrancesco, the main source of biographical information about the elder Pico, says that his uncle thought little of the speech, regarding it as a piece of juvenilia. For the next three centuries, few of Pico's readers were moved to challenge this verdict, despite the author's continuing fame. Until post-Kantian historians of philosophy were charmed by it, the Oration was largely (though not entirely) ignored, in part because of its publishing history. Shortly after 1450, Giannozzo Manetti had completed a book On Human Worth and Excellence, which—unlike Pico's speech—really is about dignitas as that word had been used by ancient Romans and medieval Christians: what they meant by it was 'rank,' 'status,' 'value' or 'worth,' not what Kant would mean later by Würde. Manetti's dignitas was still essentially a Christian notion made less otherworldly by the example of ancient sages like Cicero and by the changed conditions of Italian life in the fifteenth century. The last part of Manetti's book is an attack on a twelfth-century treatise On Human Misery by Cardinal Lotario dei Segni, before he became Pope Innocent III. Manetti took his lead from two contemporaries—Antonio da Barga and Bartolomeo Facio—who had already written about his topic but in much more conventional ways. Pico's speech pays no attention at all to these three earlier texts on dignitas because dignitas is not his subject. Instead, he wanted to convince people to use magic and Kabbalah in order to change themselves into angels.

Except as part of Pico's collected works, the Latin text of the Oration was printed only once before the 1940s, when the first translation into English also appeared, just after the first Italian version in 1936. What readers saw on the title-page of the 1496 Commentationes was simply A Very Elegant Oration, which in 1530—in the only separately published Latin text of the pre-modern era—expanded into On Man by Giovanni Pico della Mirandola, explaining the loftier mysteries of sacred and human philosophy. Meanwhile, the front-matter of the five collected editions or reprints between 1498 and 1521 stayed with the 1496 formulation, Oratio quaedam elegantissima, which in 1557 finally became On the Dignity of Man in a Basel collection and, in a Venice edition of the same year, A Very Elegant Oration on the High Nobility and Dignity of Man. The two other early modern collections of 1572 and 1601 used a new format that no longer listed contents by title at the front of the book." (https://plato.stanford.edu/entries/pico-della-mirandola/#WorkRepu)

[118]http://www.lyber-eclat.net/lyber/mirandola/pictrad.html (Traduction d'Yves Hersant, E.H.E.S.S., 1993, http://www.lyber-eclat.net/lyber/mirandola/pico.html)

"§ 1

1. [132r] Legi, Patres colendissimi, in Arabum monumentis, interrogatum Abdalam sarracenum, quid in hac quasi mundana scena admirandum maxime spectaretur, nihil spectari homine admirabilius respondisse.

2. Cui sententiae illud Mercurii adstipulatur: «Magnum, o Asclepi, miraculum est homo».

§ 2

3. Horum dictorum rationem cogitanti mihi non satis illa faciebant, quae multa de humanae naturae praestantia afferuntur a multis: esse hominem creaturarum internuntium, superis familiarem, regem inferiorum; sensuum perspicacia, rationis indagine, intelligentiae lumine,

naturae interpretem; stabilis evi et fluxi temporis interstitium, et (quod Persae dicunt) mundi copulam, immo hymeneum, ab angelis, teste Davide, paulo deminutum.
§ 3
4. Magna haec quidem, sed non principalia, idest quae summae admirationis privilegium sibi iure vendicent.
5. Cur enim non ipsos angelos et beatissimos caeli choros magis admiremur?
6. Tandem intellexisse mihi sum visus, cur felicissimum proindeque dignum omni admiratione animal sit homo, et quae sit demum illa conditio quam in universi serie sortitus sit, non brutis modo, sed astris, sed ultramundanis mentibus invidiosam.
7. Res supra fidem et mira.
8. Quidni? Nam et propterea magnum miraculum et admirandum profecto animal iure homo et dicitur et existimatur.
9. Sed quae nam ea sit audite, Patres, et benignis auribus pro vestra humanitate hanc mihi operam condonate.
§ 4
10. Iam sum[m]us Pater architectus Deus hanc quam videmus mundanam domum, divinitatis templum augustissimum, archanae legibus sapientiae fabrefecerat.
11. Supercelestem regionem mentibus decorarat; ethereos globos aeternis animis vegetarat; excrementarias ac feculentas inferioris mundi partes omnigena animalium turba complerat.
12. Sed, opere consumato, desiderabat artifex esse aliquem qui tanti operis rationem perpenderet, pulchritudinem amaret, magnitudinem admiraretur.
13. Idcirco iam rebus omnibus (ut Moses Timeusque testantur) absolutis, de producendo homine postremo cogitavit.
14. Verum nec erat in archetipis unde novam sobolem effingeret, nec in thesauris quod novo filio hereditarium largiretur, nec in subselli[i]s totius orbis, ubi universi contemplator iste sederet.
15. Iam plena omnia; omnia summis, mediis infimisque ordinibus fuerant distributa.
16. Sed non erat paternae potestatis in extrema faetura quasi effeta defecisse; non erat sapientiae, consilii inopia in re necessaria fluctuasse; non erat benefici amoris, ut qui in aliis esset divinam liberalitatem laudaturus in se illam damnare cogeretur.
§ 5
17. Statuit tandem optimus opifex, ut cui dari nihil proprium poterat commune esset quicquid privatum singulis fuerat.
18. Igitur hominem accepit indiscretae opus imaginis atque in mundi positum meditullio sic est alloquutus: «Nec certam sedem, nec propriam faciem, nec munus ullum peculiare tibi dedimus, o Adam, ut quam sedem, quam faciem, quae munera tute optaveris, ea, pro voto, pro tua sententia, habeas et possideas.
19. Definita caeteris natura intra praescriptas a nobis leges cohercetur.
20. Tu, nullis angustiis cohercitus, pro tuo arbitrio, in cuius manu te posui, tibi illam prefinies.
21. Medium te mundi posui, ut circumspiceres inde comodius quicquid est in mundo.
22. Nec te celestem neque terrenum, neque mortalem neque immortalem fecimus, ut tui ipsius quasi arbitrarius honorariusque plastes et fictor, in quam/132v/ malueris tute formam effingas.
23. Poteris in inferiora quae sunt bruta degenerare; poteris in superiora quae sunt divina ex tui animi sententia regenerari».
§ 6
24. O summam Dei patris liberalitatem, summam et admirandam hominis foelicitatem!

25. Cui datum id habere quod optat, id esse quod velit.
26. Bruta simul atque nascuntur id secum afferunt (ut ait Lucilius) e bulga matris quod possessura sunt.
27. Supremi spiritus aut ab initio aut paulo mox id fuerunt, quod sunt futuri in perpetuas aeternitates.
28. Nascenti homini omnifaria semina et omnigenae vitae germina indidit Pater.
29. Quae quisque excoluerit illa adolescent, et fructus suos ferent in illo.
30. Si vegetalia planta fiet, si sensualia obrutescet, si rationalia caeleste evadet animal, si intellectualia angelus erit et Dei filius.
31. Et si nulla creaturarum sorte contentus in unitatis centrum suae se receperit, unus cum Deo spiritus factus, in solitaria Patris caligine qui est super omnia constitutus omnibus antestabit.

§ 7
32. Quis hunc nostrum chamaeleonta non admiretur?
33. Aut omnino quis aliud quicquam admiretur magis?
34. Quem non immerito Asclepius Atheniensis versipellis huius et se ipsam transformantis naturae argumento per Protheum in mysteriis significari dixit.
35. Hinc illae apud Hebreos et Pythagoricos methamorphoses celebratae.

§ 8
36. Nam et Hebreorum theologia secretior nunc Enoch sanctum in angelum divinitatis, quem vocant malakh hasheckinah nunc in alia alios numina reformant.
37. Et Pythagorici scelestos homines in bruta deformant et, si Empedocli creditur, etiam in plantas.
38. Quos imitatus Maumeth illud frequens habebat in ore, qui a divina lege recesserit brutum evadere, et merito quidem.
39. Neque enim plantam cortex, sed stupida et nihil sentiens natura; neque iumenta corium, sed bruta anima et sensualis; nec caelum orbiculatum corpus, sed recta ratio; nec sequestratio corporis, sed spiritalis intelligentia angelum facit.
40. Si quem enim videris deditum ventri, humi serpentem hominem, frutex est, non homo, quem vides; si quem in fantasiae quasi Calipsus vanis praestigiis cecucientem et subscalpenti delinitum illecebra sensibus mancipatum, brutum est, non homo, quem vides.
41. Si recta philosophum ratione omnia discernentem, hunc venereris; caeleste est animal, non terrenum.
42. Si purum contemplatorem corporis nescium, in penetralia mentis relegatum, hic non terrenum, non caeleste animal: hic augustius est numen humana carne circumvestitum.

§ 9
43. Ecquis hominem non admiretur?
44. Qui non immerito in sacris litteris Mosaicis et Christianis, nunc omnis carnis, nunc omnis creaturae appellatione designatur, quando se ipsum ipse in omnis carnis faciem, in omnis creaturae ingenium effingit, fabricat et tansformat.
45. Idcirco scribit Evantes Persa, ubi Chaldaicam theologiam enarrat, non esse homini suam ullam et nativam imaginem, extrarias multas et adventitias.
46. Hinc illud Chaldeorum Enosh hu shinnuim vekammah tebhaoth baal haj idest homo variae ac multiformis et desultoriae naturae animal.

§ 10
47. Sed quorsum haec?

48. Ut intelligamus, postquam hac nati sumus conditione, ut id simus quod esse volumus, curare hoc potissimum debere nos, ut illud quidem in nos non dicatur, cum in honore essemus non cognovisse similes factos brutis et iumentis insipientibus.
49. Sed illud potius Asaph prophetae: «Dii estis et filii Excelsi omnes», ne, abutentes indulgentissima Patris liberalitate, quam dedit ille liberam optionem, e salutari noxiam faciamus nobis.
50. Invadat animum sacra quaedam ambitio ut mediocribus non contenti anhelemus ad summa, adque illa (quando possumus si volumus) consequenda totis viribus enitamur.
51. Dedignemur terre/133r/stria, caelestia contemnamus, et quicquid mundi est denique posthabentes, ultramundanam curiam eminentissimae divinitati proximam advolemus.
52. Ibi, ut sacra tradunt mysteria, Seraphin, Cherubin et Throni primas possident; horum nos iam cedere nescii et secundarum impatientes et dignitatem et gloriam emulemur.
53. Erimus illis, cum voluerimus, nihilo inferiores.
§ 11
54. Sed qua ratione, aut quid tandem agentes?
55. Videamus quid illi agant, quam vivant vitam." (https://la.wikisource.org/wiki/Oratio_de_hominis_dignitate)
[119]http://moniteurs.billings.free.fr/bj/sg1.htm et http://moniteurs.billings.free.fr/bj/sg2.htm
[120]https://www.info-bible.org/lsg/47.2Corinthiens.html#8
[121]http://www.lyber-eclat.net/lyber/mirandola/pictrad.html
"56. Eam si et nos vixerimus (possumus enim) illorum sortem iam equaverimus.
57. Ardet Saraph charitatis igne; fulget Cherub intelligentiae splendore; stat Thronus iudicii firmitate.
58. Igitur si actuosae ad[d]icti vitae inferiorum curam recto examine susceperimus, Thronorum stata soliditate firmabimur.
59. Si ab actionibus feriati, in opificio opificem, in opifice opificium meditantes, in contemplandi ocio negociabimur, luce Cherubica undique corruscabimus.
60. Si charitate ipsum opificem solum ardebimus, illius igne, qui edax est, in Saraphicam effigiem repente flammabimur.
61. Super Throno, idest iusto iudice, sedet Deus iudex seculorum.
62. Super Cherub, idest contemplatore, volat atque eum quasi incubando fovet.
63. Spiritus enim Domini fertur super aquas, has, inquam quae super caelos sunt, quae apud Iob Dominum laudant antelucanis hymnis.
64. Qui Saraph, idest amator est, in Deo est, et Deus in eo, immo et Deus et ipse unum sunt.
65. Magna Thronorum potestas, quam iudicando; summa Saraphinorum sublimitas, quam amando assequimur.
§ 12
66. Sed quonam pacto vel iudicare quisquam vel amare potest incognita?
67. Amavit Moses Deum quem vidit, et administravit iudex in populo quae vidit prius contemplator in monte.
68. Ergo medius Cherub sua luce et Saraphico igni nos praeparat et ad Thronorum iudicium pariter illuminat.
69. Hic est nodus primarum mentium, ordo Palladicus, philosophiae contemplativae preses; hic nobis et emulandus primo et ambiendus, atque adeo comprehendendus est, unde et ad amoris rapiamur fastigia et ad munera actionum bene instructi paratique descendamus.
70. At vero operae precium, si ad exemplar vitae Cherubicae vita nostra formanda est, quae illa et qualis sit, quae actiones, quae illorum opera, pre oculis et in numerato habere.

71. Quod cum nobis per nos, qui caro sumus et quae humi sunt sapimus, consequi non liceat, adeamus antiquos patres, qui de his rebus utpote sibi domesticis et cognatis locupletissimam nobis et certam fidem facere possunt.
72. Consulamus Paulum apostolum vas electionis, quid ipse cum ad tertium sublimatus est caelum, agentes Cherubinorum exercitus viderit.
73. Respondebit utique Dyonisio interprete: purgari illos, tum illuminari, postremo perfici.
§ 13
74. Ergo et nos Cherubicam in terris vitam emulantes, per moralem scientiam affectuum impetus cohercentes, per dialecticam rationis caliginem discutientes, quasi ignorantiae et vitiorum eluentes sordes animam purgemus, ne aut affectus temere debac[c]hentur aut ratio imprudens quandoque deliret.
75. Tum bene compositam ac expiatam animam naturalis philosophiae lumine perfundamus, ut postremo divinarum rerum eam cognitione perficiamus.
§ 14
76. Et ne nobis nostri sufficiant consulamus Iacob patriarcham cuius imago in sede gloriae sculpta corruscat.
77. Admonebit nos pater sapientissimus in inferno dormiens, mundo in superno vigilans.
78. Sed admonebit per figuram (ita eis omnia contingebant) esse scalas ab imo solo ad caeli summa protensas multorum graduum serie distinctas; fastigio Dominum insidere, contemplatores angelos per eas vicibus alternantes ascendere et descendere.
§ 15
79. Quod si hoc idem nobis angelicam /133v/ affectantibus vitam factitandum est, queso, quis Domini scalas vel sordidato pede, vel male mundis manibus attinget?
80. Impuro, ut habent mysteria, purum attingere nephas.
81. Sed qui hi pedes?
82. Quae manus?
83. Profecto pes animae illa est portio despicatissima, qua ipsa materiae tanquam terrae solo innititur, altrix inquam potestas et cibaria, fomes libidinis et voluptariae mollitudinis magistra.
84. Manus animae cur irascentiam non dixerimus, quae appetentiae propugnatrix pro ea decertat et sub pulvere ac sole p[r]edatrix rapit, quae illa sub umbra dormitans helluetur?
85. Has manus, hos pedes, idest totam sensualem partem in qua sedet corporis illecebra quae animam obtorto (ut aiunt) detinet collo, ne a scalis tamquam prophani pollutique reiciamur, morali philosophia quasi vivo flumine abluamus.
86. At nec satis hoc erit, si per Iacob scalam discursantibus angelis comites esse volumus, nisi et a gradu in gradum rite promoveri, et a scalarum tramite deorbitare nusquam, et reciprocos obire excursus bene apti prius instructicie fuerimus.
87. Quod cum per artem sermocinalem sive rationariam erimus consequuti, iam Cherubico spiritu animati, per scalarum, idest naturae gradus philosophantes, a centro ad centrum omnia pervadentes, nunc unum quasi Osyrim in multitudinem vi titanica dis[c]erpentes descendemus, nunc multitudinem quasi Osyridis membra in unum vi Phebea colligentes ascendemus, donec in sinu Patris qui super scalas est tandem quiescentes, theologica foelicitate consumabimur.
§ 16
88. Percontemur et iustum Iob, qui fedus iniit cum Deo vitae prius quam ipse ederetur in vitam quid summus Deus in decem illis centenis millibus qui assistunt ei, potissimum desideret: pacem utique respondebit, iuxta id quod apud eum legitur: «Qui facit pacem in excelsis».

89. Et quoniam supremi ordinis monita medius ordo inferioribus interpretatur, interpretetur nobis Iob theologi verba Empedocles philosophus.
90. Hic duplicem naturam in nostris animis sitam, quarum altera sursum tollimur ad celestia, altera deorsum trudimur ad inferna, per litem et amicitiam, sive bellum et pacem, ut sua testantur carmina, nobis significat.
91. In quibus se lite et discordia actum, furenti similem profugum a diis, in altum iactari conqueritur.
§ 17
92. Multiplex profecto, Patres, in nobis discordia; gravia et intestina domi habemus et plusquam civilia bella.
93. Quae si noluerimus, si illam affectaverimus pacem, quae in sublime ita nos tollat ut inter excelsos Domini statuamur, sola in nobis compescet prorsus et sedabit philosophia: moralis primum, si noster homo ab hostibus indutias tantum quesierit, multiplicis bruti effrenes excursiones et leonis iurgia, iras animosque contundet.
94. Tum si rectius consulentes nobis perpetuae pacis securitatem desideraverimus, aderit illa et vota nostra liberaliter implebit, quippe quae cesa utraque bestia, quasi icta porca, inviolabile inter carnem et spiritum foedus sanctissimae pacis sanciet.
95. Sedabit dyalectica rationis turbas inter orationum pugnantias et sillogismo captiones anxie tumultuantis.
96. Sedabit naturalis philosophia opinionis lites et dis[s]idia, quae inquietam hinc inde animam vexant, distrahunt et lacerant.
97. Sed ita sedabit, ut meminisse nos iubeat esse naturam iuxta Heraclytum ex bello genitam, ob id ab Homero contentionem vocitatam.
98. Idcirco in ea veram quietem et solidam pacem se nobis prestare non posse, esse hoc dominae suae, idest sanctissimae th[e]ologiae, munus et privilegium.
99. Ad illam ipsa et viam monstrabit et comes ducet, quae procul nos videns properantes: «Venite, inclamabit, ad me qui laborastis; venite et ego reficiam vos; venite ad /134r/ me et dabo vobis pacem quam mundus et natura vobis dare non possunt».
§ 18
100. Tam blande vocati, tam benigniter invitati, alatis pedibus quasi terrestres Mercurii, in beatissimae amplexus matris evolantes, optata pace perfruemur: pace sanctissima, individua copula, unianimi amicitia, qua omnes animi in una mente, quae est super omnem mentem, non concordent adeo, sed ineffabili quodammodo unum penitus evadant.
101. Haec est illa amicitia quam totius philosophiae finem esse Pythagorici dicunt, haec illa pax quam facit Deus in excelsis suis, quam angeli in terram descendentes annuntiarunt hominibus bonae voluntatis, ut per eam ipsi homines ascendentes in caelum angeli fierent.
102. Hanc pacem amicis, hanc nostro optemus seculo, optemus unicuique domui quam ingredimur, optemus animae nostrae, ut per eam ipsa Dei domus fiat; ut, postquam per moralem et dyalecticam suas sordes excusserit, multiplici philosophia quasi aulico apparatu se exornarit, portarum fastigia theologicis sertis coronarit, descendat Rex gloriae et cum Patre veniens mansionem faciat apud eam.
103. Quo tanto hospite si se dignam praestiterit, qua est illius immensa clementia, deaurato vestitu quasi toga nuptiali multiplici scientiarum circumdata varietate, speciosum hospitem, non ut hospitem iam, sed ut sponsum excipiet, a quo ne unquam dissolvatur dissolvi cupiet a populo suo et domum patris sui, immo se ipsam oblita, in se ipsa cupiet mori ut vivat in sponso, in cuius conspectu preciosa profecto mors sanctorum eius, mors, inquam, illa, si dici

mors debet plenitudo vitae cuius meditationem esse studium philosophiae dixerunt sapientes." (https://la.wikisource.org/wiki/Oratio_de_hominis_dignitate)

[122]"*Or ici tout ramène au Christ et semble le protéger: l'arrondi si naturel du bras de la Vierge, le voile s'envolant au-dessus de la tête de l'Enfant, le regard de la Mère, attendrie certes mais d'un port de tête plein de noblesse, de sérénité, de vénération. Cette noblesse, cette attention se prolongent dans la courbe du bras droit et de la main, si symboliquement longue et qui dans un dernier geste d'élégance protège encore l'Enfant du monde extérieur et écarte l'importun.*" (http://www.michel-levy.fr/vierge-de-roiblay/)

[123]Cf. D.T. Niles, *Upon the Earth - The mission of God and the missionary enterprise of the churches*, Londres, New York, Toronto, McGraw Hill Company, 1962, p. 230.

[124]Abbé Caussel, *De la connoissance de Jésus-Christ, considéré dans Ses Mystères, & dans Ses différentes Qualités ou Rapports avec Dieu Son Père, avec les Créatures en général, & avec les Hommes dans leurs différens états*, Paris, Jean-Thomas Herrissant Libraire, y Auxerre, François Forunier, Imprimeur-Libraire, 1762, T. II, "*II Partie Qualités de J.C.*", pp. 234-235.

[125]https://www.info-bible.org/lsg/42.Luc.html#17

[126]https://www.info-bible.org/lsg/42.Luc.html#18

[127]Dante-Lamennais, pp. 304-305.

"*Tu credi che nel petto onde la costa
si trasse per formar la bella guancia
il cui palato a tutto 'l mondo costa,*

*e in quel che, forato da la lancia,
e prima e poscia tanto sodisfece,
che d'ogne colpa vince la bilancia,*

*quantunque a la natura umana lece
aver di lume, tutto fosse infuso
da quel valor che l'uno e l'altro fece;*

*e però miri a ciò ch'io dissi suso,
quando narrai che non ebbe 'l secondo
lo ben che ne la quinta luce è chiuso.*

*Or apri li occhi a quel ch'io ti rispondo,
e vedräi il tuo credere e 'l mio dire
nel vero farsi come centro in tondo.*

*Ciò che non more e ciò che può morire
non è se non splendor di quella idea
che partorisce, amando, il nostro Sire;*

*ché quella viva luce che sì mea
dal suo lucente, che non si disuna
da lui né da l'amor ch'a lor s'intrea,*

*per sua bontate il suo raggiare aduna,
quasi specchiato, in nove sussistenze,*

etternalmente rimanendosi una."
[128]Dante-Lamennais, p. 360.
"*E la mia donna: «Dentro da quei rai vagheggia il suo fattor l'anima prima che la prima virtù creasse mai».*"
[129]https://www.info-bible.org/lsg/40.Matthieu.html#20
[130]https://www.info-bible.org/lsg/62.1Jean.html#3
[131]https://www.info-bible.org/lsg/45.Romains.html#6
[132]León Morris, "*Teorías de la Expiación*", *Diccionario Evangélico de Teología*, ed. Walter A. Elwell, Grand Rapids, Michigan, Baker, 1984, p. 102. La traduction est nôtre.
[133]https://www.info-bible.org/lsg/45.Romains.html#5
[134]Cf. Erwin Panofsky, *La perspective comme forme symbolique*, 1927, passim.
[135]Juan Valverde de Hamusco, *Historia de la composicion del cuerpo humano*, Rome, Impressa por Antonio Salamanca y Antonio Lafrerij, 1556, se trouve, sans numérotation, autre que l'indication: "*Tab. I del Lib. II*" entre les tableaux et illustrations contenus entre les pages 59-60, elles, si, numérotées; le numéro de la p. 64 n'apparaît que dans l'édition, également romaine, de 1560.
[136]*Godefredi Bidloo, Medicinae Doctoris & Chirurgi, Anatomia Hvmani Corporis: Centum & quinque Tabvlis Per artificiosiss. G. De Lairesse ad vivum delineatis, Demonstrata, Veterum Recentiorumque Inventis explicata plurimisque, hactenus non detectis, Illvstrata*, Amsterdam, Sumptibus Viduae Joannis à Someren, Haeredum Joannis à Dyck, Henrici & Viduae Theodori Boom, 1685, Tabula 88, s/n.
[137]https://fr.wikipedia.org/wiki/Barth%C3%A9lemy_(ap%C3%B4tre)
[138]https://es.wikipedia.org/wiki/Belial
[139]https://www.info-bible.org/lsg/47.2Corinthiens.html#6
[140]https://es.wikipedia.org/wiki/Belial
[141]Benjamin Blech et Roy Doliner, *Los secretos de la Capilla Sixtine - Los mensajes prohibidos de Michel-Ange en el corazón del Vaticano*, New York, HarperCollins, 2008.
[142]*Ibid.*, pp. 241-246.
[143]Lequel nuage a aussi été interprété, selon les auteurs, comme un coeur ou un utérus, cf. John Nici, *Famous Works of Art—And How They Got That Way*, Londres, The Rowman & Littlefield Publishing Group, Inc., 2015 , p. 186.
[144]Blech et Doliner, pp. 368-369.
[145]Jack London: "*... tan inocente como Eva antes de la aventura de la hoja de higuera*", dans *Novela Realista*, Madrid, Edimat, 2006, p. 454.
[146]https://www.info-bible.org/lsg/60.1Pierre.html#3
[147]*Homo microcosmus, hoc est: parvus mundus, macrocosmo, id est: magno mundo, in variis æri incisis figuris totq; carminibus Latinis, per selectiores veterum poëtarum fabulas, nec non elegantiores quasdam historias, emblematice expositus; cujus hæc editio tertia. In qua Latina ista carmina puris rhythmis, Germanicis sunt donata, Fabula veró mythologicé elucidata, adjectif brevibus, ast salutaribus, Ethico-Politico-Theologicis Moralibus. Opus, non solùm ad studiosæ juventutis, sed etiam pictorum, sculptorum, aliorumque Artificum Graphidi & Caelaturae incumbentium, usum & delecta adornarum, per Martinum Meyerum, Haynoviâ Silesium*, Francfort, Danielis Fieveti, 1670, p. 2.
[148]*La Cité de Dieu de Saint Augustin*, Bourges, Chez Gille, 1818, T. II, pp. 127-130.
[149]http://saintebible.com/genesis/1-27.htm

[150] Jacques Darriulat, "*Introduction à la philosophie esthétique*": "*Marsile Ficin (1433-1499)*", http://www.jdarriulat.net/Introductionphiloesth/Renaissance/Ficin.html
[151] Thierry Gontier, "*Noétique et poièsis: L'idea dans la Theologia platonica de Marsile Ficin*", Archives de Philosophie, 2004/1 (Tome 67), pp. 5-22, https://www.cairn.info/revue-archives-de-philosophie-2004-1-page-5.htm
[152] Emmanuel Bermon, *Le cogito dans la pensée de saint Augustin*, Paris, Libraire philosophique J. Vrin, 2001, p. 41.
[153] *Bibliothèque des sciences et des beaux-arts, pour les mois de Juillet, Août, Septembre, MDCCLXIX. Tome Trente et Deuxième. Première Partie*, La Haye, Chez Pierre Gosse junior, et Daniel Pinet, 1769, p. 184.
[154] *Collection intégrale et universelle des orateurs sacrés, Deuxième Série*, Paris, J.-P. Migne, 1856, T. 74, pp. 246-247.
[155] Wouter J. Hanegraaff, "*Better than Magic: Cornelius Agrippa and Lazzarellian Hermetism*", Magic, Ritual, and Witchcraft, Vol. 4, No 1, Summer 2009, University of Pennsylvania Press, p. 1.
[156] Rochette Bruno, "*Un cas peu connu de traduction du grec en latin: l'«Asclepius» du Corpus Hermeticum*", Cahiers du Centre Gustave Glotz, 14, 2003, p. 72.
[157] Hanegraaff, p. 4.
[158] *Le Pimandre de Mercure Trismégiste, de la philosophie chrestienne, cognoissance du verbe divin, & de l'excellence des oeuvres de Dieu, Traduit de l'exemplaire Grec, avec collation de très amples commentaires, par François, Monsieur de Foix, de la famille de Candalle, Captal de Buchs, Evefque d'Aire, &c.*, Paris, Chez Abel L'Angelier, 1587, p. 61.
[159] *Oeuures diuerses de Monsieur Arnauld D'Andilly, diuisees en trois tomes*, Paris, Chez Pierre Le Petit, 1675, T II, "*La vie de Saint Iean l'Avmofnier, ecrite par Leonce Evesque de Naples en Cypre*", cap. III, p. 212.
[160] http://www.hildegard-society.org/2014/09/o-quam-magnum-miraculum-antiphon.html
[161] Hildegard von Bingen, *Symphonia: A Critical Edition of the Symphonia Armonie Celestium Revelationum (Symphony of the Harmony of Celestial Revelations)*, Cornell University Press, 1998, p. 120.
[162] Sur ce thème à la période qui nous intéresse ici, cf. par ex. Juan Sureda Pons, ""*Magnum miraculum est homo*". *Sobre la dignidad del hombre -y de la mujer- y el arte del Renacimiento*", Revista internacional D'Art, Departament d'História de l'Art, Universitat de Barcelona, Nº. 3, 2003, pp. 189-214.
[163] *Apparato dell'eloquenza del padre maestro Lorenzo Stramusoli da Ferrara minorita conventuale di S. Francesco*, Padoue, Nella Stamperia del Seminario, 1700, T. II, "*Tema CCLXXVIII. Huomo*", No 7, p. 815.
[164] *From Poimandres to Jacob Böhme: Gnosis, Hermetism and the Christian Tradition*, éd. de Roelof van den Broeck et Cis van Heertum, Leyde, Brill, et Amsterdam, In de Pelikaan, 2000, p. 223.
[165] https://dokument.tips/documents/hermes-trismegiste-ii-asclepius-ed-arthur-d-nock-et-andre-jean-festugiere-tr.html
[166] Marc Van Der Poel, *Cornelius Agrippa: The Humanist Theologian and His Declamations*, Leyde, Brill, 1997, p. 63, publié dans le recueil des Traités en 1529, *ibid.*, p. 24.
[167] "*The first documented evidence we have of his hermetic interests is the firstdraft of De occulta philosophia from 1510. Five years later Agrippa lecturedon Ficino's Pimander in Pavia. Again, these lectures themselves are lost, butwe still have the introduction, known as the Oratio habita Papiae in praelectione Hermetis Trismegisti De Potestate et Sapientia Dei.*

It was followed one year later, in 1516, by a Dialogus de Homine, of which we have only the first part, and, finally, by a complete text known as De triplici ratione cognoscendi Deum." (Hanegraaff, p. 6)

[168] Frédéric Morin, *Dictionnaire de philosophie et de théologie scolastiques, ou, Études sur l'enseignement philosophique et théologique au Moyen Âge*, Paris, J.-P. Migne, 1856, T. I, p. 407.

[169] Candida Chalippe, *La vie de Saint François*, Paris, Chez Pierre Prault, 1728, pp. ij-iij.

[170] Tertullien et Saint Augustin, *OEuvres choisies*, trad. sous la dir. de M. Nisard, Paris, Chez Firmin Didot Frères, Fils et Cie, 1871, p. 407.

[171] *Sermons de S. Augustin sur les Pseaumes*, Paris, Chez Pierre Le Petit, 1683, T. I, p. 221.

[172] Robert Recorde, *The Ground of Arts: Teaching the Perfect Worke and Practise of Arithmeticke*, augmenté par John Dee et John Mellis, Londres, Imprimé par I.B. pour Roger Iackson, 1618, p. A3.

[173] *Cento Discorsi per le cinque Novene della gran madre di Dio composti dal P.D. Girolamo Clodinio overo Klodinsky Avgvsto Polacco*, Venise, Appreffo Gio: Battifta Catani, 1670, p. 37.

[174] Cf. Frances A. Yates, *Giordano Bruno & Hermetic Trad*, New York et Londres, Routledge, 2014, pp. 28, 35, 90, 111, 246, 318.

[175] *Jordani Bruni Nolani opera latine conscripta publicis sumptibus edita*, Naples, Dom. Morano, 1879, Vol. I - Pars I, p. 206.

[176] Marcos Cesar Danhoni Neves, "*De Imenso, De Minimo andDe Infinito: Giordano Bruno'sMicro and Infinite Universeand the "A-centricLabyrinth" of ModernCosmology and its Philosophical Constraints*", *Apeiron*, Vol. 8, No. 1, Janvier 2001, http://redshift.vif.com/JournalFiles/V08N1/V08N1DAN.PDF, p. 4.

[177] http://www.lyber-eclat.net/lyber/mirandola/pictrad.html; "*Legi, Patres colendissimi, in Arabum monumentis, interrogatum Abdalam 1 Sarracenum, quid in hac quasi mundana scaena admirandum maxime spectaretur, nihil spectari homine admirabilius respondisse. Cui sententiae illud Mercurii adstipulatur: Magnum, o Asclepi, miraculum est homo.*" (http://www.lyber-eclat.net/lyber/mirandola/pictrad.html)

[178] *Obras Christianas del P. Juan Eusebio Nieremberg*, Madrid, Por Domingo Garcia y Morràs, 1651, Tomo Primero de svs Obras en Romance, "*Indice de Autoridades Latinas*", s/n (§3 p. 445).

[179] *La Clavicule de la Science Hermétique écrite par un Habitant du Nord dans ses heures de loisir*, L'an MDCCXXXII, Amsterdam, Chez Pierre Mortier, 1751, p. 16.

[180] "*For indeed God was exceedingly enamoured of his own form or shape, and delivered unto it all his own Workmanships. But he, seeing and understanding the Creation of the Workman in the whole, would needs also himself fall to work, and so was separated from the Father, being in the sphere of Generation or Operation.*" (http://www.sacred-texts.com/eso/pym/pym03.htm)

[181] https://www.info-bible.org/lsg/49.Ephesiens.html#3; "*Now unto Him that is able to do exceeding abundantly above all that we ask or think, according to the power that worketh in us*" (https://www.biblegateway.com/verse/en/Ephesians%203%3A20)

[182] *Traité des noms divins ou des perfections divines, ouvrage de saint Denys l'Aréopagite propre à donner des Idées Sublimes de Dieu, & à faire naître de Grands Sentiments de Religion*, trad. de Pierre-Joseph Cortasse, Lyon, Chez Deville Frères, 1739, pp. 9-10.

[183] Notre opinion est, à notre sens, renforcée par la comparaison que fait Roelof van den Broek ("*Gnoticism and Hermetism in Antiquity: Two Roads of Salvation*", *Gnosis and Hermeticism*

from *Antiquity to Modern Times*, State University of New York Press, 1998, pp. 14-16) entre l'*Apocryphon de Jean* et *Le Pimandre* (notons que les deux contemplent sept divinités primordiales, pour une traduction de l'*Apocryphon*, cf. les quatre variantes proposées sur le site https://www.naghammadi.org/traductions-2/): *"To illustrate this, I will end this article by comparing the myth of the creation of man in the Apocryphon of John with that in the Poimandres. According to the Gnostic apocryphon, the demiurge, having just created the cosmos, heard a voice from the Pleroma saying: "Man exists and the Son of Man." And immediately there shone a light over the water of chaos, which formed the lower part of the cosmos, and in the water the satellites of the demiurge saw the image of Man. Then they decided to make a man after the image of the heavenly Man they had seen, and created Adam in a psychic body. But they were unable to raise it; it remained inactive and immovable. Then the Unknown Father intervened by sending five aeons, disguised as servants of the demiurge, who advised the creator: "Blow into his face something of your spirit and his body will arise." By this divine trick, the spirit of the demiurge, which is the power of Sophia, came into man and thus man became a living being. That is the reason why man has a divine soul. Moreover, the father sent to the soul a helper, called "luminous Epinoia," who informed man about his descent from heaven and the way to as-cend to his place of origin. Adam's knowledge proved to be greater than that of his creators and out of jealousy they made from the elements a material body in which Adam's psychic body was locked up, and so he became a mortal human being.*
If we compare this story with that of the creation of man in the Poimandres, we see that the author of the Hermetic text has made use of a tradition that was closely related to that of the Apocryphon of John, but that the final result is something quite different. Both texts know the important notion of a heavenly Man—a notion that has to be explained through its Jewish background. This is not the place to discuss that in sufficient detail. I only call to mind that the prophet Ezekiel (1:26) saw the Glory of God in the shape of a man: the first manifestation of the transcendent God appears in human form. This and a specific interpretation of the creation of man in Genesis eventually led to the myth of the heavenly Man. In the Poimandres God is the Supreme Mind (Nous) and is androgynous, being life and light. From himself he engendered a second, demiurgic Nous who made the seven Rulers, the planets, and put them into an eternal rotation. The revolution of these celestial gods brought forth fish from the water and birds from the air, it separated water and earth, and the earth produced all kinds of living animals (CH 1.9-11). There is not the slightest indication in this story that this cre-ation is bad; it is only said that the animals are without reason since the divine reason had been united with the demiurgic Mind. In Gnosticism the creation is bad, in Hermetism it is not. Then, the Poimandres contin-ues, the Supreme Nous, who is life and light, engendered a heavenly Man, who was equal to him and very beautiful, because he was made in his Father's image. The Father handed over to this son everything he had made: Man became the lord of the cosmos. Having complete au-thority over the world, Man broke through the vault of heaven, bent down through the framework of the spheres, and showed the beautiful form of God to downward-tending nature. Nature saw his beautiful form mirrored in the water and his shadow on the ground and she smiled with burning desire. Heavenly Man, for his part, saw his own reflection in the water, fell in love with it, and wanted to reside there. And so Man came into the irrational form, and nature received him, and they had intercourse, for they were lovers. For that reason man on earth has a twofold nature, mortal because of his body, immortal because of the true heavenly Man (CH 1.12-15). The sexual union of nature and Man wrought, as the Poimandres says (CH 1.16), "a most amazing

miracle," a thauma thaumasiotaton (which seems the Greek background of the famous magnum miraculum est homo of Asclepius 6). The amazing thing was the birth of seven human beings, whose nature corresponded to that of the seven Rulers, and who were androgynous and went upright. The life and the light of the heavenly Man became the soul and the mind of earthly man. These men remained immortal and androgynous for seven generations, but then these androgynous beings were parted in two and became males and females, in accordance with God's will. And God said (CH 1.18):
Increase in increasing and multiply in multitude, all you creatures and craftworks, and let him who is mindful know that he is immortal, that desire is the cause of death and let him know everything.
The last words reflect a Hermetic saying that is inter alia preserved in the Hermetic Definitions (9.4): "He who knows himself, knows every-thing." In the context of the Poimandres the implication is: you really know yourself if you know that you are of divine origin and that sexual desire is the cause of death."
[184]Hanegraaff, pp. 7-11.
"As Lazzarelli sang in the Crater Hermetis:
Therefore the Begetter gave man
a mind quite like his own, and speech,
that, having also been given consciousness,
he would bring forth gods that are truly like gods.
More than happy is he, who knows
the gifts of his fate: he freely fulfils them,
for he must be reckoned among the gods,
and is not inferior to the gods above.
They overcome the trials of fate
and chase away destructive illness,
They give prophetic dreams, they offer help
in man's need, they punish the godless,
and splendidly reward the pious.
Thus they fulfill the command of God the Father.
These are the disciples, these are the sons of God
who are born not from the will of the flesh, nor from the will of a man or of a menstruating woman, but from God. But it is a literal generation in which the son is like the father in all manner of similitude, and in which the begotten is the same in species as the begetter. And this is the power, given form by the mind, of the Word rightly received in a well-disposed subject, like semen in the womb for generation and giving birth. I say "well-disposed" and "rightly received" because not all things get to partake in the Word in the same manner, but some things thus, others differ-ently. And these things belong to the most recondite secrets of nature, which should not be publicly discussed any further.
If one reads this passage against the background of Lazzarelli's Crater, its meaning is perfectly clear. The human soul is created after the image of the Logos, and therefore when a man attains true knowledge, is reborn from the Father himself and thereby returns to his original unity with that divine image, he also comes to participate in God's very powers of creation, or generation. Lazzarelli had written that "only one man" knew this deepest secret of divine knowledge, and probably meant his teacher Giovanni Merc-urio da Correggio, but Agrippa must have assumed that he meant Jesus Christ. The hymn in the passage quoted above is

taken from Lazzarelli's "hymn of generation," but in a cut-and-paste version taken from Lefe'vre's edition:

Mentem propterea persimilem sibi Sermonemque homini iam genitor dedit Ut diis consimiles parturiat deos	= Crater 27.1, lines 61–63
Sensu desuper indito	= From addition by Lefèvre
Foelix ille nimis, qui sua noverit Sortis munera, perfecerit et libens: Inter nanque deos connumerandus est Nec diis est superis minor.	= Crater 27.1, lines 65–68
Hi fati reprimunt quaeque pericula Morborumque fugant perniciem procul;	= Crater 27.1, lines 57–58
Hi dant somnia praesaga feruntque opem Aerumnis hominum dantque mala impiis; Dant praeclara piis praemia, sic Dei Complent imperium patris	= Crater 27.1, lines 53–56
Hi sunt discipuli, hi sunt filii Dei	= From addition by Lefèvre

Given Agrippa's familiarity with the Asclepius as well as with Augustine, and the fact that he had read Lazzarelli's hymn in its original version as transmitted by Lefe'vre, we must assume that he knew how strongly it was grounded in the idolatrous passages of the Asclepius, and that the "gods" brought forth by the regenerated man had originated as pagan deities attracted into the Egyp-tian statues. But clearly he also understood, and appreciated, Lazzarelli's non-magical interpretation according to which these passages can be decoded as referring not to idolatry but to the superhuman powers of creation/genera-tion that are attained by the man who achieves true knowledge." (Ibid., pp. 11-13)

[185n] Le chapitre 8 est cité en grec par Lactance et par Marcel d'Ancyre dans un contexte bien différent. Lactance connaît bien les doctrines hermétiques et éprouve de la sympathie pour elles. Il les utilise pour confirmer et approfondir certains dogmes chrétiens comme la génération du Fils ou la démonologie. Considérant, dans le livre IV des Diuinae Institutiones, le Fils de Dieu, il relève dans le discours hermétique une allusion au Fils de Dieu, ce qui apparaît à ses yeux comme une confirmation, qui a d'autant plus de force qu'elle se trouve dans un texte païen, des doctrines des Ecritures. En réalité le δεύτερος θεός ορατός και αισθητός, qui devint, sous la plume de l'adaptateur, la relative qui uideri et sentiri possit, c'est le monde, selon une conception ancienne très courante dans la philosophie grecque des époques hellénistique et romaine. Selon l'Asclepius, Dieu crée d'abord le monde, second dieu et image de son Père. Puis vient la création de l'homme, à l'image de Dieu lui-même, destiné à contempler le monde. Lactance a transformé le texte d'Hermès en faisant du δεύτερος θεός un être émané de Dieu. Lactance se sert d'Hermès, de Platon et des Sibylles dans le but de convaincre les païens de la vérité chrétienne par le biais de l'autorité des principaux philosophes païens. L'exploitation du passage par Marcel d'Ancyre est tout à fait différente. Elle s'insère dans la polémique anti-arienne de son De Trinitate. Pour cet auteur, qui est un défenseur inconditionnel de la foi définie à Nicée, la philosophie païenne a été la semence qui a fait germer toutes les hérésies. Les hérétiques se sont inspirés non seulement de Platon ou d'Aristote, mais aussi d'Hermès Trismégiste. C'est ainsi qu'il citait le chapitre 8 pour montrer que les ariens, notamment Astérius d'Amasée et Eusèbe de Cesaree, avaient pris pour autorité Hermès Trismégiste lorsqu'ils enseignaient que le Fils est un «second dieu» distinct du Dieu

suprême. Marcel reproche donc à Astérius et à Eusèbe l'interprétation même que Lactance avait donnée de ce passage.
Dans le texte latin, nous avons plusieurs intensifications. La relative ὂν θεον καλεῖν νενομίκαμεν devient quem rede dicimus deum. Le traducteur a mis en évidence le mot essentiel: deum. L'expression πάντων των αγαθών est rendue par un terme abstrait accompagné d'un complément déterminatif (omnium bonitate), qui est moins banal que le grec. Ce chapitre contient aussi un essai de clarification: εις α΄ίσθησιν ... και εἰς ορασιν devient uidentium sensus. Enfin, la formule μόνον καί ενα, qui désigne Dieu, le démiurge, n'a pas été rendue, sans doute parce qu'elle est trop spécifique ou parce que son origine égyptienne risque de la rendre suspecte au public auquel s'adresse la traduction. En revanche, le traducteur a ajouté diuinitatis. Le texte-source dit: «il l'a aimé comme son propre fils». Le traducteur rend en disant: «il l'a aimé comme le rejeton de sa propre divinité». C'est une façon d'intensifier encore le rôle de la divinité, au même titre que la mise en relief de la première phrase."
(Rochette, pp. 82-83)

[186"] «*Alors 10 le grand Esprit invisible se réjouit à cause de la lumière qui avait été manifestée par la première puissance, sa Pronoia, Barbélô. Et il 15 oignit ce (Fils) de sa Bonté/Messianité, afin qu'il devienne parfait et qu'il soit sans besoin étant devenu bon/Christ, puisqu'il l'a oint de la Bonté/Messianité que l'invisible Esprit a versée sur lui. Et 20 (le Fils) reçut l'onction de l'Esprit virginal 31 et se tint en sa présence glorifiant 3-4 l'invisible Esprit ainsi que celui par qui il a été manifesté.*

5 «Et (le Fils) demanda que lui soit donné un partenaire, l'intellect. L'invisible Esprit fit un signe d'assentiment. (Alors) Intellect se manifesta (et) se tint auprès de lui ainsi que de Bonté/Messianité, glorifiant (l'invisible Esprit) ainsi que Barbélô.

10 «Toutes (les œuvres qui précèdent) ont été produites dans un silence associé à Ennoia.
«*(Alors) L'invisible Esprit voulut faire une œuvre au moyen d'une parole. Sa Volonté devint une œuvre. Elle se manifesta (et) se tint avec Intellect 15 et la lumière, le glorifiant. La parole suivit Volonté, car c'est par la parole que le Christ a créé toute chose, (lui) le Dieu autogène.*
«*(Quant à) Vie-éternelle et 20 Volonté (d'une part) et Intellect et Prescience d'autre part, 32 ils se tinrent (là) glorifiant l'invisible Esprit ainsi que Barbélô car c'est d'elle qu'ils sont issus.*
«*Le grand Esprit invisible conféra la perfection au Dieu 5 autogène, Fils de Barbélô, pour qu'il se tienne auprès de grand Esprit invisible. (Il est) le Dieu autogène, le Christ, que 10 (l'Esprit) a honoré d'un grand honneur parce qu'il était issu de sa Prôtennoia. Il est celui que l'invisible Esprit a établi comme Dieu sur toute chose, Dieu 15 véritable.*
«*(L'Esprit) lui donna toute autorité et fit en sorte que la vérité qui est en lui-même fut mise à la disposition de ce (Dieu véritable), afin qu'il pense toute chose lui dont le nom ne sera dit qu'à ceux qui en sont dignes.*
«*C'est de 20 la lumière qu'est le Christ et d'Incorruptibilité, par 33 le don de l'Esprit invisible, que la tétrade des grandes lumières fut manifestée hors du Dieu autogène afin de l'assister.*
«*La triade est (composée de) Volonté, 5 Ennoia et Vie.*
«*La tétrade, quant à elle, est (composée de) Grâce, Compréhension, Perception (et) Intelligence.*
«*Grâce est avec la première lumière, Armozel, l'ange 10 (qui est) dans le premier éon, et avec lui sont trois éons: Grâce, Vérité, et Forme. La deuxième lumière, Oroïael est celle qu'il a établie sur le deuxième éon; 15 avec elle sont trois éons qui sont Pronoia, Perception et Mémoire. La troisième lumière, Daveïthé, a été établie sur le 20 troisième éon; avec elle sont trois éons qui sont 34 Compréhension, Amour et Apparence. Quant à la quatrième Lumière,*

Éléleth, elle a été établie sur le quatrième éon; 5 avec elle sont trois éons qui sont Perfection, Paix et Sophia.

«Telles sont les quatre lumières qui se tiennent auprès du Dieu autogène, les 10 douze éons qui assistent l'enfant, le grand Christ autoengendreur, par le don et le bon plaisir de l'invisible Esprit. Ceux-ci sont les douze éons qui appartiennent au Fils 15 autoengendré. C'est par la volonté de l'Esprit Saint que toutes choses ont été affermies par l'Autogène.

«De la Prescience 20 de l'Intellect parfait, par le don et 35 le bon plaisir du grand Esprit [invi]sible et en présence de l'Autogène, l'Homme parfait véritable (qui fut) le premier 5 manifesté fut appelé du nom d'Adamas. (Et) il fut installé dans le premier éon de (l'Autogène), près du grand Dieu, Autoengendreur, le Christ, dans le premier éon, auprès d'Armozel 10 accompagné de ses puissances. Et l'Esprit invisible lui donna une puissance intellectuelle invincible.

«(L'Homme parfait) dit (alors): «Je (te) glorifie et (te) bénis, Esprit invisible: 15 (car) c'est par toi que tout est venu à l'existence et en vue de toi que tout (existe). Je te bénis, en m'associant à l'Autogène et à l'Éon, (toi qui es) triade, Père, Mère et Fils, 20 puissance parfaite!»

«Et (l'Homme parfait) installa son fils Seth 36 sur le deuxième <éon près de la deuxième> Lumière Oroïael. Dans le troisième éon fut installée la semence de Seth — les âmes des saints 5 qui étaient dans l'Éon — auprès de la troisième lumière, Daveïthé. Dans le quatrième éon enfin furent installées les âmes de ceux qui ont eu connaissance de leur plénitude et 10 n'ont pas été prompts à se repentir, mais sont restés temporairement (dans cet état) puis se sont finalement repentis. C'est auprès de la quatrième lumière, Éléleth, que ceux-là resteront, rassemblés en ce lieu, 15 glorifiant l'invisible Esprit.

«Donc, notre consœur Sophia étant un éon, pensa une pensée issue d'elle-même et en accord avec la réflexion de l'Esprit et avec Prescience. 20 Elle voulut manifester 37 la ressemblance (de cette pensée) qui lui est propre sans que l'Esprit ait manifesté son bon plaisir, sans même qu'il ait fait un signe d'assentiment, sans même que son conjoint, 5 le virginal Esprit mâle, ait donné son consentement.

«C'est donc sans avoir cherché l'assentiment de son conjoint, qu'elle consentit (à son propre projet) sans le bon plaisir de l'Esprit et sans que celui qui parle d'une seule voix avec elle n'en ait eu connaissance 10 s'élançant au dehors à cause de l'impétuosité qui est en elle.

«Sa réflexion ne pouvait demeurer improductive, aussi son œuvre, (l'Archonte), sortit-elle, imparfaite, ne possédant pas une forme conforme à la forme de (Sophia), 15 parce qu'elle l'avait faite sans son conjoint, ne possédant pas (non plus) la figure (de Sophia, lui qui est) dans l'apparence de la Mère.

«(Sophia) vit cette (œuvre, présente) dans son conseil, alors qu'elle 20 était devenue une autre forme, avec une face de serpent et une face de lion et des 38 yeux illuminant comme un feu. Alors elle chassa cette (œuvre) loin d'elle, hors de ces lieux, afin qu'aucun des immortels ne la 5
voit, parce qu'elle l'avait enfantée dans (un état) d'ignorance.

«Elle jumela à son (œuvre) une nuée lumineuse, (et) plaça au milieu de la nuée un trône afin que 10 nul ne voit (cette œuvre) excepté l'Esprit Saint que l'on nomme Mère de tous les vivants. Et (Sophia) lui donna le nom de Yaldabaôth. Il est le Premier 15 Archonte, celui qui a pris beaucoup de puissance à la Mère.

«Il s'écarta d'elle, s'éloigna d'un lieu vers un lieu (qui est) à l'intérieur de l'endroit dans lequel il avait été enfanté, 39 s'empara d'un autre lieu et se créa un éon flamboyant d'un feu lumineux, celui dans lequel il se tient maintenant.

«Alors il 5 s'accoupla avec sa propre déraison et engendra les autorités qui lui sont subordonnées, douze anges affectés chacun à son éon (conçu) d'après la figure des éons 10 incorruptibles.

«Et (les autorités) créèrent pour elles-mêmes sept anges et ces anges, trois puissances, de sorte que le total de ceux qui lui sont subordonnés est de trois cent 15 soixante êtres angéliques, associés à sa triple puissance (elle-même conçue) à la ressemblance de la première figure qui existe avant lui.

«Les autorités ont été manifestées 40 par l'Engendreur en chef, premier Archonte des ténèbres et de l'ignorance. Aussi bien, ces autorités partagent-elles l'ignorance de celui qui les a engendrées.

«Voici leurs noms: Le 5 premier (nom) est Yaôth. Le deuxième est Hermas, l'œil du feu. Le troisième est Galila. Le quatrième est Y<a>bêl Le cinquième est Adonaïos. 10 Le sixième est Sabaôth. Le septième est Kaïnan et Kaê, celui que l'on nomme Kaïn, c'est-à-dire le soleil. Le huitième est Abiressiné. 15 Le neuvième est Yôbêl. Le dixième est Harmoupiael. Le onzième est Adônin. Le douzième est Bélias.

«Toutes ces (autorités) possèdent d'autres noms 20 qui leur viennent du désir 41 associé à la colère. Bref, toutes celles-ci, leurs noms sont doubles; ceux dont elles sont (habituellement) nommées leur viennent de ces gloires d'en haut, 5 (mais) ce sont ceux dont elles ont été nommées conformément à la vérité qui manifestent leur nature.

«Et Saklas les a appelées de leurs (différents) noms en fonction de (son) imagination et de leur puissance. Par ces noms 10 glorieux (les hommes) s'éloignent et s'affaiblissent. Par (les autres), au contraire, ils acquièrent puissance et croissent.

«Et (Saklas) ordonna que sept (autorités) règnent sur les cieux et cinq 15 sur le Chaos infernal.

«Les noms de gloire des (autorités) qui (dominent) sur les sept cieux sont les suivants: Le premier est Yaôth, face de lion. Le deuxième est Élôaïos, face 20 d'âne. Le troisième est 42 Astophaïos, face de hyène. Le quatrième est Yaô, face de serpent à sept têtes. Le cinquième est Adonaïos, face de dragon. Le sixième est 5 Adôni, face de singe. Le septième est Sabbataïos, face de flamme de feu lumineux. Telle est l'hebdomade du Sabbat! Tels sont (les autorités) qui gouvernent le 10 monde!

«Quant à Yaldabaôth-Saklas, lui qui a une forme multiple de sorte qu'il se manifeste lui-même en tout visage en fonction de son désir, il a réparti entre ces (autorités une portion) de son propre feu 15 mais de la lumière pure de la puissance qu'il a dérobée à la Mère, il ne leur en a pas donné.

«C'est pour cette raison qu'il a été pour eux Seigneur, 43 à cause de la gloire lumineuse de la puissance de la Mère qui est en lui. C'est (aussi) pour cette raison qu'il s'est lui-même nommé "Dieu" sur ces (autorités), se montrant (ainsi) désobéissant 5 envers l'origine qui est la sienne.

«Et (Saklas) jumela aux autorités sept puissances. Par sa parole elles existèrent. Et il leur donna un nom. Il 10 installa les autorités en commençant par la plus élevée.

«La première (puissance) donc est Pronoia, auprès de la première (autorité), Yaôth; la deuxième est Divinité, auprès de la 15 deuxième, Élôaios; la troisième est Messianité, auprès de la troisième, Astaphaïos; la quatrième est Jalousie, auprès de la quatrième, Yaô; la cinquième est 20 Royauté, auprès de la cinquième, Sabaôth; 44 la sixième est Com[préhension, au]près de la sixième, Ad[ôni]; la septième est Sophia, auprès de la septième, Sabbataïos.

5 «Ces (puissances) possèdent un firmament correspondant à chaque ciel et un éon conçu à la ressemblance des éons primordiaux, comme la figure des (éons) incorruptibles.

«(L'Archonte) vit (donc) 10 la création qui est au-dessous de lui ainsi que la foule des anges qui sont au-dessous de lui (et) sont issus de lui. Il leur dit: «Je suis un Dieu jaloux! 15 En *dehors de moi il n'en existe point d'autre!»* Par là, il signifie aux anges qui sont au-dessous de lui qu'un autre Dieu existe, car s'il n'en existait pas d'autre de qui serait-il jaloux?

«La Mère commença alors 45 à être portée (car) elle perçut sa déficience due au fait que son conjoint n'avait pas parlé d'une seule voix avec elle lorsqu'elle avait été blâmée 5 par sa plénitude.»

Et moi, (Jean), de dire: «Seigneur! que signifie: "être porté?"» Lui alors rit (et) dit: «Penserais-tu que ce soit dans le sens où l'a dit Moïse, (qu'elle était portée) 10 au dessus des eaux? Non! mais voyant la malice et la révolte qui adviendraient par son fils, elle se repentit. Et faisant un va-et-vient dans les ténèbres 15 de l'ignorance, elle commença à avoir honte. Mais ne s'aventurant pas à l'extérieur, elle fait un va-et-vient. Son aller et sa venue c'est (ce que signifie) "être porté".

20 «Lorsque l'impudent (Archonte) déroba de la puissance 46 à la Mère, il ignorait que ceux qui sont supérieurs à sa mère sont multitude. Il disait en effet 5 de sa mère qu'elle seule existait. Voyant la foule nombreuse des anges qu'il avait créés, il s'exaltait au dessus d'eux. 10 «Lorsque la Mère comprit que l'avorton des ténèbres était imparfait parce que son conjoint n'avait pas parlé d'une seule voix avec elle, elle se repentit et versa 15 d'abondantes larmes.

«15 Alors la prière de son repentir fut entendue et ses frères intercédèrent en sa faveur. (Alors) l'Esprit Saint invisible fit un signe d'assentiment. 20 Lorsque 47
l'Esprit invisible eut fait un signe d'assentiment, il répandit sur elle un Esprit Saint venu de leur plénitude. Son conjoint descendit vers elle 5 pour redresser leurs déficiences.

«C'est au moyen de Pronoia que (l'Esprit invisible) donna à cet (Esprit Saint) de redresser les déficiences de (Sophia). Aussi ce ne fut pas dans son propre éon qu'elle fut placée, mais, 10 à cause de l'ignorance qu'elle avait manifestée, elle est dans le neuvième éon jusqu'à ce qu'elle ait redressé sa déficience.

«Une voix parvint (qui disait): " 15 l'Homme existe ainsi que le fils de l'Homme". Le Premier Archonte Yaldabaôth entendit la voix mais pensait que celle-ci ne venait pas 20 [d'en haut].

48 «(Alors) le Père saint (et) parfait, l'Homme primordial se manifesta à eux en (prenant) l'aspect d'un Homme. Le Bienheureux (Barbélô) leur 5 manifesta l'apparence de celui-ci (l'Homme parfait) et l'archontat entier des sept autorités fit un signe d'assentiment et elles virent dans l'eau la figure de 10 l'image.

«(Les autorités et leurs puissances) se dirent les unes aux autres: "Créons un homme qui soit à l'image de Dieu et à sa ressemblance".

«(Les autorités) créèrent (leur œuvre) par 15 (une action conjointe d') elles mêmes et (de) toutes leurs puissances. (Les autorités) modelèrent un modelage d'après elles-mêmes et chaque puissance 49 créa une âme à partir de sa puissance (propre), l'â[me]. Elle créa cette (âme) d'après l'image qu'elle avait vue, à l'imitation de celui qui 5 existe depuis le commencement, l'Homme parfait. (Les puissances) dirent: "Nommons-le Adam afin que le nom de celui-ci ainsi
que sa puissance deviennent pour nous lumière".

«Et les puissances commencèrent 10 à partir de l'intérieur. La première (puissance), Divinité, est une âme d'os; la deuxième, Souveraineté, une âme de nerf; la troisième, 15 <Jalousie>, une âme de chair; la quatrième, Pronoia, une âme de moelle ainsi que la constitution totale du corps; la cinquième, Royauté, 50 une âme de [sang]; la sixième, Compréhension, une âme de peau; la septième, Sophia, une âme de cheveux. 5 Et (ces puissances) mirent en ordre le corps entier. o

«Alors leurs anges les assistèrent et créèrent à partir de ce qui avait été précédemment préparé par les autorités comme support 10 de l'âme, l'ordre d'ajointement des membres. Et le corps entier fut créé, étant assemblé par la foule des anges dont j'ai parlé précédemment. 15 «Et (ce corps) demeura inactif un long moment car les sept autorités ne purent le mettre debout pas plus que les trois cent soixante anges qui avaient procédé à 51 l'ajointement.

«Alors la Mère voulut reprendre la puissance qu'elle avait donnée à l'Archonte par impétuosité et sans méchanceté. 5 Elle adressa une supplique au Père dont la miséricorde est abondante, ainsi qu'aux quatre lumières. Et il envoya, par décision sainte, l'Autogène et 10 les quatre lumières sous l'aspect d'anges du Premier Archonte.

«Ils le conseillèrent dans le but d'extirper de lui la puissance de la Mère. Ils lui dirent: " 15 Souffle dans son visage l'Esprit qui est en toi et l'œuvre se mettra debout!" Et le premier Archonte souffla dans cette (œuvre) un Esprit qui (n')est (autre que) la Puissance de la Mère, 20 (le faisant passer) de lui dans le corps.

Et celui-ci se mut 52 aussitôt.

«Alors [le reste des] autorités [fut ja]loux (de Yaldabaôth), car c'était d'elles toutes que l'homme était issu, et elles donnèrent à celui-ci 5 les puissances
issues d'elles et il devint (ainsi) possesseur des âmes des sept autorités et de leurs puissances. Sa pensée devint (alors) supérieure 10 à celle de ceux qui l'avaient créé et à celle du Premier Archonte.

«Mais (Yaldabaôth et ses autorités) comprirent que (l'homme) s'était dépouillé du mal en devenant plus sage qu'eux et qu'il avait accédé 15 à la lumière. Ils le prirent (alors et) l'entraînèrent vers les régions les plus basses de toute la matière." (https://www.naghammadi.org/wp-content/uploads/2015/04/NH-III-1-BG-2-Livre-des-secrets-de-Jean.pdf)

[187] *Ibid.*

[188]"*1. Un jour que je réfléchissais aux choses essentielles et que mon cœur s'élevait dansles hauteurs, toutes mes sensations corporelles s'engourdirent complètement commecelui qui, après une nourriture exagérée ou à cause d'une grande fatigue physique,est surpris par un profond sommeil.

2. Il me sembla alors voir un être immense, d'une ampleur indéterminée, qui m'appelapar mon nom et me dit:

3. "Que veux-tu voir et entendre et que désires-tu apprendre et connaître en ton cœur?"

4. "Qui es-tu" lui dis-je.

5. "Je suis Pymandre," répondit-il, "le Noûs, l'être qui se suffit à lui-même. Je sais ceque tu désires et je suis partout avec toi."

6. Je lui dis: "Je désire être instruit des choses essentielles, saisir leur nature etconnaître Dieu. Oh! Comme je désire comprendre!" 7. Il répondit: "Garde bien dans ta conscience ce que tu veux apprendre et je t'instruirai."

8. À ces mots, il changea d'aspect et, à l'instant, tout me fut découvert; j'eus une visioninfinie; tout devint une seule lumière, sereine et joyeuse, dont la contemplation medonna une félicité extrême.

9. Peu de temps après, dans une partie de cette lumière, des ténèbres effrayantes etlugubres descendirent et tournoyèrent en spirales sinueuses semblables à unserpent, me sembla-t-il. Puis ces ténèbres se transformèrent en une nature humide etindiciblement trouble, d'où s'éleva une fumée comme un feu, tandis qu'elle faisaitentendre un bruit pareil à un gémissement indescriptible.*

10. Enfin un cri fit écho, sortant de la nature humide, un appel inarticulé, que je comparaià la voix du feu, alors que de la lumière une parole sainte se répandait sur la naturehumide et qu'en jaillissait un feu pur, subtil, véhément et puissant.
11. L'air, par sa légèreté, suivait le souffle du feu; de la terre et de l'eau, il s'élevaitjusqu'au feu de sorte qu'il y paraissait suspendu.
12. La terre et l'eau restaient où elles étaient, si étroitement mêlées qu'on ne pouvait lespercevoir séparément, et continuellement mues par le souffle de la parole qui planaitau-dessus d'elles.
13. Pymandre me dit: "as-tu compris ce que signifie cette vision?"
14. "Je vais l'apprendre," répondis-je.
15. Alors il me dit: "Cette lumière, c'est moi, Noùs, ton Dieu, celui qui existait avant lanature humide issue des ténèbres. La Parole lumineuse qui émane du Noùs, c'est leFils de Dieu."
16. "Que signifie cela?" demandai-je.
17. "Comprends-le. Ce qui en toi voit et entend, c'est la parole du Seigneur, et ton Noùs est Dieu le Père; ils ne sont pas séparés l'un de l'autre, car leur unité est vie."
18. "Je te remercie," dis-je.
19. " Élève ton coeur vers la lumière, et connais-la."
20. À ces mots, il me regarda quelque temps en face de façon si pénétrante que jetremblai à son aspect.
21. Puis, quand il releva la tête, je vis dans mon Noùs la lumière, composée de forcesinnombrables, devenue un monde réellement illimité, tandis que le feu, investi etsubjugué par une force toute puissante, était ainsi parvenu à l'équilibre.
22. Je distinguai tout ceci dans ma vision, grâce à la Parole de Pymandre. Comme j'étaistout entier hors de moi, il me dit encore:
23. Tu as vu dans le Noùs la belle forme originelle de l'homme, l'archétype, le principe originel antérieur au commencement sans fin." Ainsi me parla Pymandre.
24. "D'où sont donc venus les éléments de la nature?" demandai-je.
25. Il me répondit: "De la volonté de Dieu qui, ayant reçu en elle la parole et contemplé l'archétype du monde dans sa beauté, façonna sur ce modèle un monde ordonné àpartir des éléments propres à ce monde et des âmes nées de Dieu." (http://frequentiels.com/wp-content/uploads/2015/10/Corpus-Hermeticum.pdf, pp. 3-4)
[189]En effet, selon "*II. Pymandre à Hermès*": "*1. "Fais silence, ô Hermès Trimégiste, et retiens bien ce que je vais t'apprendre. Je tedirai aussitôt ce qui me vient à l'idée."*
2. Hermès: "On parle beaucoup de tous côtés de l'univers et de Dieu, mais lesopinions se contredisent de sorte que je ne distingue pas la vérité. Veux-tu m'éclairer,ô Maître? Je ne croirai que ce que tu me révéleras?"
3. "Apprends donc, mon fils, le rapport entre Dieu et l'univers, c'est-à-dire: Dieu,l'éternité, le monde, le temps et le devenir.
4. Dieu fait l'éternité, l'éternité fait le monde, le monde fait le temps, le temps fait ledevenir.
5. L'essence de Dieu est le bien, le beau, la béatitude et la sagesse; l'essence del'éternité est l'immuabilité; l'essence du monde est l'ordre; l'essence du temps est lechangement; et l'essence du devenir est la vie et la mort.
6. L'Esprit et l'âme sont la force active et révélatrice de Dieu; la permanence etl'immortalité, telle est l'action de l'éternité; la dénaturation et le retour à la perfection, telle est l'action du monde, la croissance et la décroissance, telle est l'action dutemps; la propriété, telle est l'action du devenir.

7. Ainsi l'éternité est en Dieu, le monde est dans l'éternité, le temps est dans le monde et le devenir est dans le temps.
8. Tandis que l'éternité repose autour de Dieu, le monde se meut dans l'éternité, le temps s'accomplit dans le monde et le devenir évolue dans le temps.
9. Dieu est donc l'origine de toutes choses; Son essence est l'éternité et le monde est Sa matière.
10. L'éternité est la force potentielle de Dieu. L'ouvre de l'éternité est le monde, qui n'apas eu de commencement, mais est en devenir continuel sous l'action de l'éternité.C'est pourquoi rien de ce qui est dans le monde ne périra jamais, car l'éternité estincorruptible, et rien ne sera jamais anéanti parce que l'éternité enveloppe le mondeentièrement."
(http://frequentiels.com/wp-content/uploads/2015/10/Corpus-Hermeticum.pdf, p. 7)
[190]"*19 Il arriva, pendant l'un de ces jours où Jean, frère de Jacques, — ce sont les fils de Zébédée — était monté (à Jérusalem), 10 qu'étant monté au Temple, un pharisien du nom d'Arimanias s'approcha de lui et lui dit: «Où est ton maître, celui que tu suivais?» (Jean) lui dit: 15 «Il est retourné dans le lieu d'où il était venu.» (Le pharisien) lui dit: «Ce Nazôréen vous a fait errer dans l'erreur et vous a rempli les oreilles de [mensonges]. 20 Il a fermé [vos cours et] vous a détournés des traditions de vos pères.»*
Lorsque j'entendis ces propos, je me détournai 5 du Temple, (me dirigeant) vers la Montagne, vers un lieu désert. Je m'affligeais beaucoup et je disais:
«Comment le Sauveur a-t-il donc été mandaté? Pourquoi a-t-il été envoyé dans le monde 10 par son père qui l'a envoyé? Qui est son père? Et de quelle nature est cet éon vers lequel nous irons? Il nous a dit 15 que cet éon (où nous sommes) avait reçu la figure de cet éon incorruptible (où nous irons), mais ne nous a pas instruits de ce dernier en nous disant de quelle nature il était?»
À cet instant, alors que je réfléchissais à cela, 20 les cieux s'ouvrirent, la création entière fut illuminée par une lumière (qui apparut) en 21 [dessous des] cieux et le monde [entier fut ébranlé]. Je fus effrayé et [je me prostern]ai. Et voici que m'[apparut] un enfant. 5 Mais [il changea] son aspect, (prenant) celui d'un vieillard en qui [se trouvait] de la lumière. [Je regard]ai, mais sans [comprendre] ce prodige. S'agissait-il d'une [apparence] ayant des formes multiples 10 [dans la] lumière (et) dont les formes [avaient été manifestées] les unes par les [autres comme] si elle était une? [(Mais alors) comment] avait-elle trois aspects?
Il me [dit]: «Jean, 15 pour[quoi] doutes-tu et [es-tu effrayé]? Tu n'es [pas] étranger à [cette ap]parence. Ne sois pas pusil[lanime]. Je suis avec [vous en] tout temps. Je suis 20 [le Père], je suis la Mère, je suis [le F]ils. Je suis celui qui existe 22 éternellement, celui qui est sans souil[lure et sans] mélange. [Je suis venu] maintenant t'instruire [de ce] qui est, de ce [qui a] été 5 et de ce qui doit [ad]venir afin que tu [connaisses] les choses invisibles comme [les] choses visibles, et [t'instruire] aussi au sujet de [l'Homme] parfait.
10 «Maintenant donc lève ton [visage], écoute et [. . . ce que] je te dirai aujourd'hui [afin de] le proclamer toi-même [à ceux] qui partagent le même Esprit que toi, (eux) qui sont [issus de] 15 la génération inébran[lable de] l'Homme parfait.»
(Et comme) j'[interrogeai] afin d'accéder à la pensée, il me dit: «[la Mona]de étant une monarchie, aucun pouvoir ne s'exerce sur elle (qui est) le di[eu et] 20 père de toutes choses, [le] saint, l'invisible [établi] au-dessus de toutes choses, [établi] dans son incorruptibilité, [établi dans] 23 la lumière pure qu'une lumière oculaire ne peut percevoir. (La Monade) est l'Esprit.
«Il n'est (cependant) pas convenable de concevoir (cet Esprit) comme dieu ou en des termes 5 similaires, car il est plus qu'un dieu, il est un pouvoir au dessus duquel n'existe aucun pouvoir puisque personne n'existe avant lui.

*«Il n'a pas non plus besoin de ceux-là (les éons qui viennent après lui): il n'a pas besoin de
Vie, 10 car il est éternel. Il n'a pas besoin de quoi que ce soit, car il est imperfectible, dans la
mesure où il n'a pas de déficience qui le rende perfectible. Il est au contraire totalement
parfait en tout temps. Il est lumière.
15 «Il est l'illimité car nul n'existe avant lui pour le limiter. Il est l'indistinct car nul n'existe
avant lui pour lui imposer une distinction. Il est l'incommensurable
car personne 20 d'autre ne l'a mesuré, qui existe avant lui. Il est l'invisible car 24 nul ne l'a
vu, lui cet éternel toujours existant. Il est l'indicible car nul n'existe qui l'appréhende de façon
à le dire. Il est l'innommable car 5 il n'est personne qui existe avant lui pour le nommer.
«Il est la lumière incommensurable, sans mélange, sainte, pure, indicible, parfaite et
incorruptible.
«Il n'est ni 10 perfection, ni béatitude, ni divinité, mais quelque chose de supérieur à ces
(notions). Il n'est ni illimité ni limité, 15 mais quelque chose de supérieur à ces (notions), (car)
il n'est ni corporel, ni incorporel, ni grand, ni petit, ni une quantité, ni une créature.
«Nul ne peut non plus le 20 penser, puisqu' il n'est rien de ce qui existe, mais est quelque
chose de supérieur à ces (notions), non du fait qu'il possèderait une supériorité, mais 25
comme s'il était sa propre possession.
«Il ne fait pas partie des éons; le temps n'existe pas pour lui. Si quelqu'un, en effet, fait partie
d'un éon, c'est que d'autres ont 5
préparé (cet éon) pour lui. Et le temps ne (lui) a pas été imposé comme limite puisqu'il n'a
pas reçu d'un autre qui (le) limite. Et il est sans besoin (car) il n'y a absolument personne
avant lui.
«C'est en 10 s'adressant à lui-même ses demandes, dans la plénitude de la lumière, qu'il <pense
la> lumière sans mélange, la grandeur incommensurable.
(C'est ainsi qu'il est) l'Éon (car) le dispensateur d'éon, la lumière, 15 (car) le dispensateur de
lumière, la vie, (car) le dispensateur de vie, le bienheureux, (car) le dispensateur de béatitude,
la connaissance, (car) le dispensateur de connaissance. (Il est) en tout temps le bien, (car) le
dispensateur de bien, le faiseur de bien, 20 non à la mesure de ce qu'il possède mais à la
mesure de ce qu'il dispense. (Il est) la grâce qui dispense grâce, la lumière incommensurable.
26 «Que te dirai-je au sujet de cet être insaisissable? Qu'il ressemble à la lumière. C'est dans
la mesure où j'ai la capacité de le comprendre! — car qui pourra jamais le comprendre — 5
que je pourrai en parler avec toi.
«Son éon est incorruptible, en quiétude, se reposant en silence. Existant avant toutes choses,
il est la tête de 10 tous les éons, car sa Bonté dispense tous les éons, si (toutefois) il existe un
autre (attribut) auprès de lui. Aucun d'entre nous en effet n'a connaissance de ce qui concerne
cet incommensurable hormis celui qui a habité en lui. C'est lui qui nous en a parlé.
15 «C'est lui, (l'Esprit), qui se pense lui-même dans sa propre lumière qui l'entoure. C'est lui
qui est la source d'eau vive, la lumière pleine de pureté. La source de 20 l'Esprit s'écoula,
venant de l'eau vive de la lumière. Et [il] organisa tous les éons et 27 leurs ordres. En toutes
formes il pensa sa propre image en la voyant dans l'eau de lumière pure qui l'entoure.
5 «Et son Ennoia devint une œuvre, se manifesta et se tint devant lui dans le flamboiement
de la lumière. Elle est la puissance manifestée antérieurement à toutes choses.
10 «Elle est la Pronoia de toutes choses qui brille dans la lumière, l'image de l'Invisible.
Elle est la puissance parfaite, Barbélô, 15 l'éon parfait de gloire qui glorifie (l'Esprit) pour
l'avoir manifestée.
Et quand elle le pense, elle est Prôtennoia, son image.*

«*Elle devint (ainsi) 20 un Homme primordial qui (n')est (autre que) l'Esprit virginal triple mâle à la 28 triple puissance, au triple nom, éon non vieillissant, (car) androgyne sorti de la Pronoïa (de l'Esprit).*" (*Ibid.*)

[191]http://data.bnf.fr/13545595/jean_pic_de_la_mirandole_heptaplus/

[192]"*A ce fleuve eft l'affluence de tous biens découlant de cefte fontaine inepuifable de laquelle procede tout bien qui refiouït efgaye la Cité de Dieu & tous fes concitoyens. Or le bois de vie eft celuy duquel leur eft fubminiftrée la vie promife & eternelle. Mais qui iont ces fruids qu'on dict eftre produis par chacun mois; O bon Dieu fi toy-mefme qui as planté l'arbre ne nous l'enfeignes: Ie n'oferois temerairement en affermer rien. Et ne me femblent point eftre les fruicts de l'Efprit defquels faint Paul faict mention, car ils font proprement des voyagers & ne doibuent eftre appofez aux celeftes nopces. Et fi c'est arbre eft le bois de vie, qui eft le Fils, plus proprement ils feroient dicts les fruicts du fils que de l'Efprit, encor qu'ils puiffent auffi eftre dicts les fruicts de l'efprit, d'autant qu'ils font fpirituels & produicts par fa vertu. Toutesfois ceft arbre eft Dieu le Fils, qui eftant plantée en la chair terrienne, a produift toute forte de fruict. Mais il eft faict mention des douze principaux fruicts, d'autant qu'ils font primerains, & font dicts eftre produicts par chacun mois. Et pour montrer que c'eft qui eft fignifié par les mois, & par les jours (d'autant qu'en l'entrefuite eternelle il n'y a point de diftinction d'années, de iours, ny de mois) il nous faut cercher vn autre fens que ne fonne la lettre, auquel foit verifiée la menftruelle production de ces fruicts. Nous auons dict que les Apoftres font prepofez à la famille partie en douze tant figuratiue que veritable, laquelle eft diuifée au but des douze Signes celeftes, par les efpaces defquels courant le Soleil diftingue les douze mois. Doncques les mois en ces eternelles hoftelleries font felon le compartiment de la diftribution, & non felon les cours des temps, defcripts par ces conpartimens inferieurs comme les caufes par les effects, ou les vrayes formes par les peintures. Doncques d'autant que les Apoftres prefideront à ces douze familles, d'entre lefquels les fignez & principaux font diftinguez par douze mille, à cefte caufe les principaux fruicts de c'eft arbre de vie font nombrez douze par chacun mois lefquels fruifts primerains & peculiers l'arbre de vie a produis pour viande & pafture de toute la farnille. Ia nous auons declaré que le Prince & nous tous enfemble fommes expofez pour viande & manger. & les fueilles données pour la fanté des Gentils font ceux qui prefchent à l'vtilité d'autruy & non de leur propre fruict comme ailleurs nous auons dict; Ou bien ce font les facremens donnez pour la fanté de tous les bleffez, ou languiffans par le peché originel ou actuel. Car les fueilles font comme certaines couuertures en figure des facremens qui repurgent les pechez, & couurent la nudité des pecheurs. Mais les fueilles de figuier ne pouuoient couurir la nudité d'Adam, parce qu'elles n'auoyent point receu vertu de l'arbre de vie, & n'eftoient point les fueilles de ceft arbre. Car fi Adam euft prins des fueilles d'iceluy parauenture qu'il euft couuert fa nudité. Mais Dieu l'empefcha difant: que parauenture il ne prenne du bois de vie, car le temps de diftribuer les fruicts ou fueilles d'iceluy n'eftoit pas encores venu: mais quand la plenitude des temps fut venue, alors furent diftribuées les fueilles de ceft arbre, & les facremens diipenfez pour la fanté de tous languiffans pourueu qu'ils foient difpofez en bonne contrition, penitence & conuerfion à Dieu, comme il dict par le Prophete: Afin que ie medecinaffe aux contricts de cœur. Ce qui faict toufious par la vertu de cefte arbre qui eft la Vie, Lumiere, & Parole, de laquellel'Efcriuain des Pfeaumes a dict:*
Il a tranfmis fon Verbe & fa Raifon
Et il leur a donné la guarifon.
Or foubs ces douze fruids font contenus tous les autres quiconques ils foient, ne plus ne moins que les douze fondemens (ainfi que nous auons declaré) toutes autres chofes font edifiées.

Et tout ainſi que ces douze fondemens font appuyez ſur le fondement vnique qui eſt IESVS-CHRIST, ainſi tous ces fruicts decoulent de l'vnique arbre de vie Chriſt Ieſus arrouſée de l'eau ruiſſelante du ſanctuaire, duquel prouiét tout preſét & tout dó parfait, duquel la meſme arbre de vie, confeſſe auoir tout receu diſant: Le Pere ma donné toutes choſes." (*L'harmonie du monde divisée en trois cantiques. Oeuvre singulier, et plein d'admirable erudition: Premierement composé en latin par François Georges Venitien, & depuis traduicit & illustré par Guy Le Fevre de La Boderie Secretaire de Monseignevr Frere vniqve du Roy, & ſon Interprete aux langues eſtrangeres. Plus l'heptaple de Jean Picus comte de La Mirande translaté par Nicolas Le Fevre de la Borderie,* Paris, Chez Iean Macé, 1588, p. 785)

[193] Valerie Shrimplin, *Sun-symbolism and Cosmology in Michelangelo's Last Judgment,* Truman State University Press, 2000.

[194]"*Il est la lumière incommensurable, sans mélange, sainte, pure, indicible, parfaite et incorruptible.*

«*Il n'est ni 10 perfection, ni béatitude, ni divinité, mais quelque chose de supérieur à ces (notions). Il n'est ni illimité ni limité, 15 mais quelque chose de supérieur à ces (notions), (car) il n'est ni corporel, ni incorporel, ni grand, ni petit, ni une quantité, ni une créature.*

«*Nul ne peut non plus le 20 penser, puisqu' il n'est rien de ce qui existe, mais est quelque chose de supérieur à ces (notions), non du fait qu'il possèderait une supériorité, mais 25 comme s'il était sa propre possession.*

«*Il ne fait pas partie des éons; le temps n'existe pas pour lui. Si quelqu'un, en effet, fait partie d'un éon, c'est que d'autres ont 5 préparé (cet éon) pour lui. Et le temps ne (lui) a pas été imposé comme limite puisqu'il n'a pas reçu d'un autre qui (le) limite. Et il est sans besoin (car) il n'y a absolument personne avant lui.*

«*C'est en 10 s'adressant à lui-même ses demandes, dans la plénitude de la lumière, qu'il <pense la> lumière sans mélange, la grandeur incommensurable. (C'est ainsi qu'il est) l'Éon (car) le dispensateur d'éon, la lumière, 15 (car) le dispensateur de lumière, la vie, (car) le dispensateur de vie, le bienheureux, (car) le dispensateur de béatitude, la connaissance, (car) le dispensateur de connaissance. (Il est) en tout temps le bien, (car) le dispensateur de bien, le faiseur de bien, 20 non à la mesure de ce qu'il possède mais à la mesure de ce qu'il dispense. (Il est) la grâce qui dispense grâce, la lumière incommensurable.*

26 «*Que te dirai-je au sujet de cet être insaisissable? Qu'il ressemble à la lumière. C'est dans la mesure où j'ai la capacité de le comprendre! — car qui pourra jamais le comprendre — 5 que je pourrai en parler avec toi.*

«*Son éon est incorruptible, en quiétude, se reposant en silence. Existant avant toutes choses, il est la tête de 10 tous les éons, car sa Bonté dispense tous les éons, si (toutefois) il existe un autre (attribut) auprès de lui. Aucun d'entre nous en effet n'a connaissance de ce qui concerne cet incommensurable hormis celui qui a habité en lui. C'est lui qui nous en a parlé.*

15 «*C'est lui, (l'Esprit), qui se pense lui-même dans sa propre lumière qui l'entoure. C'est lui qui est la source d'eau vive, la lumière pleine de pureté. La source de 20 l'Esprit s'écoula, venant de l'eau vive de la lumière. Et [il] organisa tous les éons et 27 leurs ordres. En toutes formes il pensa sa propre image en la voyant dans l'eau de lumière pure qui l'entoure.*

5 «*Et son Ennoia devint une œuvre, se manifesta et se tint devant lui dans le flamboiement de la lumière. Elle est la puissance manifestée antérieurement à toutes choses.*

10 «*Elle est la Pronoia de toutes choses qui brille dans la lumière, l'image de l'Invisible. Elle est la puissance parfaite, Barbélô, 15 l'éon parfait de gloire qui glorifie (l'Esprit) pour l'avoir manifestée.*

Et quand elle le pense, elle est Prôtennoia, son image.

«Elle devint (ainsi) 20 un Homme primordial qui (n')est (autre que) l'Esprit virginal triple mâle à la 28 triple puissance, au triple nom, éon non vieillissant, (car) androgyne sorti de la Pronoia (de l'Esprit).
«Et 5 Barbélô demanda à (l'Esprit) que <lui> soit donnée la prescience. Il fit un signe d'assentiment. Lorsqu'il eut fait un signe d'assentiment Prescience se manifesta, se tint auprès 10 d'Ennoia qui s'identifie à Pronoia, glorifiant l'invisible <Esprit> ainsi que la puissance parfaite, Barbélô, car c'est par son intervention qu'elle est venue à l'existence.
«À nouveau cette puissance, (Barbélô), demanda que lui soit donnée 15 l'incorruptibilité. Et il fit un signe d'assentiment. Lorsqu'il eut fait un signe d'assentiment, Incorruptibilité se manifesta. Elle se tenait auprès d'Ennoia et de Prescience, (et) elles glorifiaient l'invisible (Esprit) 20 et Barbélô car c'est par son intervention qu'elles sont venues à l'existence.
«Elle demanda (enfin) que lui soit donnée 29 la vie éternelle. Il fit un signe d'assentiment. Lorsqu'il eut fait un signe d'assentiment, Vie-éternelle se manifesta. Et elles se tenaient (là) 5 glorifiant (l'Esprit) ainsi que Barbélô puisque c'est par l'intervention de celle-ci qu'elles sont venues à l'existence, par la manifestation de l'invisible Esprit.
«Telle est la pentade des éons du Père qui s'identifie à 10 l'Homme primordial. (Telle est) l'image de l'Invisible qu'est Barbélô associée à Ennoia, Prescience, Incorruptibilité et Vie-éternelle. 15 Telle est la pentade androgyne qui constitue la décade des éons du Père.
«Barbélô regarda intensément vers 20 la lumière pure. 30 Elle entoura celle-ci (et) enfanta une étincelle de lumière qui ressemble à la lumière bienheureuse, mais qui ne lui était pas égale en grandeur.
«C'est 5 le Monogène manifesté par le Père, le Dieu autogène, le Fils premier engendré de tous ceux (qui appartiennent) au Père, la lumière pure.
«Alors 10 le grand Esprit invisible se réjouit à cause de la lumière qui avait été manifestée par la première puissance, sa Pronoia, Barbélô. Et il 15 oignit ce (Fils) de sa Bonté/Messianité, afin qu'il devienne parfait et qu'il soit sans besoin étant devenu bon/Christ, puisqu'il l'a oint de la Bonté/Messianité que l'invisible Esprit a versé ée sur lui. Et 20 (le Fils) reçut l'onction de l'Esprit virginal 31 et se tint en sa présence glorifiant 3-4 l'invisible Esprit ainsi que celui par qui il a été manifesté." (https://www.naghammadi.org/wp-content/uploads/2015/04/NH-III-1-BG-2-Livre-des-secrets-de-Jean.pdf)

[195] "*A new spirit is in the air. Printing has arrived. From the model of Gutenberg's press in Mainz, moveable metal type has spread to Paris (1470), London (1477) and Stockholm (1483). The art of printing has now been established in Italy for nineteen years. Among the first and most popular works to become available in print: the Latin Asclepius, a dialogue between Hermes Trismegistus and his disciple, the work which would give Pico della Mirandola's revolutionary Oratio its primary text: A great miracle, O Asclepius, is man. Printed in 1469, it was followed two years later by the publication of Ficino's translation into Latin of the Hermetic Pimander at Treviso: the first fourteen books of the Corpus Hermeticum, a revolutionary publication which would appear in at least sixteen editions before the year 1500. Kept alive by the Harranian and Baghdad 'Sabians' from the collapse of the Roman Empire to the mid-eleventh century, and then passed on to safety in Constantinople, the Hermetic books had been brought to Cosimo dei' Medici from a Macedonian monastery in 1460 by Cosimo's agent Leonardo da Pistoia, seven years after the fall of Constantinople to the Turks. As far as Cosimo, Ficino and Pico are concerned, the works of Hermes contain the principal prophetic message of the century.*
Palm Sunday (11 April) 1484, in the Papal reign of Sixtus IV. A man, thirty-three years old, stops by the banks of the river Manara outside Rome with a group of excited followers. He

puts on a pair of winged shoes and then a crown of thorns. Above the crown is a crescent moon on which is written: This is my son Poimandres whom I have chosen. He then mounts a white ass and makes a speech in which he announces himself as the "angel of Wisdom, Poimandres, in the most sublime manifestation of the Lord Jesus Christ." He says that he has descended from heaven. He then rides the ass into the streets of Rome, preaching to the people, while his followers distribute papers to the throng: papers whose subject is Rebirth, regeneration, or in French, renaissance. He performs a number of symbolic rites and then makes his way to the Vatican to deposit a number of objects on the throne of S. Peter. His work accomplished, he returns home to Bologna, to his wife and sons. This man is Giovanni Mercurio da Correggio: a footnote in history, a man almost completely forgotten." (Tobias Churton, The Golden Builders: Alchemists, Rosicrucians, First Freemasons, York Beach, Maine, et Boston, Weiser Books, 2005, pp. 70-71)

"Giovanni Mercurio da Correggio (Latin name: Iohannes Mercurius de Corigio; 1451 -?) was an Italian itinerant preacher, Hermeticist, and alchemist. Due to his bizarre appearance in Rome on Palm Sunday 1484 he has been believed by some scholars to have not actually existed, but this has been contested with other reports that corroborate his eccentricities. His most notable follower was Lodovico Lazzarelli, an Italian humanist poet and alchemist, who writes his accounts of da Correggio in his Epistola Enoch." (https://en.wikipedia.org/wiki/Giovanni_Mercurio_da_Correggio)

*"On Palm Sunday, 11 April 1484 da Correggio is reported by Lazzarelli to have been in Rome dressed in rich garments and gold with four servants. Lazzarelli reports that da Correggio then exits the city of Rome, and returns riding on a white donkey in imitation of Jesus. He is wearing blood-stained linen garments, a crown of thorns, on top of which is a silver crescent moon shaped disk. He then travels up to Saint Peter's Basilica and walks right up to the altar. Da Correggio places upon the altar his mystical apparel and a paper entitled The Eternal Gospel, knelt to pray, and then left. He proclaimed that he was "Giovanni Mercurio da Correggio" (or the Latin equivalent: "Iohannes Mercurius de Corigio"), "the angel of wisdom," "Poimandres" (or Pimander, a Hermetic manifestation of the mind of God), and "the most perfect manifestation of Jesus Christ." He distributed scrolls that read: "Ego Joannes Mercurius de Corigio, sapientiae angelus Pimanderque in summo ac maximo spiritus Jesu Chrisi excessu, hanc aquam regni pro paucis, sic super omnes magna voce evangelizo."
According to Lazzarelli da Correggio did all this completely unaccosted.
The only other account of da Correggio's Palm Sunday appearance in Rome was written by Abraham Farissol, an Italian Jewish scholar and scribe, in his Magen Avraham, who was in Rome at the time. According to Farissol da Correggio never even made it to the altar, but was arrested for heresy. According to Farissol da Correggio also calls himself "Son of God," "Hermes Trismegistus," "Enoch," and "Methuselah." Later da Correggio escapes from prison, possibly with the assistance of some friends.
According to both Lazzarelli and Farissol, after leaving Rome, da Correggio returns to Bologna to his wife, Elana Marie, and five children. Upon arriving in Bologna da Correggio is arrested again with new charges of heresy, but either escapes from prison in Bologna or is released."*
(https://en.wikipedia.org/wiki/Giovanni_Mercurio_da_Correggio#Palm_Sunday_1484)

[196]"*Il fit connaître les fondements mystiques et théologiques des Oracles chaldaïques et de la Kabbale que venait de révéler le fondateur de la kabbale chrétienne, Pic de la Mirandole (1486), dont il était un fervent admirateur.*

Il écrivit dès 1494 le De Verbo mirifico (Du verbe admirable), un dialogue entre le philosophe épicurien Sidonius, le juif Baruchias et le chrétien Capnion. Les trois hommes discutent le seul mot qui puisse accomplir des miracles, le Verbe même. C'était, selon Reuchlin, le nom de Jésus orthographié en YHSWH. Pour Reuchlin, le nom de Jésus, traduit en hébreu, présente les cinq lettres du pentagramme YHSVH ou IHSUH: il équivalait aux quatre lettres du nom sacré de Yahvéh יהוה, le tétragramme sacré, YHVH ou IHUH, où, au milieu, vient s'insérer un shin, un s, une consonne entre deux voyelles de part et d'autre; ainsi, le Nom interdit, ineffable, devient dicible. Trois étapes dans les Noms de Dieu se dessinent, selon Reuchlin: aux temps de la nature Dieu s'appelait par le trigramme Sadaï (SDI), aux temps de la Loi (sous Moïse) Dieu s'appelait par le tétragramme sacré prononcé Adonaï (ADNI), enfin, au temps de la grâce (sous Jésus), Dieu s'appelle par le pentagramme Jhesu (IHSVH). In natura SDI, in lege ADNI, in charitate IHSVH (Dans la nature SDI, dans la Loi ADNI, dans la charité IHSVH) (De verbo mirifico, folio g7). À cette époque, les connaissances de Reuchlin sur la Kabbale restaient encore incomplètes.

Comme les connaissances de Reuchlin en matière de Kabbale dépassaient encore largement celles de ses lecteurs, ces derniers lui demandèrent des explications. Reuchlin écrivit donc, en 1506, ses Rudimenta hebraicae linguae (Rudiments de l'hébreu), composé d'une grammaire imitée de celle de R. David Kimhi et un vocabulaire. Il est en effet impossible de comprendre les techniques employées par les kabbalistes, dans l'interprétation de l'Ecriture, sans la connaissance de l'hébreu.

Le De arte cabbalistica (De l'art cabbalistique), en 1517, reste son œuvre la plus célèbre. Elle avait comme but de faire découvrir à Charles Quint et au pape Clément VII les mystères de la kabbale. Elle se présente comme une discussion entre Simon, un kabbaliste juif, Philolaus, un philosophe pythagoricien, et Marrane, un musulman converti. Elle reprend les thèmes de De Verbo mirifico, mais il s'agit du premier exposé systématique d'un courant de pensée issu de la Kabbale. Pour cet ouvrage, il utilisa les œuvres classiques de Joseph ibn Gikatilia, Ginnat Egoz (Le Jardin des noix) et le Sha'arey Orah (Les Portes de lumière), les textes les plus rares, restés manuscrits, de l'école de Gérone. En particulier, il signale les trois procédés de la science ou combinatoire des lettres: 1) la gematria (donner une valeur numérique à des mots et les identifier à d'autres mots de même valeur: echad, un = ahabah, amour = 13, car alef = 1, etc.), 2) le notorikon (utiliser les lettres d'un mot comme initiales d'un autre mot: ADAM = Adam, David, Messie), 3) la temura (traduire un mot par un autre mot suivant un système de substitution: Sheshak = Bavel, Babylone).

Le monde divin est le premier degré de l'être; il est constitué par ce que les kabbalistes juifs appellent Ein-Soph (Infini), et par les dix sephiroth de l'arbre kabbalistique, hypostases engendrées par l'Infini. Le monde angélique est le deuxième degré de l'être; il est gradué en dix degrés ou Intelligences: les Haioth, les Ophanim, les Aralim, les Hasmalim, les Séraphim, les Malachim, les Elohim, les Bene Helohim, les Cherubim, les Issim. Le monde céleste est le troisième degré de l'être; il comprend — influencés par les Intelligences du monde angélique — dix degrés, qui sont dix sphères: Saturne ou Sabbathai, Jupiter ou Zedeq, Mars ou Madim, le Soleil ou Semes, Vénus ou Noga, Mercure ou Cocab, la Lune ou Iarcah, l'Âme intellectuelle, l'Âme des Esprits animaux. Enfin, le monde matériel, le macrocosme, avec l'homme (le microcosme) est le quatrième et dernier degré de l'être; ce monde, influencé par le monde céleste, est celui des Éléments, il contient le microcosme."
(https://fr.wikipedia.org/wiki/Johannes_Reuchlin#.C5.92uvres)

[197]"*It was in the first place a syncretic habit of mind that enabled Agrippa to adopt a Hermetic-Christian doctrine of rebirth as a central tenet of his faith. But this syncretism provided him*

with no principle of exclusion. Agrippa was thus caught in a dilemma when his readings of patristic literature showed him that the doctrine of rebirth expounded by Hermes was very similar to the teachings ascribed to Simon Magus, the first-century Gnostic heresiarch, magician, and antichrist—from whose legend, one must add, the later sixteenth-century legend of Faustus borrowed some of its distinctive features. The writings of the Cabalists, as interpreted by such scholars as Pico, Lazzarelli, and Reuchlin, taught Agrippa, as did the Hermetic texts, to see a spiritual rebirth with magical implications as the central message of the New Testament. St. Peter, indeed, wrote: "You have been born anew, not of perishable seed but of imperishable, through the living and abiding word of God" (I Peter 1:23). But if Simon Magus espoused the same doctrine, was it sacred or demonic? Was it in fact the same doctrine? If St. Peter and Simon Magus believed in the same things, is it not curious that they found so much to argue about in the apocryphal Acts of the apostles and in the pseudo-Clementine writings, where they are represented as antagonists in a series of theological debates and magical contests?

It is De occulta philosophia that provides the essential clues to the nature of Agrippa's confounding of opposites—of holy writ and Gnostic heresy. But while in De vanitate and in other texts he abuses Hermes and the Cabalists, he was unwilling to let fall the doctrine which had learned from them, and which was at once the center of his magical-religious faith and the source of his confusions. The teachings of Hermes could be, and were, conflated with those of the Neoplatonists and Cabalists, and with the doctrines of the New Testament. Indeed, the efforts of Erasmus on behalf of "Saint Socrates" pale by comparison with the determination of Renaissance Hermetists to smuggle Hermes Trismegistus into the church. But though Agrippa in one of his early works identified him with Enoch, the grandson of Abraham. Hermes was not a pre-Mosaic source of divine revelations. He was, rather, as much a legend as the Simon Magus of the pseudo-Clementine writings and the apocryphal Acts—although it was only in the early seventeenth century that he was recognized as being the creation of writers contemporary with the Gnostic heretics of the early Christian centuries.

Agrippa's dilemma, then, is that of a man lodged between two legends, both of which he takes for truth; and although one is acceptably divine and the other demonic, to choose between them is impossible, because both tell him the same thing. While Gabriel Naude, in 1625, defended Agrippa as "un nouveau Trismegiste," orthodox sixteenth-century writers were more likely to associate him, along with his contemporary Georgius Faustus, with the Simon Magus of demonological legends. In a curious sense both reactions are legitimate.

In the light of a recent tendency to emphasize the importance of the Christian Cabala in Renaissance occultism (indeed, in Renaissance thought in general), my focus on the Hermetic, rather than Cabalistic, derivation of Agrippa's doctrine of rebirth may require some explanation? I must confess to a certain distortion, inevitable in a study of this length. However, the relative priority of Hermetism, as well as the difficulty of distinguishing between Hermetic and Cabalistic influences, can be illustrated by an examination of one of Agrippa's many allusions to a well-known passage of the Hermetic Asclepius. The Hermetic text reads: "And so, Asclepius. what a great miracle is man, a being worthy of reverence and honor. For he passes into the nature of a god as though he were himself divine; he is intimate with the order of daemons, knowing that he is sprung from the same origin; he despises that part of his nature which is only human, for his hope is in the divinity of the other part."'

Giovanni Pico set the tone of his famous Oration with a quotation from this passage ("A great miracle, Asclepius, is man"); and these same words are echoed in Agrippa's De frantic; ratione cognoscendi der. "A great hope is in the divinity of the other part." Giovanni Pico set the tone *of his famous Oration with a quotation from this passage ("A great miracle, Asclepius, is man"): and these same words are echoed in Agrippa's De replica ratione cognoscendi del: "A great miracle indeed is Christian man, who, placed in the world, rules over it. and accomplishes operations like to the Creator of the world himself; these works are commonly called miracles; the root and foundation of them all is faith in Jesus Christ." This development of the motif is not original: the idea that "while placed in nature, we rule over it"2' is derived from a passage in Reuchlin's De verbo milrifico in which, having revealed the Pentagrammaton IHSUH, the wham noirificutn, as the means by which man is mystically deified and made one with God, he adds that it is also the means by which men can perform miracles. The Agrippan passage is thus Cabalistic as well as Hermetic—and yet, to complicate matters further. Reuchlin's De verbo mirifico is itself pervaded with Hermetic influences: the explanation of the final Ile of the Tetragrammaton (and thus also of the Pentagrammaton) as representing the medial place of man in the cosmos is itself based on the Asclepius passage, which Reuchlin quotes in its entirety."* (Michael H. Keefer, *"Agrippa's Dilemma: Hermetic 'Rebirth' and the Ambivalences of De vanitate and De occulta philosophia"*, Renaissance Quarterly 41.4, Winter 1988, pp. 620-624)

[198] Jan-Hendryk de Boer, *Unerwartete Absichten - Genealogie des Reuchlinkonflikts*, Tübingen, Mohr Siebeck, 2016, note 313 p. 756.

[199] Alain de Libera, *"La problématique des 'Intentiones primae et secundae' chez Dietrich de Freiberg"*, *Von Meister Dietrich zu Meister Eckhart*, Hambourg, Felix Meiner, 1984, pp. 77ss.; Joël Biard, *"Intention et signification chez Guillaume d'Ockham - La critique de l'être intentionnel"*, *Langages et philosophie: hommage à Jean Jolivet*, Paris, Librairie philosophique J. Vrin, 1997, pp. 215ss.

[200] https://fr.wikisource.org/wiki/Commentaire_de_la_logique_d%E2%80%99Aristote/1#Chapitre_II_:_Ce_que_c.E2.80.99est_que_le_genre_et_d.E2.80.99o.C3.B9_il_tire_son_origine.

[201] *Aristotelis Logica magna variis et multiplicibus quæstionibus septem libris comprehensis elucidata*, Salamanque, Ioannes Ferdinandus & Andreas Renaut, 1600, p. 141; *Ervditissimae Atq. Vtiliss. Questiones ad vniversam Aristotelis Logicam*, Venise, Dusinellus, 1609, T. I, p. 175; R. P. Ioannis Sanchiez Sedegno Ordinis Praedicatorvm, Provinciae Hispaniae in florentissima Salmanticensi Vniversitate Theologi, ac Philosophi praestantissimi *Qvaestiones Ad Vniversam Aristotelis Logicam acutißimae & vtilißimae*, Mainz, Crithius, 1616, p. 176.

[202] Christian Rode, *Francis & Clare of Assisi: Logica*, Stuttgart, Franz Steiner Verlag, 2002, p. 57; *Giraldus Odonis O. F. M. Opera Philosophica*, Leyde, Brill, 2005, Vol. I *Logica*, pp. 263, 469, 861, et Vol. II *De Intentionibus*, p. 764.

[203] Judith Dijs, *Hervaeus Natalis, De secundis intentionibus, Distinctiones I&II: critical edition with introduction and indices*, Thèse doctorale, inédite, Université de Leyde, p. 157, https://openaccess.leidenuniv.nl/bitstream/handle/1887/18607/Distinctio%201.pdf?sequence=18

[204] Fabrizio Amerini, *La Logica di Francesco da Prato: con l'edizione critica della Loyca e del Tractatus de voce univoca*, Florence, Sismel, 2005, p. 296.

[205] Sur la personnalité de celui-ci (et son lien avec les thèse de Gerson), cf. André Combes, *Jean Gerson, commentateur dionysien: les Notulae super quaedam verba Dionysii De caelesti hierarchia; texte inédit, démonstration de son authenticité. Appendices historiques pour l'histoire de courants doctrinaux à l'Université de Paris à la fin du XIVe siècle*, Paris, Librairie philosophique J. Vrin, 1940, "*Appendice XVII: Les Notulae et Jean de Ripa*", p. 622: "*Qu'apportait donc de nouveau le maitre livre du cardinal Ehrle? D'abord, p. 268-277, un premier essai de monographie sur cet auteur, difficile plutôt qu'inconnu. Ensuite, et surtout,*

une mise au point historique définitive par l'élimination d'une dichotomie qui, inaugurée, à ce qu'il me semble, par Fabricius, s'était imposée à U. Chevalier lui-même. On lit, en effet, dans U. Chevalier, Bio-Bibliographie, t. II, col. 2440: «Jean «de Marcia» philosophe. Fabrichia (1735) IV, 293 (2°, 101')»; et col. 2480. «Jean de Ripa théologien italien. Fabricius (1748) VI, 283 (2°, '93).» Or, voici ce qu'écrivait Enlumina, Bibliotheca latina mediae et infimae aetatis, édit. 1754; liv. IX. p. 101b: «Joannes de Marcia, cujus tractatum ms. de intellectu et anime et in librum secunclum Sententiarum et quaesliones super librum Aristotetelis de anima memorat Sanderus in Bibli. belgica parte 2. p. 170.» et I. XVII. p. 93: «Joannes de Ripa, nescio quis, scripsit Explicationes in primum Sententiarum quas Paulus de Venetiis in Compendium redegit.» Ignorance singulière après Wadding! Le cardinal Ehrle a réduit ces deux Joannes à l'unité, I. c., p. 268: «Joannes de Ripa, aus den Marken stammte. weshalb er zuweilen als Johannes de Marchia bezeichnet wird». Le premier, enfin, il a décrit le milieu intellectuel où l'on doit replacer Jean de Ripa. Cette identification est acceptée par H. Schwann, 1. c., p. 1: «Magister Joannes de Ripa vel Joannes de Marchia O. F. M.» et, après lui, par A. Michel, I. c. Bien qu'elle ne puisse invoquer l'autorité de Wadding, qui ignore Joannes de Marchia, elle n'est pas douteuse. J'en ai donné une intéressante confirmation dans Arch. hist. doct. et lit. m. a. t. XII, 1939, p. 269, n. 1. On peut voir dans II. Schwamm. 1. c., p. 1 n. 4, deux autres exemples d'intitulation par Johannes de Marchia, dont l'une, effacée à cet endroit, était manifestement destinée à être corrigée en de Ripa. La dichotomie provient donc d'une mauvaise interprétation de données manuscrites.

Eliminée, il reste chez Fabricius deux renseignements qu'il ne convient pas de laisser perdre. D'abord, le fait que Jean de Ripa était encore non seulement connu mais utilisé dans le premier quart du XVe siècle, puisque Paul de Venise, mort en 1428 (cf. Fabricius, 1. c.. liv. XV. p. 220), le résumait à son usage."

[206]"*Mais toute la théologie de la Trinité est présente en cet article, qu'il s'agisse de la Trinité elle-même ou de son rôle de principe envers les créatures. Jean de Ripa demandera dans sa Lectura si la production de tout effet créé présuppose nécessairement la causalité divine des trois personnes, si par rapport à tout effet le Verbe divin exerce un influx propre et spécial, si le premier suppôt est producteur ad extra avant (priorité d'origine ou toute autre) le second et le troisième suppôts, si tout suppôt divin influe de façon également contingente et libre sur tout effet. En répondant à cette dernière question il introduira le concept de "contingence suprême", alors qu'il discutera l'opinion d'un théologien moderne anglais, Thomas Bradwardine, sur la "nécessité antécédente" (Dist. XXIX). Dans une autre distinction (XXX VIII), il traitera également de la summa et prima contingentia. Ce thème reviendra dans la première question du deuxième livre des Sentences; Thomas Bradwardine y sera de nouveau évoqué, car on se demandera si la volonté divine peut nécessiter la volonté créée à agir par sa détermination antécédente (Conclusiones p. 271-272).*" (Francis Ruello, *La pensée de Jean de Ripa OFM (XIVe siècle): immensité divine et connaissance théologique*, Fribourg, Éditions Universitaires, et Paris, Cerf, 1990, p. 28)

[207]Ernst Borchert, *Die Trinitätslehre des Johannes de Ripa*, Munich, Paderborn et Vienne, Ferdinand Schöningh, 1974, T. II, p. 851.

[208]Francis Ruello, *La théologie naturelle de Jean de Ripa (XIVe siècle)*, Paris, Beauchesne, 1992, p. 69.

[209]*Ibid.*, p. 255.

[210]*Ibid.*, p. 190.

[211]*Ibid.*, p. 235.

[212]*Ibid.*, pp. 267-268.

[213]"*Nunc ad dubium quorumdam Magiftrorum quaerentium, quis eft litteralis fenfus iftius: Puer cujus, caro praputii non abfiditur, peribit de populo meo. Genef. XVI I, 14. Refpondetur, quòd ipfa locutio confiderata fub Antiqua Lege, habet duplicem fenfum litteralem; unum videlicet ad crudiendum in quantum praeceptiva. Nunc vera ipfa confiderata fub Nova Lege, non habet nifi unum fenfum litteralem, videlicet, in quantum figurativa; quia per ipfam plus intendit Spiritus fanctus exercere affectum humanum, eo quòd per Baptifma perfectiùs multò exercitatur, & gratiam fufcipit. Undè adveniente quod perfectum eft, evacuatur quod imperfectum eft: pro inconvenienti, quòd aliqua Propofitio olim habebat duplicem fenfum litteralem: nunc vera pro tempore Gratiae, habebat unicum, quoniam dicitur ad Hebreos I, 1. Multifariam, multifque modis olim loquens Deus per Prophetas, noviffimè locutus eft nobis in Filio, videlicet perfectiùs, & familiariùs.*

Et fic patet, quomodò erroneum eft dicere, quòd fenfus litteralis non eft femper tenendus, & maximè in primo modo, fub quo eft hoc Praeceptum, Non occides; fub cujus oppofito fundatur dicta Affertio, pro cujus Adverfariorum dictorum elucidatione ponitur diftinctio talis vulgata apud Theologos, Doctores, & Philolophos naturales, morales, & fermoniales; videlicet, quòd fenfus alicujus Propofitionis litteralis, dupliciter poteft capi. Unus dicitur fenfus, in quo fit Propofitio alicujus, quem ipfum facit, & ingerit fenfibus prima fronte. Unus vocatur fenfus interior alius exterior: unua fuperficialis alius medullarum. Exempla multa funt in facra Scriptura: ut Judit. IX. 8. Ierunt ligna &c. Alius: Propofitio dicta, & in alio fenfu facta de Propofitionibus Philofophicis, poffet exemplificari; fed dimittetur causâ brevitatis.

O quàm in fuppofitionibus fuis ponit exprefsè ipfam diftinctionem, & exemplificat de ipfa, Homo eft digniffima creaturarum. Rofa eft pulcherrima flor florum. In fenfo enim quem facit illa: Homo eft digniffima creatura, falfa eft: quia ratio eft nobilior fubstantiis feparatis; fed eft digniffima fuper omnes creaturas corporales, feparatis Seraphicis, Cherubicis, & fic de aliis: & vocatur ferius litteralis primus fenfus quem littera de fe facit, & offert & ifta eft grammaticalis, &, per confequens, litteralis, perlocum à nominis interpretatione ad interpretatum: gramma enim eft littera; &, per confequens, grammaticale dicitur litterale, per locum à conjugatis." (*Joannes Gersonii Opera omnia novo ordine digesta et in V tomos distributa*, Anvers, Sumptibus Societatis, 1706, T. IV, "*Acta in Concilio Conftantienfi*", p. 899)

[214]De fait, similairement, dans *L'Adoration des Mages* (1494) de Bosch: "*The Magi's gifts and clothing are decorated with the Old Testament scenes that prefigure the Adoration of the Magi in the Biblia pauperum. Bosch demonstrates his painting skills in the opulence of the Magi's robes and offerings -in the sumptuous of the materials and his masterly application of highlights in brushstrokes so fine that they appear to be drawn, for example in the scene of the Sacrifice of Isaac on one of the gifts. The gift the first Magus has placed at the Virgin's feet, beside his sumptuous helmet, is a table ornament made of gold and pearls. It is decorated with a scene of Sacrifice of Isaac, which prefigures that of Christ himself on the cross; this idea is reinforced by the fact that it rests on toads, which allude to sin. The upper part of the metal cloak worn by the second Magus, who offers the Child myrrh on a silver tray, is decorated with one the themes that the Biblia pauperum associates with the Adoration of the Magi, the Queen of Sheba presenting her gifts to Solomon (1 Kings 10: 1-13). Depicted below this scene is the offering made by Manoah and his wife after God's announcement that they will have a son, Samson (Judges 13: 19-23), which likewise prefigures the birth of Christ. The third Magus's gift, which he holds, is a spherical vessel containing incense. It is decorated with Abner kneeling before King David offering to instruct the tribes of northern Israel to join those of the kingdom of Judah (2 Samuel 3: 10) -a scene which prefigures the Adoration of the Magi in the Biblia pauperum along with that of the Queen of Sheba. The phoenix*

perched on the vessel, gathering grain in its beak, evokes the Resurrection of Christ. It should be stressed in connection with this third Magus that, in addition to the border of his white cloak, the thistle leaves adorning the shoulders and neck allude to the Passion of Christ and, accordingly, the Redemption. Also worthy of note is the border along the lower edge of the black page's tunic, which displays the motif of big fish eating little fish. Painted on without underdrawing, it should be interpreted in the context of the salvation theme that pervades the whole triptych. The Antichrist at the entrance to the stable -which resembles a Brabantian hut- wears a cloak that barely covers his body and beneath it a transparent veil. Proof of the evil nature of this figure is the owl concealed above him in the upper part of the hayloft gazing at the dead mouse that has become its prey. His evil appearance is emphasized by the people beside him inside the hut, among them a woman reminiscent of Leonardo's caricatures in a headdress like those of some of the demons Bosch painted, whose deformed features take on a hideous expression. The six shepherds on the far right, who traditionally represent the Jewish people, complete the scene of the Adoration of the Child. On the left of the background landscape behind the hut, Bosch painted a house whose flag with a swan and the dovecote above identify it as a brothel. A man pulling a tethered horse ridden by a monkey, an allusion to lust, is heading in its direction. Lower down two armies of men on horseback, deployed on the left and right, ride towards each other. On the basis of their oriental headdresses they have been identified as Herod's soldiers seeking out Jesus to kill him. The city silhouetted against the clouds in the background is Bethlehem. Although here the painter is carried away by his imagination and his buildings have an oriental appearance, there is also a windmill outside its walls, and beside it a third group of horsemen." (https://www.museodelprado.es/en/the-collection/art-work/the-adoration-of-the-magi/666788cc-c522-421b-83f0-5ad84b9377f7)

[215] Joris-Karl Huysmans, *La Cathédrale*, Paris, Librairie Plon - Plon-Nourrit et Cie, 1915, pp. 118-119.

www.ingramcontent.com/pod-product-compliance
Lightning Source LLC
Chambersburg PA
CBHW050051230526
45470CB00004B/1483